国家自然基金"奶牛保险的减损效果及对养殖户行为的影响——基于内蒙古奶牛养殖户的实证分析"（71563037）
"畜牧天气指数保险：牧户需求、收入效应和行为影响——基于牛羊天气指数保险的准自然实验"（71863028）
内蒙古自治区科技计划项目"内蒙古农牧业干旱灾害风险评估与精细化保险费率厘定研究"（201802108）
教育部人文社会科学研究项目"畜牧业保险绿色养殖影响效应测度及补贴制度优化研究——基于内蒙古农牧户的微观证据"（20YJC790177）
本书的出版得到内蒙古畜牧业经济研究基地、内蒙古农村牧区发展研究所、内蒙古乡村振兴战略研究中心的资助

经济管理学术文库·经济类

畜牧业保险实施效果研究
——基于奶牛保险对农户养殖损失及养殖行为的影响分析

Implementation Effect of Livestock Insurance on
Dairy Cattle's Breeding Loss and Behavior
—A Farmer Point of View

张旭光　赵元凤／著

经济管理出版社
ECONOMY & MANAGEMENT PUBLISHING HOUSE

图书在版编目（CIP）数据

畜牧业保险实施效果研究：基于奶牛保险对农户养殖损失及养殖行为的影响分析/张旭光，赵元凤著. —北京：经济管理出版社，2021.3
ISBN 978-7-5096-7851-0

Ⅰ.①畜… Ⅱ.①张… ②赵… Ⅲ.①乳牛—农业保险—农业政策—研究—中国 Ⅳ.①F842.66

中国版本图书馆CIP数据核字（2021）第047024号

组稿编辑：钱雨荷
责任编辑：杜　菲
责任印制：黄章平
责任校对：陈晓霞

出版发行：经济管理出版社
　　　　　（北京市海淀区北蜂窝8号中雅大厦A座11层　100038）
网　　址：www.E-mp.com.cn
电　　话：（010）51915602
印　　刷：唐山玺诚印务有限公司
经　　销：新华书店
开　　本：720mm×1000mm/16
印　　张：14.75
字　　数：240千字
版　　次：2021年3月第1版　2021年3月第1次印刷
书　　号：ISBN 978-7-5096-7851-0
定　　价：88.00元

·版权所有　翻印必究·
凡购本社图书，如有印装错误，由本社读者服务部负责调换。
联系地址：北京阜外月坛北小街2号
电话：（010）68022974　　邮编：100836

前　言

奶牛保险作为一种分散奶牛养殖风险和养殖损失的非价格保护工具，得到了各国政府的重视。中国自2008年开始试点实施政府保费补贴的奶牛保险政策，2013年《农业保险条例》颁布之后在全国范围内推广。10余年来，中国政策性奶牛保险依据"政府引导，市场化运作"的运营模式，遵循"低保障、广覆盖"实施原则，已成为中国政府支持奶牛养殖业发展的重要手段。并且得益于"财政补贴"的保费缴纳模式，养殖户只需支付小额保费就能享受奶牛保险提供的风险保障，极大地降低了奶牛保险的"进入门槛"，提高了养殖户应用保险工具进行奶牛养殖风险管理的积极性。有数据显示，2019年，中国奶牛保险实现保费收入36.73亿元，其中包括近80%的财政补贴；为73.60万不同规模的奶牛养殖户提供风险保障721亿元；向23.60万受灾养殖户提供损失补偿23.60亿元，平均每户获得保险赔偿1万元。

当前，中国奶牛保险中央财政保费补贴区域已经扩大至全国范围，保险责任主要为因"自然灾害、重大病害及意外事故"导致的投保奶牛死亡及特定疾病损失。故而，作为一项重要的财政惠农举措，政策性奶牛保险的实施在于利用保险手段建立疫病和自然灾害的风险防范机制，减少奶牛养殖损失，稳定养殖户奶牛养殖收入，调节并促进养殖户的奶牛养殖行为，保障原料奶的稳定供给。然而，奶牛保险政策的实际减损效果如何？养殖户对奶牛保险政策是否认可？奶牛保险政策的实施对养殖户的养殖行为产生了怎样的影响？现行奶牛保险政策还存在哪些问题与不足？在中国奶牛保险政策十余年发展已取得较大规模效应、"奶业振兴"亟须保险机制"保驾护航"的背景下,对上述问题进行研究和探讨无疑具有十分重要的意义。

基于上述背景,本书选取中国主要的奶牛养殖区域——内蒙古自治区作为研究区域,在当前"政府引导、市场运作""低保障、广覆盖"的农业保险制度下,基于内蒙古奶牛养殖户的实地调研数据,从奶牛保险政策的实际减损效果和对养殖户养殖行为影响两个方面,评价与检验现行奶牛保险政策的微观实施效果,总结其中存在的问题,并结合国外奶牛保险发展趋势,从奶牛保险制度设计、保险产品创新等方面提出进一步完善中国奶牛保险政策体系的对策建议。本书主要的研究内容及对应的研究发现如下:

(1) 养殖户对奶牛保险政策减损作用的主观评价及影响因素研究。基于养殖户的调研数据,运用比较分析法研究考察不同特征的养殖户对当前奶牛保险政策减损作用的主观评价,并在此基础上应用有序 Logit 模型识别影响养殖户奶牛保险减损作用评价的主要因素。研究表明,养殖户对现行奶牛保险政策减损作用的整体评价较高,但不同个人特征、经营特征和风险特征的养殖户所表现出的主观评价具有明显差异性;养殖户是否为管理人员、有无贷款、奶牛养殖规模大小、奶牛死亡比例以及养殖户对奶牛保险保障水平的认知是影响其奶牛保险减损作用评价的显著因素;养殖户的受教育水平、奶牛养殖年限和奶牛养殖收入对其评价奶牛保险减损作用的影响不显著。

(2) 奶牛保险减损效果的客观实证检验。从理论上看,政府财政支持的奶牛保险政策具有降低和分散养殖户奶牛养殖死亡损失的作用。然而,基于微观养殖户数据,应用倍差模型和倾向得分匹配倍差模型对奶牛保险的实际减损效果进行实证检验,结果发现,当前只针对"保险合同内约定的奶牛死亡事故",按"低保障、广覆盖"的原则进行"奶牛生理价值损失"赔付的奶牛保险政策,尚难以显著降低参保养殖户的奶牛养殖死亡损失,现行奶牛保险政策所发挥的客观减损作用有限。

(3) 奶牛保险对养殖户养殖规模决策行为的影响研究。理论分析表明,奶牛保险政策的实施有助于提高养殖户奶牛养殖行为的比较优势,激励养殖户扩大奶牛养殖资源投入,增大奶牛养殖数量,促进奶牛养殖规模化发展。为准确估计奶牛保险政策对养殖户奶牛养殖规模决策行为的影响,进一步应用普通线性回归模型和工具变量模型,实证检验奶牛保险政策是否会影响养殖户的养殖决策行为。结果显示,奶牛保险政策对养殖户奶牛养殖规模的扩大具有显著正向影响;另外,在其他影响因素中,养殖户是否存在贷款、每头奶牛的饲料投入和牛奶平均市场售价对养殖户奶牛养殖规模的扩大具有显著正向影响;而养殖户的年龄和是否有其他收入对养殖户奶牛养殖规模的扩大产生了显著负向影响。

(4) 奶牛保险对养殖户风险防控行为的影响研究。养殖户的风险防控行为是养殖户生产行为的又一重要表现。养殖户在参加奶牛保险后,考虑到保险的经济补偿功能,其风险防控行为可能会发生以下变化:一是保险能够对参保奶牛进行灾后补偿,而由于道德风险因素的存在,随着保险保障水平的提高,养殖户对奶牛养殖的防疫努力程度可能会下降,从而降低风险防控投入;二是保险实行奶牛死亡风险保障模式,养殖户对奶牛养殖风险防控的努力程度会考虑奶牛保险的补偿水平,当保险保障水平不高或达不到其生产风险分散预期时,养殖户一般不会降低疫病风险防控投入。在有关奶牛保险政策对养殖户奶牛养殖规模决策行为的影响分析后,基于微观养殖户调研数据应用 OLS 模型和 TEM 模型两阶段回归方法进行实证分析后发现,现行奶牛保险政策尚不会对养殖户的风险防控行为形成抑制,即养殖户参加奶牛保险后并不存在消极风险防控,降低养殖风险防控要素投入的道德风险问题。

本书的创新之处主要体现在:第一,从奶牛保险减损效果及奶牛保险对养殖户生产行为影响角度,在对奶牛保险政策实施效果进行理论分析的同时,基于内蒙古地区奶牛养殖户的调研数据,进一步对当前奶牛保险政策的实际实施效果进行了实证检验与分析,研究内容极大地丰富了国内奶牛保险政策评价研究,弥补了国内理论界对奶牛保险政策实施效果在研究方法和研究成果上的不足,拓展了奶牛保险政策研究的视角和深度;第二,根据内蒙古现行奶牛保险制度特点及奶牛养殖实际,获得一些新的发现:由于奶牛保险政策在保险责任范围、保险保障水平等环节设计存在的局限性,当前奶牛保险政策所发挥的客观减损作用有限,但作为国家稳定实施的一项支农惠农政策,奶牛保险政策有助于增强养殖者从事奶牛养殖的信心,并且养殖户参加奶牛保险后,并不存在消极进行疫病风险防控的奶牛养殖行为。

本书的出版旨在为深入认识与理解中国奶牛保险政策特点与实施效果,完善中国奶牛保险制度、推动奶牛保险高质量发展,提高奶牛保险政策、服务中国"奶业振兴"能力提供决策支持。与此同时,我们也希望本书能够对研究中国农业保险发展问题的读者提供有益信息。但由于笔者学识所限,书中难免存在不妥或疏漏之处,敬请相关专家学者批评指正。

目 录

第一章 导论 ··· 1
  一、研究背景与研究意义 ································· 1
  二、研究目标与研究内容 ································· 5
  三、研究方法与技术路线 ································· 8
  四、数据与资料来源 ··································· 10
  五、研究创新与研究不足 ······························· 12

第二章 文献综述 ··· 14
  一、国外研究现状 ····································· 14
  二、国内研究现状 ····································· 23
  三、研究评述 ··· 28

第三章 相关概念及理论基础 ································· 30
  一、奶牛养殖特点及其风险 ····························· 30
  二、奶牛保险的概念及特点 ····························· 35
  三、风险管理与保险原理 ······························· 40
  四、农户行为理论 ····································· 45
  五、本章小结 ··· 49

第四章　内蒙古政策性奶牛保险发展及存在问题分析 ……… 50

　　一、内蒙古政策性奶牛保险发展概述 ……………………… 51

　　二、内蒙古政策性奶牛保险制度特点与变化 ……………… 55

　　三、内蒙古政策性奶牛保险业务经营及操作 ……………… 69

　　四、内蒙古政策性奶牛保险存在的问题总结 ……………… 76

　　五、本章小结 ………………………………………………… 80

第五章　养殖户奶牛保险减损效果主观评价及影响因素研究 …… 82

　　一、数据来源 ………………………………………………… 82

　　二、样本养殖户基本特征分析 ……………………………… 84

　　三、养殖户对奶牛保险政策的认知 ………………………… 88

　　四、养殖户对奶牛保险减损效果的主观评价 ……………… 92

　　五、养殖户奶牛保险减损效果评价的影响因素分析 ……… 98

　　六、本章小结 ………………………………………………… 106

第六章　奶牛保险减损效果的客观实证分析 ……………………… 108

　　一、文献回顾 ………………………………………………… 108

　　二、理论分析 ………………………………………………… 110

　　三、计量分析方法 …………………………………………… 113

　　四、数据及变量选择 ………………………………………… 117

　　五、实证结果与稳健性检验 ………………………………… 122

　　六、讨论 ……………………………………………………… 126

　　七、本章小结 ………………………………………………… 130

第七章　奶牛保险对养殖户养殖规模决策行为的影响 …………… 132

　　一、理论分析 ………………………………………………… 133

　　二、计量分析方法 …………………………………………… 136

　　三、数据及变量选择 ………………………………………… 139

四、实证结果与分析 …………………………………………… 142

五、讨论 …………………………………………………………… 147

六、本章小结 …………………………………………………… 149

第八章 奶牛保险对养殖户风险防控行为的影响 ………………… 150

一、理论分析 …………………………………………………… 150

二、计量分析方法 ……………………………………………… 153

三、数据及变量选择 …………………………………………… 155

四、实证结果与分析 …………………………………………… 159

五、讨论 …………………………………………………………… 164

六、本章小结 …………………………………………………… 168

第九章 美国奶牛保险的发展、运作及启示 ……………………… 169

一、美国奶牛收入保险计划的产生与发展 …………………… 169

二、美国奶牛收入保险计划的特点概述 ……………………… 173

三、美国奶牛收入保险风险管理方式及实施原理 …………… 178

四、奶牛保险中保障收益与实际收益的计算与确定 ………… 181

五、美国奶牛保险发展对中国的启示 ………………………… 186

六、本章小结 …………………………………………………… 189

第十章 研究结论与政策建议 ……………………………………… 190

一、研究结论 …………………………………………………… 190

二、政策建议 …………………………………………………… 194

附 录 ……………………………………………………………… 202

参考文献 ………………………………………………………… 208

后 记 ……………………………………………………………… 225

第一章　导论

一、研究背景与研究意义

（一）研究背景

奶牛养殖业作为中国农业经济的重要产业，不仅是农牧民增收的重要渠道之一，而且对保障原料奶的稳定供给发挥着重要作用。但与此同时，奶牛养殖作为一种生物生产过程，也是"高风险、低收益"的弱势行业。奶牛养殖对自然环境的依赖较强，尽管随着现代养殖技术及生产水平的提高可以人工改善环境，但依然摆脱不了自然灾害和疫病问题的影响。例如，近年来在广大草原牧区发生的白灾、黑灾等自然灾害，高致病性重大疫病等，屡屡对奶牛养殖业带来严重影响，使广大养殖户损失惨重，有的甚至因灾、因疫病致贫返贫。然而，从中国奶牛养殖风险防范情况来看，中国奶牛养殖业抵御不可抗拒自然风险与疫病风险的能力还很弱，并且面对较为分散的受灾养殖户，政府传统的灾害救助与补偿能力有限，无法从根本上解决问题[①]。

[①] 资料来源：《于康震副部长在保险支持畜牧业发展经验交流会上的讲话》，2014年9月5日，中华人民共和国农业部网站，http://www.moa.gov.cn/govpublic/XMYS/201409/t20140912_4053117.htm。

从国际经验看,奶牛保险作为一种分散奶牛养殖风险和养殖损失的非价格保护工具,得到了各国政府不同程度的重视。例如,美国等发达国家充分运用WTO有关条款,最大限度地利用农业保险这一"绿箱"政策,通过支持奶牛保险的发展,为本国奶牛养殖者提供了全方位的风险保障,其中不仅涉及对奶牛生理价值进行保障的奶牛死亡和疾病保险,而且包含保障养殖户收入的价格和收益保险。同样,中国自2007年开始在国内试点实行享受政府保费补贴的奶牛保险政策①,并于2008年本着"贯彻落实党中央、国务院的有关方针政策,保障和改善民生,调动广大农户的养殖积极性,促进养殖业的持续健康发展"的目的,出台印发了《中央财政养殖业保险保费补贴管理办法》,明确指出国家支持在全国范围内建立养殖业保险制度,享受政府保费补贴的奶牛保险政策作为一种全新的风险分散工具,在中国正式得到推广。2014年,中国将奶牛保险保费补贴区域进一步扩大至全国范围,并不断提高保费补贴比例,即在地方财政至少补贴30%的基础上,中央财政对中西部地区的补贴比例已提高至50%,对东部地区的补贴比例为40%,对中央单位的补贴比例为80%。截至2019年,中国奶牛保险实现保费收入36.73亿元,其中包括近80%的财政补贴;为73.60万不同规模的奶牛养殖户提供风险保障721亿元;向23.60万受灾养殖户提供损失补偿23.60亿元,平均每户获得保险赔偿1万元②。由此可知,政府财政补贴的奶牛保险政策已成为中国政府支持奶牛养殖业发展的重要手段和工具。

作为中国最大的奶牛饲养和乳制品生产区域,2019年,内蒙古自治区奶牛存栏数量高达122.5万头,占全国奶牛总存栏数的11.73%;牛奶产量577.2万吨,占全国牛奶产量的18.03%③,位列全国第一,显然内蒙古自治区的奶牛养殖在中国具有举足轻重的作用,对保障中国乳品产业的平稳持续发展意义重大。奶牛养殖业的重要性促发了内蒙古自治区对奶牛保险政策的高度需求,作为首批试点政策性农业保险的省份之一,2008年,内蒙古自治区开始正式实施政府保费补贴的奶牛保险政策,该政策主要遵循"政府引导,市场运作"的

---

① 本书所讲的奶牛保险属于中央财政保费补贴的农业保险制度体系,又被称为政策性奶牛保险或奶牛保险政策,本书后续章节会交替使用这两个相同的概念。
② 资料来源:中国银行保险监督管理委员会。
③ 资料来源:《中国农村统计年鉴(2020)》。

运营模式，依据"政府财政补贴"的保费缴纳体系向参保者收取保费，对"保险合同内约定的奶牛死亡事故"，按"低保障、广覆盖"的原则，进行"奶牛生理价值损失"的保险赔付。10 余年来，内蒙古自治区政策性奶牛保险从试点到全面实施，期间不断探索与完善并取得了较为显著的发展。统计数据显示，内蒙古自治区政策性奶牛保险承保率①已由试点初期的 6.55% 提升至 2018 年的 88.70%，增长 12.54 倍；保费收入由 2008 年的 0.64 亿元增加至 2019 年的 6.25 亿元，增长 8.77 倍②。

作为一项重要的财政惠农举措，奶牛保险政策的实施在于利用保险手段建立疫病和自然灾害的风险防范和分散机制，弥补奶牛养殖户因自然灾害和疫病风险造成的损失，稳定养殖户的收入，提高养殖户的生产积极性，保障高质量原料奶的稳定供给。然而，奶牛保险政策的减损效果究竟如何？养殖户对奶牛保险政策是否认可？奶牛保险政策的实施是否对养殖户生产规模及风险防范投入产生影响？现行奶牛保险政策还存在哪些问题？在中国奶牛保险政策十余年发展已取得较大规模效应、中国奶业升级亟须保险机制"保驾护航"的背景下，对上述问题进行研究和探讨无疑具有十分重要的意义。鉴于此，本书选取中国奶牛养殖的主要区域——内蒙古自治区作为研究区域，基于内蒙古奶牛养殖户的问卷调查数据，从奶牛保险政策实际减损效果及对养殖户生产行为影响两方面，评价与检验现行奶牛保险政策的实施效果，总结其中存在的问题与不足；同时，借鉴美国奶牛保险制度的运营经验，提出进一步完善中国奶牛保险政策、推动奶牛保险高质量发展、提高奶牛保险政策服务中国"奶业振兴"能力的对策建议。

（二）研究意义

在当前农业保险政策制度下探讨与研究奶牛保险政策的减损效果及对养殖户行为的影响，不仅是进一步评价和完善现行奶牛保险政策的需求，而且对加快建立中国特色的现代畜牧业保险体系、保障畜牧业平稳健康发展具有十分重要的理论与现实意义。

---

① 承保率 =（承保奶牛头数/奶牛存栏数）×100%。
② 资料来源：中国银行保险监督管理委员会和《中国农村统计年鉴（2020）》。

1. 理论意义

由农业风险管理理论、农业保险理论和农户行为理论可知,奶牛保险对养殖户养殖经营的影响主要体现在两个方面:一是奶牛保险减轻养殖户的直接风险损失。由《农业保险条例》对农业保险的定义可知:"农业保险是指保险机构根据保险合同,对被保险人在农业生产过程中因保险标的遭受约定的自然灾害、意外事故、疫病或者疾病等事故所造成的财产损失,承担赔偿保险金责任的保险活动",奶牛保险弥补养殖户因灾损失的直接影响较为明确。二是奶牛保险对养殖户生产及防疫行为的间接影响。主要影响表现如下:其一,对养殖户养殖规模决策行为的影响。享受政府财政支持的奶牛保险政策的实施向养殖户发出了国家重视和鼓励奶牛养殖的信号,同时奶牛保险产品提高了养殖户抵抗风险的能力,增强了养殖户的养殖信心,将有利于促进养殖户加大生产投入,扩大养殖规模。其二,对养殖户风险防控行为决策的影响。养殖户参加奶牛保险后,其风险防控行为会产生两种变化:一种情况是考虑到存在奶牛保险提供风险保障,养殖户会疏于养殖风险防范,降低风险防控资本要素投入,减少养殖物质资本投入;另一种情况则由于保险公司在业务开展过程中向投保人提供的风险预防提醒,规范了养殖户的养殖经营行为,不断提高养殖户的风险防范意识,促进养殖户加大养殖风险防控投入。

然而,当前只涉及"奶牛死亡"这一责任范围的奶牛保险政策,所发挥出的减损效用究竟如何?养殖户的生产行为在奶牛保险政策的影响下会发生怎样的变化?目前,国内学者在相关领域的研究更多的是集中于理论分析与现象归纳,基于实地调研数据的实证分析较少。本书以农业风险管理理论和农户行为理论为指导,通过大量实地调研数据,对上述问题进行了深入系统的分析,提出并构建了奶牛保险政策实施效果定量评估的方法和模型。故本书不仅可以弥补当前国内理论界对奶牛保险政策实施效果在研究方法和研究成果上的不足,拓展奶牛保险政策研究的视角和深度,而且有利于进一步充实和完善政策性农业保险理论。

2. 现实意义

奶牛保险保费补贴制度的政策目标是:当奶牛养殖户遭遇自然灾害、疫病及意外事故而导致奶牛死亡时,通过保险赔偿行为,弥补和减轻养殖户的损失,提高养殖户灾后恢复再生产的能力,从而稳定养殖户的收入并保障主要畜产品的稳定供给。本书的现实研究意义在于实证分析与检验当前中国奶牛保险制度的政策目标是否实现，即基于养殖户的实地调研数据，就现行农业保险制度框架下，奶牛保险政策减轻养殖户损失的效用进行研究，检验并分析奶牛保险政策的实施是否会改变养殖户的生产规模投入和风险防控投入行为。基于以上一系列的论证与分析，探讨并总结当前中国政策性奶牛保险制度存在的问题，找到切实可行的解决措施。本书的研究结论及相关研究发现对实现"政府加强奶业保护、养殖户弥补因灾损失、保险公司可持续经营"的发展目标，促进中国奶牛保险政策高质量发展转型具有很强的现实意义。

二、研究目标与研究内容

（一）研究目标

本书的研究目标是在对内蒙古自治区奶牛保险政策特点和发展实际进行系统梳理与总结的基础上，基于内蒙古奶牛养殖户的问卷调查数据，应用多种理论与实证模型，检验政策性奶牛保险是否能够减轻养殖户因重大病害、自然灾害及意外事故导致奶牛死亡而带来的经济损失，识别政策性奶牛保险对养殖户生产规模扩大及风险防控投入的影响。同时，结合内蒙古自治区及中国奶牛保险政策实施中存在的问题与不足，在梳理借鉴美国奶牛保险政策运营经验的前提下，提出进一步完善奶牛保险政策体系的对策建议。具体研究目标如下：

第一，探讨不同参与者（不同个人特征或经营特征的养殖户）对当前奶牛保险政策减损效果的主观认可程度，并在养殖户主观评价的基础上，识别影响其政策效用评价的主要因素。

第二，实证检验现行奶牛保险政策是否具有减轻养殖户奶牛死亡损失的作用，并结合当前奶牛保险政策特点及奶牛养殖实际，对上述实证结果进行原因分析。

第三，在理论分析的基础上，通过内蒙古自治区奶牛养殖户的实地调研数据，实证检验与分析奶牛保险政策是否会影响养殖户的养殖决策行为，是否会促进养殖户扩大奶牛养殖规模。

第四，在理论分析的同时，基于微观养殖户调研数据，应用计量经济模型实证检验奶牛保险政策对养殖户饲养风险防控要素投入行为的影响，并结合调研实际进行深入的原因探讨与分析。

（二）研究内容

根据上述研究目标，本书按如下十章内容展开：

第一章，导论。全书的研究纲领。一是从奶牛养殖业的重要地位与高风险特性、奶牛保险的国际经验与国内发展等方面阐述介绍本书的研究背景，并从理论意义与现实意义两个角度对研究意义进行介绍；二是提出所要研究的问题，明确研究目的与研究内容，并根据研究目标与内容，对本书的研究方法与技术路线进行概括介绍，说明本书所使用数据的来源，并总结提出本书的创新与不足。

第二章，文献综述。自20世纪末21世纪初以来，国外有关农业保险对农户各类生产行为的影响研究逐渐丰富。本书在着重梳理国外有关奶牛保险相关研究成果的基础上，系统综述了当前国内外有关奶牛保险实施效果的研究动态，并对其进行综合评述，阐述本书研究奶牛保险发展中现实问题的价值所在。

第三章，相关概念及理论基础。首先，从奶牛的生理及养殖特点、饲养风险类型及特点的角度，对奶牛养殖的主要特点及其风险进行了概述；其次，对养殖业保险及奶牛保险的概念进行了界定，分析阐述了奶牛保险区别于其他保险的特点及其功能，明确本书的研究范围；最后，对风险管理理论、保险原理和农户行为理论进行总结介绍，为本书后续分析提供理论依据。

第四章，内蒙古政策性奶牛保险发展及存在问题分析。内蒙古自治区自2007年开始试点实施政策性奶牛保险，一方面从政府及奶牛保险政策制定的角度，对内蒙古自治区奶牛保险的发展及政策变化进行了梳理介绍。首先从奶牛保险承保规模和赔付规模变化的角度，对内蒙古自治区政策性奶牛保险的整体发展情况进行了概括介绍；其次从奶牛保险运营模式、保险责任范围、保险保障水平和保费缴纳的角度，在对内蒙古奶牛保险政策特点及发展变化进行梳理与纵向比较的同时，将内蒙古奶牛保险政策与国内部分典型省市的奶牛保险政策进行了横向比较分析，并总结内蒙古奶牛保险制度存在的不足。另一方面从奶牛保险的承保与理赔环节出发，对当前内蒙古自治区奶牛保险公司的供给与经营现状进行阐述，并结合调研实际，对其中存在的问题进行了简要总结。本章结合以上两个方面分析，从奶牛保险产品设计、保费补贴结构和具体操作等方面，对内蒙古自治区政策性奶牛保险当前存在的问题与不足进行了总结介绍。

第五章，养殖户奶牛保险减损效果主观评价及影响因素研究。主要基于问卷调查数据，了解养殖户对当前奶牛保险政策减损作用的主观评价，并在养殖户主观评价的基础上识别影响其政策效用评价的主要因素。政府保费补贴的奶牛保险是国家通过保险的方式对奶牛养殖业的扶持，是国家目前稳定实施的一项重要支农惠农政策。而作为政策的直接受益群体，养殖户对该项政策减损作用的主观认知与评价是衡量该政策实施效果的重要内容。因此，本章一方面基于养殖户的调研数据，应用多种变量，考察不同个人特征、经营特征及风险特征的奶牛养殖户对奶牛保险减损作用的主观评价；另一方面在以上主观评价分析的基础上，辅以计量经济模型，实证检验与识别影响养殖户奶牛保险减损效果评价的主要因素。

第六章，奶牛保险减损效果的客观实证分析。主要是在前文有关养殖户奶牛保险减损效果主观评价的基础上，实证检验与分析奶牛保险政策是否能够起到弥补和减轻养殖户奶牛死亡损失的作用。首先，从风险管理与保险原理的角度，对奶牛保险是否具有减轻养殖户损失的作用进行理论分析与探讨；其次，利用奶牛保险政策在内蒙古自治区逐步开展这一特点，基于实地调研数据，应用倍差模型和倾向得分匹配倍差模型，定量比较分析养殖户参保前与参保后、参保养殖户和非参保养殖户所遭受的奶牛死亡损失变化，客观地衡量奶牛保险制度降低养殖户损失的效用；最后，结合当前奶牛保险政策特点及奶牛养殖实际，进一步对上述实证结果进行了深入的原因分析。

第七章，奶牛保险对养殖户养殖规模决策行为的影响。首先，基于农户行为经济学理论，考察奶牛保险政策对养殖户奶牛养殖决策行为的影响；其次，在上述理论分析的基础上，基于内蒙古奶牛养殖户的微观调研数据，采用普通最小二乘估计法和工具变量两阶段最小二乘估计法，定量探讨奶牛保险政策对养殖户奶牛养殖决策行为的影响，实证检验与分析奶牛保险政策是否会促进养殖户扩大奶牛养殖规模。

第八章，奶牛保险对养殖户风险防控行为的影响。养殖户的风险防控行为是养殖户生产行为的又一重要表现。在前文有关奶牛保险政策对养殖户奶牛养殖规模决策行为的影响分析后，本章在理论分析的基础上，基于微观养殖户调研数据，应用 Treatment Effect Model 两阶段回归法实证检验与分析奶牛保险政策对养殖户饲养风险防控行为的影响。在上述理论与实证分析的同时，结合奶牛保险政策特点及奶牛养殖生产实际，对上述实证结果进行了深入的原因探讨。

第九章，美国奶牛保险的发展、运作及启示。美国作为世界上运行最成功的农业保险体系之一，在保险制度设计、政府保费补贴和保险产品创新等方面积累了丰富的经验。通过对美国奶牛保险相关资料的收集与整理，从美国奶牛收入保险计划的产生与发展、奶牛收入保险的运作特点、实施原理和相关保险指标计算与确定的角度，对美国奶牛收入保险计划进行了深入的剖析与解读。结合中国奶牛保险发展实际，在总结梳理美国奶牛保险发展经验的前提下，提出进一步促进中国奶牛保险制度发展与创新的建议及启示。

第十章，研究结论及政策含义。系统总结凝练全书的研究结论，并结合中国奶牛保险政策实施中存在的问题与不足及美国奶牛保险政策的运营经验，提出进一步完善中国奶牛保险政策体系的对策与建议。

三、研究方法与技术路线

（一）研究方法

为确保研究结论的准确可靠，本书遵循理论与实践相结合的研究宗旨，采用规范研究与实证研究相结合的分析方法，以内蒙古自治区为例，定性与定量考察奶牛保险政策的减损效果及对养殖户行为的影响。本书所使用的主要研究方法如下：

1. 问卷调查法与实地访谈法

主要是探讨现行奶牛保险政策的减损效果及对养殖户行为的影响，研究过程

第一章 导论

需要了解奶牛保险政策背景下养殖户的基本养殖情况、奶牛死亡损失情况、奶牛饲养风险防范情况、奶牛保险政策认知及减损作用评价等方面的详细数据资料。对于上述微观数据资料的获得,课题组专门开展了针对奶牛养殖户的实地调研,采用问卷调查的方法进行奶牛养殖户的数据收集。与此同时,为进一步了解各地区供给、经营政策性奶牛保险的主要做法、实施效果及存在的困难与问题,课题组在进行入户调查的同时,还与当地各政府部门及保险经办机构进行了深入的座谈,采取实地访谈的方法进行政府及保险经办机构的资料收集。

2. 比较分析法

比较分析法试图通过两个或者两个以上事物异同点的比较、区别、把握各个事物的本质、规律,进而对事物做出正确的评价。为了深入地了解认识内蒙古奶牛保险政策的发展变化、实施特点及存在的问题与不足,多处应用比较分析的研究方法,主要体现在以下两个方面:一是在介绍分析内蒙古政策性奶牛保险的发展现状部分,主要采用了比较分析的研究方法,其中,不仅包括对内蒙古政策性奶牛保险的发展和多年来取得的成效进行的纵向比较分析,而且也包括对内蒙古自治区的奶牛保险政策与国内其他部分省市(江苏省、浙江省、北京市、山东省和黑龙江省)奶牛保险政策进行的横向比较分析;二是在梳理介绍美国奶牛保险的发展及运营特点部分,再次应用到比较分析的研究方法。通过对比借鉴美国奶牛保险的发展经验,提出进一步完善中国奶牛保险政策的对策及启示。

3. 规范分析法与实证研究法

规范分析研究的是"应该是什么",加入了价值的判断。规范分析过程注重论述道理、逻辑推理等分析;实证分析研究的是"是什么",是对事实的客观反映,不加入价值的判断。实证分析过程注重应用统计数据、模型等分析。为了确保得到准确可靠的研究结论,本书在对政策性奶牛保险的减损效果及对养殖户行为的影响进行规范理论分析的同时,基于大量调研数据,应用计量经济模型进行了客观的实证分析与检验。基于上述研究结论,再次应用规范分析的研究方法提出进一步完善奶牛保险政策体系的对策建议。

(二)技术路线

基于上述研究目标及研究内容,本书的技术路线如图1-1所示。

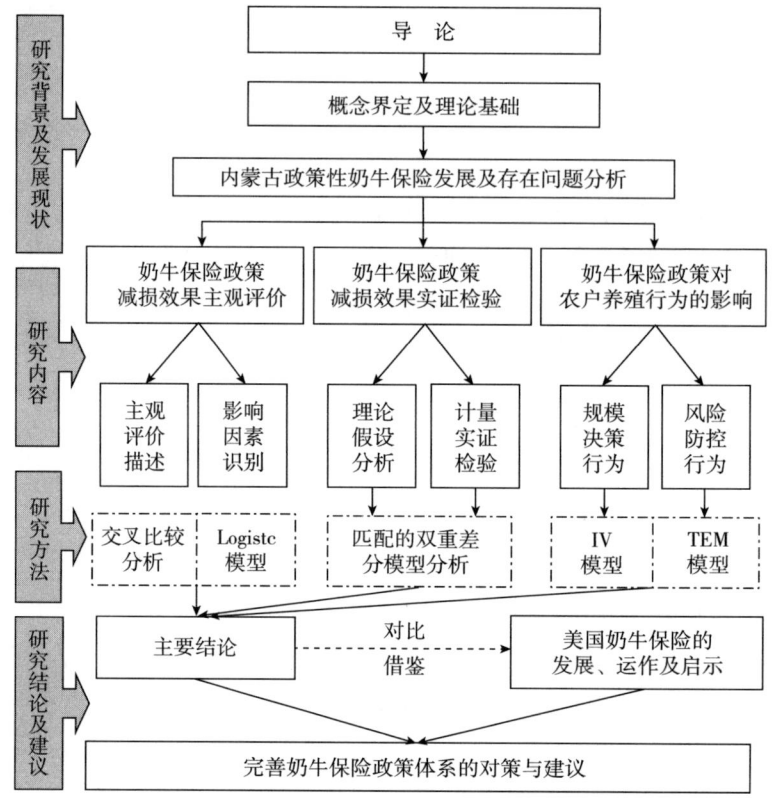

图1-1 本书的技术路线

四、数据与资料来源

(一) 调研数据

本书各项研究的完成有赖于微观层面数据资料的及时获得。围绕研究目标与研究内容,专门设计了具有一定内在思维逻辑的养殖户调查问卷,调研区域为中国最大的奶牛养殖和乳制品生产区域、奶牛保险保费补贴政策最早试点省区之一的内蒙古自治区;调查对象为从事奶牛养殖的散养户、养殖小区、奶联社或合作社、家庭牧场和农牧业公司等主要类型的奶牛养殖户；调查内容涉及养殖户的个人特征、经营特征、风险损失情况、奶牛保险参与情况、奶牛保险政策满意度及减损效果评价、养殖决策以及养殖户的风险防控投入等详细信息。

为保证调查数据的准确性和实地调研的可操作性，整个调查过程主要分为以下三个阶段进行：第一阶段，小范围试调研阶段。在进行大范围调查之前，于2015年5~6月进行了小范围的试调研，此阶段主要是对调查问卷中暴露的问题及时给予进一步的完善与修正，以形成最终的调查问卷。具体问卷设计与内容可见附录。第二阶段，大范围深入调研阶段。在试调研结束后，于2015年7~9月开展了大范围的深入调研。按地理位置分布（内蒙古东西盟市分布）、奶牛存栏量（奶牛存栏数量的高低）和奶牛保险政策开展情况（奶牛保险政策开展时间及效果）的不同，最终选择内蒙古自治区呼和浩特市、包头市、呼伦贝尔市和兴安盟四个盟市为具体的调研区域，调查对象为不同饲养模式的奶牛养殖户，调查采取实地走访的入户调查方式。此阶段共收集内蒙古自治区4个盟市、12个旗县（市、区）、26个乡镇或园区、46个行政村、264位奶牛养殖户连续两年（2013年和2014年）的相关数据、资料等信息。第三阶段，样本数据复核、整理阶段。大范围深入调研阶段结束后，于2015年10月对收集的样本数据逐一进行复核、整理，对其中存在的缺失与矛盾之处，及时组织调研员进行电话复核，以确保样本数据的完整可靠。总之，严谨、可行的问卷调查与整理工作为本书各项研究内容的展开提供了扎实而客观的数据支撑。

（二）统计数据及资料

本书的数据资料还包括从官方网站、统计年鉴资料和基层政府部门及保险经办机构收集的相关统计信息和数据。具体来源包括以下三类：第一类，官方网站统计数据资料。主要包括国外资料，如美国农业部网站、美国农业部风险管理局网站资料信息等；国内资料，如财政部网站、农业部网站、中国银行保险监督管理委员会网站、内蒙古自治区农牧业厅及相关省区财政厅、农业厅、农业信息网等网站公布的数据资料。第二类，统计年鉴资料数据。主要包括国家统计局编著的《中国统计年鉴》、国家发改委价格司编著的《全国农产品成本收益资料汇编》、国家统计局农村社会经济调查司编著的《中国农村统计年鉴》、中国奶业协会主持编著的《中国奶业年鉴》、内蒙古自治区统计局编著的《内蒙古统计年鉴》、内蒙古金融办编著的《内蒙古金融志》等记录的数据资料。第三类，政府部门及保险经办机构的数据库及文件资料。主要包括内蒙古自治区种植业管理处农业保险数据库；国家财政部、内蒙古自治区及相关省市关于农业保险财政补贴、政策颁布等相关文件、数据资料。

五、研究创新与研究不足

（一）创新之处

本书以农业保险保费补贴政策为背景，基于内蒙古奶牛养殖户的实地调研数据，从奶牛保险政策的实际减损效果和对养殖户生产行为影响两方面，评价与检验现行奶牛保险政策是否具有稳定养殖户奶牛养殖收入和保障原料奶供给的功能，研究内容及所得结论对进一步完善农业保险保费补贴制度，创新奶牛保险产品、促进奶牛保险政策高质量发展具有很强的理论与实践意义。

本书可能有以下新意：

第一，在中国，享受政府保费补贴的奶牛保险政策已实施多年，但国内有关奶牛保险政策实施效果的研究更多是集中于理论分析与现象归纳。总结前人研究，本书在对奶牛保险的减损效果及对养殖户生产行为影响进行理论分析的同时，基于第一手调研数据，进一步对上述内容进行了客观科学的实证检验与分析，研究内容极大丰富了国内奶牛保险政策评价研究，弥补了当前国内理论界对奶牛保险政策实施效果在研究方法和研究成果上的不足，拓展了奶牛保险政策研究的视角和深度，有利于进一步充实和完善政策性农业保险理论。

第二，根据内蒙古现行奶牛保险制度特点及奶牛养殖实际，获得一些新的发现：当前只针对"保险合同内约定的奶牛死亡事故"，按"低保障、广覆盖"的原则，进行"奶牛生理价值损失"赔付的奶牛保险政策，对参保养殖户所发挥的客观减损作用有限；但作为国家目前稳定实施的一项支农惠农政策，奶牛保险政策的实施增强了养殖者从事奶牛养殖的信心，能够激发养殖户从事奶牛养殖的积极性，并且，养殖户参加奶牛保险后，并不存在消极进行风险防控的奶牛养殖行为。上述研究及相关发现有助于深入认识与理解中国当前奶牛保险政策特点与实施效果，进而为进一步完善和发展中国奶牛保险政策提供正确的决策支持。

（二）不足之处

本书基于大量的实地调研数据，从奶牛保险政策的实际减损效果和对养殖户生产行为影响两方面，评价与检验现行奶牛保险政策的实施效果。但由于受资料、经费、时间和编者研究能力的限制，只是对现行奶牛保险政策的短期实施效果进行了考察与检验，对现行奶牛保险政策的作用效应进行了短期静态研究，然而，伴随奶牛保险政策的长期稳定实施，参保养殖户的风险损失及生产行为会发生怎样的变化？即奶牛保险政策的长期实施效果如何？本书还没能对这一问题进行解答，因此，有望后续相关研究中能够对此问题予以充分的关注，即通过长期的数据积累、样本跟踪等方式收集养殖户层面的时间序列数据或面板数据，动态地比较研究奶牛保险政策对养殖户的收入及生产行为产生的影响，全面地考察奶牛保险政策的实施效果。

第二章 文献综述

自20世纪末21世纪初以来，国内外保险学界、业界围绕农业保险对农户生产经营收入及生产行为的影响进行了广泛而深入的研究。并且，众多学者研究表明农业保险不是一个中性的金融工具，农户在参加保险的情况下会重新选择生产投入和重新分配稀缺资源而使自己的收益或者效用最大化。奶牛保险作为农业保险系列制度的重要组成部分，有关奶牛保险实施效果的研究逐渐丰富，本书在此对其进行系统回顾与评述。

一、国外研究现状

（一）奶牛保险减损效果

国外学者有关奶牛保险降低损失、分散风险的研究主要基于大量的实际调查数据，从养殖场（户）奶牛养殖风险防范措施的选择和奶牛保险风险防范作用的角度进行分析。

1. 有关奶牛养殖风险及风险防范措施的探讨

奶牛养殖面临着自然风险、市场风险和疾病风险等各种风险，奶牛保险是养殖者分散养殖风险的重要措施（Bosch等，1992；Meuwissen等，2001）。

Meuwissen等（2001）对荷兰647户畜牧养殖者进行问卷调查，通过收集不同养殖者有关风险来源和风险管理策略的评价（按1、2、3、4、5代表不同程度进行打分），发现价格风险和疫病风险是主要风险来源；风险共担（购买保险等）是主要风险管理策略。美国农业部下属的风险管理局和动植物卫生检验局（2002）对各类畜牧业生产者进行调查分析后发现市场风险（较低的牛奶价格和较高的投入成本）、饲料中出现霉菌毒素等真菌、疾病风险和自然风险是奶牛养殖者在生产过程中面临的主要风险，并且相对于政府的灾害补偿计划，被调查者更倾向于通过保险手段进行风险分散。Flaten 和 Lien（2005）通过对挪威363个传统的家庭奶牛养殖场和162个合作组织性质的奶牛养殖场进行了风险感知与风险管理比较时，认为两者存在不同的风险感知，合作组织的奶牛养殖户最为重视的是与生产相关的制度风险；而传统的奶牛养殖户则更加关注生产成本和政府提供的福利政策。但在风险防范措施选择上两者趋于一致，金融措施（如充足资金和控制生产成本），疾病预防和奶牛保险被视为处理风险的重要途径。Bachev（2008）在对保加利亚奶牛养殖场进行风险分析时，指出奶牛养殖是高风险行业，主要面临着自然风险、市场风险、制度风险和饲养管理等风险的侵袭，并在定性分析后指出政府对奶牛养殖场的风险管理是无效的，其原因是政府和其他部门不应该直接干预市场和私有企业的变化。Christian 和 Birthe 等（2010）在对欧盟5个国家的奶业生产风险进行实证分析时指出奶业生产风险是农业生产风险中最重要的一个风险，由于意外事故和疾病而造成的损失是奶牛养殖者所面临的最大风险，并指出可以通过进一步加强乳品企业、奶牛养殖者、保险公司、银行和研究院之间的合作来提高奶业生产风险管理。Shields（2011）着重对美国当前奶牛养殖者处理市场风险的风险防范措施进行了汇总介绍，认为牛奶或饲料价格波动引发的养殖收入风险给奶牛养殖者带来了巨大的挑战，为此，养殖者可以采用不同类型的风险管理工具进行风险分散，并且，他将这些风险管理工具按供给对象和实施原理的不同，分为如表2-1所示的几类，在短期工具中，养殖者可以选择使用私营部门提供的期货、期权等金融工具实现市场风险对冲，以锁定较高的牛奶价格或养殖收益，该类工具的特点是风险防护水平由市场决定；另外，养殖者也可以通过增大现金储备，应对市场价格低迷、资金短缺的危机。值得注意的是，近年来，在私营部门和政府共同提供的短期风险管理工具中，奶牛收入保险计划（LGM - Dairy）在美国得到了较快的发展，目前已经成为美国奶牛养殖者应对市场风险的重要工具。同样，在牛奶市场非常低迷的时候，美国国会也会偶尔启动一些政府紧急救助计划（如直接向生产者提供补贴或政府大量购买乳产品等），以保障原料奶的稳定生产。在长期风险管理工具中，养殖者自身可以通过农业多样化经营、增大家庭非农收入等途径进行奶牛养殖风险分散；同时，养殖者也可以通过参加联邦政府提供的乳品收入损失合同项目减少收入损失。Koirala 和 Bhandari（2018）通过对尼泊尔地区畜牧养殖户的调查，指出干旱、山体滑坡、洪水等极端气候事件会导致牲畜死亡、农场设施受损，给畜牧经济带来严重损失，而调查表明，牲畜保险是当地养殖户普遍采用的缓解气候危害的工具之一。

表 2-1　美国奶牛养殖者应对市场风险的管理工具

供给方	短期工具	长期工具
私营机构	牛奶或饲料的期货或期权合约、持有现金储备	农业经营多样化、增大家庭非农收入
私营+政府	奶牛收入保险计划	无
联邦政府	政府紧急援助	乳品收入损失合同项目

资料来源：Shields D A. Risk Management Tools for Dairy Farmers [R]. CRS Report for Congress, June 8, 2011.

2. 有关奶牛保险风险防范作用的研究

国外奶牛保险产品比较丰富，不仅包括对奶牛生理价值进行保障的奶牛死亡和疾病保险，还包含保障养殖户养殖收益的价格与收入保险。但是，由于不同地区奶牛保险发展水平的不同，奶牛保险产品表现出的防灾减损效果也存在一定差异。

世界上开展奶牛死亡和疾病保险的国家较多，国外学者针对此产品的风险防范作用展开了广泛探讨。泰国农业大学（Kasetsart University）于 1992 年组织学者对奶牛养殖者进行了大范围的奶牛保险需求调查，在调查报告中指出当养殖户

---

① 美国奶牛收入保险计划由美国农业部风险管理局进行管理与监督，私营保险公司负责销售，该保险计划的发展与具体实施特点，可见本书第九章。

饲养的昂贵奶牛出现死亡时，奶牛保险能够减轻养殖户的损失。Bosch 等（1992）认为针对奶牛生产风险，购买保险和套期保值是奶农规避风险的有效策略，在低风险规避水平，这两个策略都是非常有效的，但是在高风险规避水平，就需要两个策略的有机结合。Turvey（2001）通过建立动物疫病风险损失模型，探讨畜牧业保险的养殖风险防范作用，结果发现流行性动物疫病（如口蹄疫）会对动物种群和生态环境产生很大影响，而畜牧业保险能够降低动物疫病带来的危害损失，稳定养殖场户的生产投入预期。Jansson 和 Norell（2006）应用仿真模拟模型比较了欧盟各国的政府灾害救助体系和强制保险对防范口蹄疫所产生的影响，结果表明强制保险能够通过高效的风险风散机制，降低口蹄疫在各成员国之间造成的损害程度，进而提高社会福利，而政府补偿资助体系由于效率较差，其表现出的提升社会福利效果不明显。

世界不同地区畜牧业保险计划的发展水平参差不齐，奶牛保险产品表现出的风险防范作用也不尽相同。部分欠发达地区的奶牛保险计划还处于起步阶段，奶牛保险产品表现出的风险保障作用有限。2014 年，瑞士再保险公司对拉丁美洲与加勒比地区的奶牛、肉牛等畜牧保险计划进行了调查研究，研究发现农业保险作为一项风险管理工具，能降低不良气候现象发生给畜牧生产者带来的损失，但是拉美地区的畜牧业保险覆盖面还有待进一步提高，畜牧业保险市场的开发不如预期，未能同畜牧生产部门的增长保持同步，导致包括奶牛保险在内的畜牧业保险计划的风险防范作用还未能充分发挥。而美国等部分发达国家拓宽奶牛保险责任范围，推出了价格与收入保险，该奶牛保险产品的风险防范作用得到了政府、学者与奶牛养殖者的普遍认可。Cabrera 等（2009）根据美国奶牛保险的政策规定，分析了奶农收入和缴纳的保费在不同饲养制度与免赔额下发生的变化情况，指出奶牛收入保险是一项有效的风险管理工具，其可减轻饲养损失，确保奶农获取最低收入。Gould（2011）对美国奶牛收入保险计划（LGM – Dairy）的产生、发展以及如何进行风险分散进行了较为详细的介绍，指出美国奶牛收入保险的风险管理目标对生产者的最低养殖收入 =（牛奶直接销售收入 – 饲料投入成本）进行风险防护，其实施原理类似应用金融行业中的组合期权策略进行风险管理，但由于该保险产品较高的灵活性、较低的准入门槛、有效的风险防范作用以及政府的财政支持，使美国奶牛收入保险计划相对于组合期权策略的应用更具有发展优势，得到了美国奶牛养殖者的普遍认同。Ngare（2013）通过对东非肯尼亚地区奶牛保险实施情况的调查研究，发现奶牛保险不仅能对冲乳品业务中的损失，并且保险中附带的奶牛护理、保健等防灾减损措施，还可以将奶牛年死亡率从22%大幅降低至1.6%。因此，认为奶牛保险能够分散乳制品行业的养殖风险，减少企业经营损失。Burdine 和 Mosheim（2014）在对奶牛收入保险的减损效果进行实证研究时，通过选取偏离平均奶牛养殖收入的程度（标准差）作为风险程度的替代变量，利用美国13个主要乳制品生产区域2001～2011年的月度牛奶、玉米和大豆期货价格和实际价格的历史数据，分别模拟计算了各个区域"有奶牛收入保险"和"无奶牛收入保险"时的奶牛养殖风险情况，结果表明在有奶牛收入保险的情况下，奶牛养殖收入的标准差相对较小，奶牛收入保险能够降低28%～39%的收入风险，奶牛收入保险减轻养殖户损失的效果明显。Tahereh 和 Hamideh（2019）通过对伊朗250户奶牛、山羊及绵羊养殖户的综合问卷调查，发现保险能够帮助养殖户缓解气候变化带来的潜在负面影响，保障养殖户在不良气候灾害下继续保持稳定的家庭结构和持续从事家庭畜牧养殖。

（二）奶牛保险对农户养殖行为的影响

行为目标是对行为最好的预见（Ajzen 和 Madden，1986），人们的行为会受其预期目标影响，并形成自我激励（Binswanger，1980）。农业保险政策通过向农户提供有效风险保障，增加农户的农业生产收入预期，有利于提高农业生产积极性，影响其生产行为。

1. 奶牛保险对农户养殖决策行为的影响研究

国外有关农户生产行为的研究文献较为丰富，相关理论也很多。苏联农业经济学家恰亚诺夫（1925）在《农民经济组织》一书中指出农民的生产决策行为与企业的决策行为不同，农户经营行为更加注重追求家庭效用最大化，即实现家庭各成员的消费需求与其所付出的辛苦劳动之间的均衡，农户或家庭生产行为的目的是规避风险以满足自身消费需求，而不是追求利润最大化。而舒尔茨（1964）在《改造传统农业》一书中指出农民在竞争性市场机制中，其经济决策行为并不逊色于企业的生产决策行为，农民的经济行为是非常理性的，帕累托最优原则也适用于农民的生产要素配置行为，在生产要素的分配上很少存在明显的低效率现象。美国著名学者斯科特（1976）在对东南亚农业发展进行分析时指出农民的经济行为侧重于安全、可靠和稳定的生产经营，农民的决策行为更多的是追求较低的生产风险与较高的生存保障。同样，也有很多学者指出农户的个体偏好、年龄等微观因素也会影响到农户的生产决策行为（Mcpeak 和 Doss, 2006）。

尽管如此，国外学者单纯针对奶牛保险影响农户养殖决策行为的相关研究较少，大多是从畜牧业保险和种植业保险的角度进行类似研究与探讨。

在畜牧业保险方面，大部分学者认为畜牧业保险的实施与开展会对农户的养殖决策行为产生激励作用。例如，Boyd 等（2013）在对牲畜死亡保险的发展和机遇进行探讨与分析时，指出牲畜死亡保险能够保障养殖者生产投入的安全性，减少因为牲畜死亡带来的成本投入损失，同时，保险赔偿能够帮助养殖者在遭受牲畜死亡损失时继续生产，保障养殖业的平稳发展，从而提高畜产品的稳定生产与供给，激励农户的养殖行为。Tahereh 和 Hamideh（2019）通过对伊朗 250 户奶牛等养殖户的问卷调查，采用层级回归分析方法考察保险对养殖户应对气候变化的影响，结果表明保险能够激励养殖户开展应对气候变化的可控行为与相关要素投入，显著提高养殖户应对气候变化的能力，提高养殖户的持续养殖能力。

另外，也有部分学者提出，畜牧业保险的实施会对养殖户的养殖决策行为形成抑制，如 Munenobu 和 Christopher（2011）以肯尼亚马萨比特畜牧指数保险为例，探讨保险对养殖户生产行为和福利的影响时指出，保险的存在可能会对养殖户的生产行为产生两方面影响：一是由于保险的风险保障，会使参保养殖户的收入变得更加稳定，因此，养殖户不必再把增大牲畜数量作为应对风险的缓冲手段，从而对养殖户的养殖行为形成抑制。二是在保险的作用下，家庭的收入来源更加稳定，养殖户的生产预期回报增加，进而会激励养殖户的畜牧养殖行为，加大相关养殖资源的投入。同时，作者进一步通过模型拟合分析后发现，养殖户参加保险后会降低牲畜饲养密度，减少相关养殖资源投入，从而对养殖户的畜牧养殖行为形成抑制。

在种植业保险方面，国外学者普遍认可保险对农作物种植规模的正向影响，例如，Wu 和 Adams（2001）在测量收入保险对农户种植决策影响时，发现收入保险会对生产风险与预期收益之间的关系产生影响，导致农户扩大种植面积，甚至将受环境影响大的土地进行农业种植；Goodwin 和 Vandeveer（2004）也发现证据表明农作物保险计划的高参与率会显著引发种植面积的变化,但所产生的影响幅度并不大。同时,国外学者也从政府对保险提供的补贴比例角度探讨作物保险对农户种植行为的影响。Lubowski 等(2006)等在研究农业保险补贴政策对土地用途变化的影响时指出农业保险通过降低农作物种植风险或增加农作物种植预期收益,可能会增加农作物的种植土地数量,并通过对比分析 1992~1997 年美国农业保险补贴与农作物种植面积的变化后,指出 1994 年农业保险保费补贴比例的提高使 1997 年的耕地面积增加 1%。Miao 等(2012)基于美国农作物保险计划下的历史数据,通过仿真模拟模型测度了不同政府补贴比例对农户种植决策的影响,发现政府补贴每降低 5%,整体的种植面积会降低 0.6%,这种变化在高风险土地地区更为明显。Cole 等(2013)以印度降雨指数保险为例,通过随机田野实验方法探讨保险对农户事前生产决策行为影响时,发现保险会正向激励农户的农业生产行为。Carter 等(2014)从理论层面探讨指数保险是否有助于促进农户采用新型农业生产技术时,认为指数保险在覆盖农户所面临大部分生产风险的前提下,可以有效激励农户采用新型农业生产技术或先进管理措施,从而有助于促进农户扩大农作物种植规模。

2. 奶牛保险对农户风险防控投入行为的影响研究

学术界对于奶牛保险改变养殖户风险防控投入的研究尚不多见,但国外学者对种植业保险的相关类似影响进行了诸多研究。但对于农业保险究竟是促使农户减少了风险防控要素投入还是增加了要素投入这一问题,并未形成一致观点。

一部分学者认为农户参加农业保险后,会降低具有类似作用的其他风险防控投入。例如,Quiggin 等(1993)利用 Cobb - Douglas 生产函数研究了美国中西部种植玉米及大豆农民的作物保险,发现在作物保险制度下,农民投入的化肥及杀虫剂等使用量呈现下降趋势,结果表明作物保险与生产投入之间呈现替代关系。Smith 和 Goodwin(1996)以美国堪萨斯州的小麦生产者为例,设计的单一方程模型、联立方程模型和 Bootsrapped 模型结果均显示农业保险的存在,导致投保农户将比未投保农户使用较少的化学要素以最大化其预期理赔。Babcock 和 Hennessy(1996)采用蒙特卡罗模拟方法评估农业保险对美国爱荷华州玉米生产者氮肥施用行为的影响时,发现农场户的氮肥施用行为会随着保险保障水平的提高而减弱,模拟结果显示当农业保险保障水平提高到 90% 时,农户的氮肥施用量会降低约10%。Goodwin 和 Vandeveer（2004）研究认为农业保险的购买者会倾向于减少化肥等农业生产要素投入。同样，Nimon（2005）以美国收入保险为例，应用递归模型考察保险对农户农业生产要素配置行为的影响，结果发现由于保险的损失补偿作用，参保农户会明显减弱其生产中的化肥投入行为，但对农药的使用行为无明显的影响。

同时，部分学者认为农业保险的参与会增加农户的风险防控要素投入。例如，Horowitz 和 Lichtenberg（1993）研究了农业保险对美国中西部玉米种植者农用化学品施用量的影响，发现购买农业保险的农民相比那些没有购买保险的农民，平均每亩氮肥的施用量增加了19%，农药的施用量增加了21%。Leblois 和 Quirion（2014）基于尼日尔小米种植户的研究发现干旱指数保险会使农户增大风险增加型要素（如化肥）的投入，增大使用改良品种的积极性。Berhane 和 Dercon（2015）以埃塞俄比亚为例，探讨农业保险对农户生产行为影响时指出，农业保险会激励农户增加农业生产投资，相比于未参保者参保农户会提高约13%的肥料施用量。

另外，部分学者经过理论与实证分析后认为，农业保险参与并不会显著影响农户的风险防控投入行为。Ahsan 等（1982）认为在理性经济人假设下，参加农业保险的农户在期望收益最大化的驱动下会改变其原先在农业生产中的要素投入行为，但作用方向并不一致，农户会表现出增加风险增加型的要素投入，而减少风险降低型的要素投入。Horowitz 和 Lichtenberg（1994）以作物保险为例，指出农业保险与农户风险防控要素投入之间的关系主要取决于研究地区的农业生产环境、农业保险条款的性质（如保费、保障水平、保障范畴等）及承保保险标的类型。Kenneth（2017）基于肯尼亚玉米种植农民的调查数据，探讨与检验天气指数保险对农户化肥施用的影响，结果表明保险政策的开展虽然会导致农户增加化肥投入，但这是以牺牲其他投入（如有机肥）为代价的，并且保险的作用效果受保险产品制度设计的影响具有一定不确定性。

上述针对种植业保险的类似研究有助于我们加深对农业保险制度和农户生产决策行为之间关系的理解，能有效开拓下一步进行奶牛保险相关研究的方法与思路，但需要指出的是，奶牛养殖业在生产方式、生产周期等方面与种植业都存在很大的不同，因此，奶牛保险政策对养殖户奶牛养殖行为的影响到底如何，还有待进一步的检验。

(三) 奶牛保险政策需求与产品创新

国外学者在对奶牛保险分散风险，降低损失进行研究的同时，对奶牛保险政策需求与产品创新等方面也展开了广泛的探讨。1992年，在泰国农业大学众多学者组织的奶牛保险需求调查中，发现影响奶牛养殖户参加奶牛保险的因素较多，但奶农保险意识和认知水平的低下是导致当地奶牛保险难以普及的重要因素。Mohammed 和 Ortmann（2005）基于厄立特里亚地区奶牛养殖场的问卷调查，运用 Logit 模型分析奶牛养殖场支付奶牛保险意愿的影响因素；结果表明受教育水平、风险认知度是影响奶牛养殖场参与奶牛保险的正向因素；而地理位置不佳、养殖经验不足及风险管理不全面三个因素有降低奶牛养殖场参保率的可能性；并提出政府可设计灵活可变的奶牛保险保费机制，对投保养殖场进行补贴，以提高养殖场的保险参与率。Fields（2008）运用 Probit 模型对路易斯安那州的52位农户的保险购买决策进行估计后发现，农户投保后是否能够获益对其参保具有重要影响，而且农户的支付意愿与其风险偏好和所处的风险环境有重要关系。除以上影响农户奶牛保险需求的因素外，Cabrera 和 Solis（2008）分析了天气预测对美国威斯康星州奶牛养殖场购买奶牛收入保险的影响，研究指出季节性的气候变异通常会影响奶牛养殖的饲料成本、产奶量、饲料消耗和牛奶的价格，因此，养殖户对气候的预测也会对其是否购买奶牛收入保险和选择购买多大的保障水平产生重要影响。Christopher 和 Nicole（2015）通过调查美国奶牛养殖场户的保险潜在需求，发现奶牛养殖数量更多和受教育程度更高的养殖户更愿意支付更多的保险费用。并且，拥有牛奶和饲料价格风险管理工具使用经历的奶牛养殖户，其支付保险费用的意愿会更高。

针对现有奶牛保险产品存在的问题，国外学者也提出了一些改进建议。Gramig 等（2006）强调在设计新保险产品时，要重视农民的购买意愿，否则，会使政府面临巨大的负债负担。Grannis 和 Green（2006）对美国农业生产者在牲畜疾病保险方面的兴趣进行了研究，指出生产者在不同的饲养阶段、不同的规模下会面临不同的风险，单一的保险产品不能满足每个生产者的需求，需要根据养殖户不同需求及时进行产品创新与调整。Christopher 和 Black（2009）通过对美国中西部偏北地区奶牛养殖场收入波动和保险使用情况的调查分析，发现引起奶农收入波动的最主要因素是牛奶价格，奶农具有投保牛奶价格保险产品的动机，政府及保险公司应积极提供牛奶价格保险产品。

二、国内研究现状

中国已成为亚洲第一、全球第二大农业保险市场。伴随中国农业保险规模的不断扩大，国内理论与实务界有关农业保险发展与制度优化的讨论逐渐丰富。其中，围绕中国政府保费补贴的奶牛保险政策，国内学者主要从奶牛保险风险分散、对农户养殖行为的影响、农户的奶牛保险需求、奶牛保险政策发展及存在的问题等角度进行研究与分析。

（一）奶牛保险分散养殖风险的研究

针对奶牛养殖风险，奶牛保险是不是一种有效的风险分散手段，国内学者展开了一定探讨。早在政策性奶牛保险实施以前，很多学者就呼吁：奶牛保险是一种分散养殖风险的重要手段。庹国柱（1999）指出奶牛业的持续稳定发展面临市场风险和自然风险两大风险。对于市场风险，可由政府建立风险基金在价格波动剧烈时通过基金给奶农以补贴，或是在条件成熟时建立价格保险制度；对于奶牛养殖的自然风险，主要是疾病、意外事故和死亡。自然风险对于规模较小的奶牛场常常是灾难性的，让农民参加奶牛保险是万全之策，但需要政府的组织和引导。贾永全和耿忠诚（2004）对黑龙江省奶牛业进行考察后指出奶牛养殖业面临很大的疾病风险、市场风险和突发风险，可以通过采取科学饲养管理、新的疾病防疫技术、建立和完善奶牛保险制度等措施来应对这些风险。保费补贴的政策性奶牛保险实施后，学者针对新的奶牛保险产品分散奶牛养殖风险的作用进行了探讨。柴智慧和赵元凤（2013）在对内蒙古奶牛保险的发展进行分析时强调奶业生产是一项高风险产业，面临自然风险、市场风险、制度风险等各种风险。政策性奶牛保险，作为一种风险转移和补偿安排，可以为奶牛养殖户的因灾损失提供保障。王莲英（2013）指出畜牧业生产的不确定性因素很大，畜牧业保险为畜牧业的发展提供了一份保障，能够在出现这些不确定因素的情况后对其进行经济保护，降低灾害疫情等的影响。同时也有一部分学者指出当前奶牛保险制度分散奶牛养殖风险的作用有限。田佳佳（2008）指出现有的奶牛保险在经营机制、政策扶持、保险意识诸方面存在着不利因素，奶牛保险进程缓慢，各地业务开展不平衡，奶牛保险风险保障效果欠佳。吴宗学等（2012）指出提供奶牛养殖保险的保险公司不多，而且相关保险条款较少，容易引起纠纷。奶牛养殖企业或养殖户对养殖奶牛进行保险的意愿较小。因此，奶牛养殖中的风险基本由养殖者自负。赵元凤和张旭光（2018）利用奶牛保险政策在内蒙古自治区逐步开展的特点，形成的实证分析所需的"自然试验"背景，基于微观调查数据，应用倍差法和倾向得分匹配倍差法实证检验奶牛保险的实际减损效果。研究发现奶牛保险政策对农户奶牛养殖死亡损失具有负向处理效应，但显著水平较弱。进一步分析可知，奶牛保险制度设计与当前奶牛养殖风险之间的不匹配，是造成奶牛保险政策没有显著发挥减损作用的重要原因。冯丽宇（2018）在对中国牛奶价格指数保险及其财政补贴政策进行分析时指出，牛奶价格指数保险可以为奶农提供最低价格保障，同时保留其获得更高收益的权利，因而认为牛奶价格指数保险是最适合中国奶农的价格风险管理方式。刘佶鹏（2019）通过对中国政策性奶牛保险十年发展的回顾，指出奶业振兴需要借助保险机制构建安全网，但是前中国奶牛"死亡+成本"型保险未能给奶业提供充足的风险保障，可以借鉴美国等发达国家的做法转移市场风险尤其是价格风险。

（二）奶牛保险对农户养殖行为的影响

与国外研究情况类似，国内学者针对政策性奶牛保险改变农户养殖行为的直接研究也较为罕见。但近年来，围绕畜牧养殖业保险和种植业保险对农户生产经营行为的影响，国内学者已开始展开积极的研究与探讨。

一方面，部分学者认为畜牧业或种植业政策的实施会对农户的生产（养殖或种植）行为形成正向激励。例如，围绕畜牧养殖业保险对农户行为的影响，Cai（2009）通过对中国西南地区母猪养殖户的调查发现，母猪保险能够正向激励养殖户的生产决策行为，有助于增加养殖户的母猪饲养倾向。张跃华等（2013）基于浙江省德清县生猪养殖户的问卷调查数据，考察了生猪保险与养殖户的生物安全生产行为（疾病记录、人员器具消毒等综合生产行为）、疫苗使用行为的关系，结果表明养殖户的生物安全生产行为与保险参与行为之间存在相关补充的关系，而养殖户的高质量疫苗使用与保险参与之间存在替代关系。张跃华等（2017）应用 DID 和 PSM 方法检验养猪保险对农户疫苗使用行为的影响时，发现保险并没有显著导致参保农户减少疫苗使用，也没有导致动物伤害和农户损失的增加，并指出道德风险问题在中国牲畜保险市场并不严重尤其对于比较专业的规模农户，认为保险是降低农户风险和激励生猪饲养的有效手段。舒畅和乔娟（2016）基于对北京市生猪养殖户的调查，采用有序 Logit 模型探讨养殖保险政策对养殖户病死畜禽无害化处理行为的影响，结果发现养殖业保险政策与病死畜禽无害化处理机制挂钩将有助于规范养殖场户的病死畜禽处理行为，促进养殖场户选择更环保的资源化处理方式。张旭光和赵元凤（2017）通过对内蒙古自治区 500 户奶牛养殖户的问卷调查，应用工具变量模型实证检验奶牛保险对参保农户奶牛养殖规模决策行为的影响，研究结果表明，在控制农户参保行为的内生性后，奶牛保险政策的参与显著改变了农户的奶牛养殖决策行为，有助于提高农户从事奶牛养殖的积极性，激励农户扩大奶牛养殖规模。张跃华等（2019）基于河南省济源市生猪保险试点形成的自然实验，探讨生猪保险对农户生猪养殖兽用药物使用行为影响时发现，生猪保险参与可以提高农户兽用抗生素药物支出，但同时也会降低非抗生素类药物支出。并且结合生猪养殖实际指出生猪保险对农户养殖行为的影响，会受到农户抗生素知识存量的影响。而在对农户养殖防疫行为的影响方面，张旭光和赵元凤（2020）通过对内蒙古自治区 500 户奶牛养殖户的实地调查，应用 TEM 两阶段估计法和联立方程极大似然法进行实证分析后发现，当前中国广泛实施的、只针对"保险合同内约定的奶牛死亡事故"进行"低保障"赔付的奶牛保险政策，尚不会对养殖户的疫病风险防控行为形成抑制，即养殖户参加奶牛保险后，并不会出现明显减少养殖疫病风险防控投入的现象，并指出道德风险问题在当前条件下不是中国大力发展奶牛保险政策的主要障碍。

同时，以种植业保险为例，国内学者也发现了类似结论。刘蔚和孙蓉（2016）通过构建计量实证模型探讨农业保险财政补贴对农户行为及种植结构的影响时指出，农业保险保费补贴对农户生产行为具有固化作用，但对不同粮食作物而言的影响有一定差异性。张祖荣和王国军（2016）也认为农业保险保费补贴激励了农户购买农业保险，而农业保险有降低农业生产风险的功效，农户因此愿意扩大农业生产，使农产品供给增加。罗向明等（2016）在对政策性农业保险的环境效应与绿色补贴模式进行理论分析时指出，政策性农业保险补贴将促进专业化的养殖和种植大户数量增加，进而会促进农户层面增加农用化学要素的投入，并建议政府调整现行农业保险补贴政策，通过对低碳、环保型农业实施更优惠的保险费率和更高的保障水平，来激励农户开展绿色农业生产行为。

另一方面，部分学者提出了相反观点，认为农业保险政策的实施会对农户的农业生产及相关要素投入行为形成负向抑制。例如，钟甫宁等（2007）以中国新疆棉花保险为例，采用联立方程组模型实证分析农户农业保险购买与农用化学要素投入之间的关系，结果表明购买农业保险的农户将显著减少农药的施用，但对化肥施用行为的影响并不显著。胡二军（2012）基于苏州市小麦与水稻的农业保险与种植面积数据，通过建立一元线性回归模型进行分析，发现水稻保费收入对秋收粮食种植面积有显著的负向影响。林光华和汪斯洁（2013）以家禽为例，基于浙江省家禽保险试点地区家禽养殖户调查数据，利用自选择联立方程极大似然法和两阶段估计法对养殖户投保后是否减少疫病防控要素投入进行了实证分析，结果表明，参加家禽保险对疫病防控要素投入有负向影响，并且统计上显著，说明参加家禽保险的养殖户存在减少疫病防控要素投入的现象。宗国富和周文杰（2014）利用吉林省玉米、水稻、大豆、葵花籽种植面积与玉米、水稻保险赔偿数据，进行格兰杰因果关系检验，结果表明农业保险的赔偿状况并未改变农户的生产决策和种植结构，但在分析农业保险对农户生产行为的影响时指出，如果农业保险仅对参保作物灾后进行补偿，那么由于道德风险因素的存在，随着保障水平的提高，农户对受灾作物的后续补救努力会下降，从而增加了风险损失；如果农业保险实行成本保障模式，农户对受灾作物的后续进行积极补救努力会考虑作物保险补偿水平，由于保障水平较低，一般不会降低其止损的主动性。张驰等（2017）以种植作物地块为研究切入，采用倾向得分匹配法实证分析了农业保险参保行为对农户有机肥施用的影响，结果显示投保地块有机肥的施用概率比未投保地块低3%~7%。张驰等（2019）基于黑龙江、河南、浙江、四川4省粮农的生产数据，应用工具变量（IV）及倾向得分匹配方法（PSM），探究农业保险对农户农药施用行为的影响时,发现参保地块农药施用次数减少0.25~0.75次,农户的参保行为显著抑制了其农药施用行为。

(三) 政策性奶牛保险发展及存在的问题

政府保费补贴的奶牛死亡保险制度自2007年开始在中国试行以来,关于该项制度的特点、在发展中出现的问题及如何进一步完善这一制度,成为国内学者关注的话题。国内的奶牛保险制度虽然在组织运作上存在差异,但政府扶持是共同的特点。唐俊英和安宪全(2008)认为奶牛保险政策是一项复杂的系统工程,需要政府部门(畜牧、财政等)、兽医技术人员和养殖户的密切配合,这样才能打造奶牛保险成为一项促进奶业健康发展、利国利民的德政,从而作为一种双赢的保险品种推行下去。但相比于种植业保险,中国奶牛保险的发展较为缓慢。很多学者认为中国奶牛保险发展缓慢主要是因为供给不足、需求有限。田佳佳(2008)以黑龙江畜牧业保险的发展情况作为研究对象,分析该地区保险滞后的原因指出,根本原因是供给约束、需求抑制以及政府支持的不到位。修凤丽(2008)通过探讨四川省、陕西省、宁夏回族自治区以及内蒙古自治区呼和浩特市的奶牛保险发展状况,指出中国奶牛保险供给不足的主要原因:一是供给的主体较为缺乏,二是奶牛保险的险种过于单一;而在奶牛保险需求方面表现出的有效需求不足,主要是由农户的自身行为和对国家政策信心所导致。柴智慧和张旭光(2013)对内蒙古政策性奶牛保险市场"供给不足、需求有限"现象进行了经济学分析,发现政策性奶牛保险生产与消费的正外部性以及其在开展过程中由信息不对称所导致的道德风险与逆向选择问题是其根本原因。张南等(2018)在对中国奶牛保险政策特点、功能及面临的挑战进行分析时指出,奶牛保险作为中国政策性农业保险制度的重要组成部分,主要以"财政补贴"性质区别于其他财产保险;同时,又以"畜牧养殖"性质而区别于农作物保险和森林保险,既具有一般财产保险进行风险分散和经济补偿的基本功能,又具有政策性农业保险防灾减损与促进农业生产等派生功能。

此外,对于现行奶牛保险条款与实施环节存在的问题,国内也有大量学者进行了研究。唐俊英和安宪全(2008)通过总结黑龙江省安达市奶牛保险的工作做法,认为当前中国的奶牛保险制度体系不尽完善,主要表现在条款设计不合理、承保理赔存在"偏误"以及基层兽医防疫体系的不健全等。刘煜（2009）认为，各级政府与保险公司应该严格规范奶牛保险的验体、签单、收费、查勘定损和理赔等环节，制定奶牛保险实施办法和考核办法，实施目标管理，充分保证各项工作的准确性、公正性和公平性。柴智慧和赵元凤（2012）通过对内蒙古自治区奶牛保险的保费补贴、保险责任范围和参保与理赔情况等进行描述分析，指出内蒙古自治区奶牛保险存在条款设计不合理、宣传力度不足、养殖户道德风险与逆向选择严重和政府、沟通协调机制缺乏等问题。张旭光等（2013）针对内蒙古现行奶牛保险政策存在的问题，建议在全面调查养殖户对奶牛保险有效需求的基础上，结合奶牛养殖实际，对奶牛保险的责任范围与保额进行重新调整，对保险费率进行科学厘定，创新奶牛保险产品。刘佶鹏（2019）通过对中国政策性奶牛保险十年发展的回顾，指出2008年以来中国奶牛保险在制度建设、市场拓展等方面取得长足发展，但其"死亡+成本"型保险存在保险责任较为单一、保障水平相对偏低等突出问题，建议通过借鉴美国等发达国家的做法，提高保险保障水平、推广价格或收益类保险。

三、研究评述

上述文献分析表明，国外学者不仅对奶牛保险制度设计进行了翔实的研究，而且对奶牛保险减轻养殖户损失的作用进行了较为丰富的实证分析，并且大量研究表明奶牛保险是一种有效的风险分散工具，对稳定农户收入、降低灾害损失发挥着积极作用。但是，以美国为代表的发达国家的奶牛保险制度是一种以养殖户收入降低为保险责任范围的保险制度，即是一种收入保险，而国内目前实施的奶牛保险是以奶牛死亡为保险责任范围的保险制度，是一种死亡保险，两者在风险防范范畴方面还存在着很大的差距。因此，国内的奶牛保险产品是否像国外学者所揭示的那样具有减轻和弥补奶牛养殖户损失的效用，从而稳定养殖户的收入呢？尽管国内学者对这一问题进行了探讨，但现在的研究成果更多的是一种理论分析和现象归纳，因此，在前人研究的基础上，基于大量的实地调研数据，对这一问题进行更深层次的科学论证与分析就显得尤为重要。

同时，由上述文献分析可以看出，农业保险政策如何影响农户行为是学者们非常关注的研究领域。国内外学者有关种植业保险对农户生产决策行为及要素投入行为的影响进行了深入研究，并取得了丰硕的研究成果。但对于奶牛保险政策的类似研究较少。针对种植业保险政策的相关研究虽然有助于加深我们对农业政策与农户生产行为关系的理解，开拓研究思路，丰富研究方法，但奶牛保险政策有其独有的特点，奶牛养殖在生产方式、生产条件、生产周期等方面都与种植业存在很大不同，其风险特点和保险产品设计也与种植业存在显著区别。因此，实证分析与检验奶牛保险政策对养殖户行为的影响不仅是全面评价现行奶牛保险政策不可或缺的任务，同时也能为进一步创新奶牛保险产品提供重要的实证依据。

总之，鉴于以上研究背景，本书以内蒙古政策性奶牛保险为例，基于实际调研数据，实证分析与探讨现行奶牛保险政策下奶牛保险是否具有减轻养殖户因灾损失从而稳定其收入的功能，识别奶牛保险政策的实施对奶牛养殖户生产行为的影响，为客观评价奶牛保险保费补贴政策是否达到预期效果提供可靠的判断。本书旨在弥补国内理论界对奶牛保险的减损作用及对养殖户生产行为影响实证研究的不足。研究结论不仅是对国内奶牛保险效用评价理论的丰富和发展，而且将对进一步完善奶牛保险的风险防范机制提供重要的决策支持。

第三章 相关概念及理论基础

相关概念的界定与理论基础是研究展开的逻辑起点。本书主要研究奶牛保险政策的减损效果及对养殖户行为的影响,而奶牛保险作为农业保险制度的一部分,主要以"农业"区别于其他财产保险;同时,又以"畜牧养殖"性质而有别于农作物和森林保险。因此,在进行奶牛保险相关分析前,有必要结合奶牛养殖的特点及养殖风险特征,从理论层面对奶牛保险的概念、特点及其功能加以明确,对基本的风险管理理论、保险原理和农户行为理论予以总结介绍,在进一步明确本书研究范围及相关概念的同时,为后续研究的展开提供良好的理论依据。

一、奶牛养殖特点及其风险

奶牛保险的保险标的为具有生命特征的奶牛,了解奶牛的生理特性、养殖特点及主要风险类型,是进一步分析奶牛保险是否符合奶牛养殖实际的重要背景知识,本节主要从奶牛的生理及养殖特点、饲养风险类型及特点的角度对奶牛养殖的主要特点及风险进行概述。

(一)奶牛养殖的基本特点

养殖业是利用某种动物或生物的生理机能和生物特性,通过人工驯养、繁殖、培育等方式生产出特定产品的行业(裴光、庹国柱,2009)。奶牛养殖作为养殖业的重要组成部分,以牛奶作为主要产品的一种农业生产行为。奶牛是指专门的乳用型品种,原产地为荷兰,也被称为荷兰牛,毛色多为黑白花片,其突出特点为风土驯化能力强、适应性广泛、性情温顺、产奶量高。世界不同地区都有引进饲养,并经过长期的驯化、繁殖,或同当地牛杂交,繁育成较适应当地环境且各具特点的黑白花奶牛。中国的奶牛也主要以黑白花奶牛为主,是乳用品种的黄牛经过高度选育繁殖后的优良品种,又被称为中国荷斯坦奶牛。

不同地区、不同类型的奶牛,在生理特点及养殖方面会略有差异,本书主要从奶牛的采食、反刍、饮水和清洁四方面对奶牛的基本生理特点及对应的养殖方法进行简要概述:

1. 采食特点

奶牛在采食时通常不加以选择,往往不进行仔细咀嚼即迅速吞下,待休息反刍时再进行咀嚼。因此,在饲喂奶牛时要格外注意,尤其是块根类饲料不宜过大,往往需要粉碎或切片处理后饲喂,以避免奶牛出现食道阻塞等疾病。并且,在奶牛活动区域要注意及时清理铁丝、铁钉等尖锐金属异物,否则容易造成奶牛误食,引发创伤性心包炎或创伤性网胃炎等疾病。另外,不同品种、生产性能、年龄、体格大小和生理等特点的奶牛对营养及饲料的需求会有所差异,因此,对不同阶段的奶牛往往需要分群饲养,分类给予合理而全面的饲料和牧草。

2. 反刍特点

奶牛属牛科,是一种反刍动物。通常情况下,奶牛采食结束30~60分钟开始进行反刍,一昼夜反刍9~12次,每次反刍持续40~50分钟。正常反刍是保障奶牛各项机能健康的重要环节,反刍时间缩短、次数减少或停止等都易导致奶牛患病。因此,在奶牛养殖过程中,需要为奶牛提供安静而舒适的环境,进食后给予其充分的休息时间以保证正常反刍。奶牛具有耐寒而不耐热的特点,在内蒙古等寒冷地区,奶牛养殖场一般应拥有牛舍,通常,为了保证牛舍的安全卫生,养殖人员需要对牛舍适时进行通风换气,保持牛舍一定的温度与湿度,同时,需要及时清理与更换牛床,以保持牛床的清洁、干燥和柔软。

3. 饮水特点

奶牛是饮水量极大的动物,一天的饮水量一般是产奶量的3~4倍。如一头日产奶量为20公斤的奶牛，一天的饮水量为60~80公斤，尤其在炎热的夏天，奶牛的饮水量则更大。因此，充足而清洁的饮水供给是保障奶牛健康生长发育、稳定生产的重要环节。在具体养殖过程中，一般需要提供或建设供水设施，如水槽、水箱等，以保障奶牛能够自由饮水，水温以10℃~25℃为宜，同时，为保持饮水清洁，需要定期刷洗水槽或清理其他供水设备。

4. 清洁特点

奶牛养殖过程最重要的一个特点即为清洁，这一特点贯穿奶牛养殖的各环节，奶牛养殖的清洁特点主要体现在以下三个方面：一是需要保持奶牛活动区域的清洁卫生，如定期清扫、冲洗、消毒牛舍、牛圈，及时清理奶牛活动场内的粪便、污水等。二是需要保持奶牛饲料与饮用水的清洁。正如上文分析，奶牛养殖过程离不开新鲜的饲料和清洁的饮用水，因此，需要保持奶牛饲料与饮用水的清洁，如及时清理霉烂腐败变质的草料，及时冲洗、消毒饲料槽、水槽等。三是需要保持奶牛身体的清洁卫生。奶牛养殖过程需要保持牛体的清洁，如经常刷拭牛体，保持皮肤清洁，增强皮肤的抵抗力；保持奶牛乳房的清洁，注意消除损伤乳房的隐患；定期清洁奶牛肢蹄，保持牛蹄清洁，防止奶牛肢蹄病的发生。

（二）奶牛养殖的主要风险

奶牛养殖是自然再生产与经济再生产相互交织的连续过程，具有周期长、投资大的生产特点，属于资金密集型和技术密集的行业（吴宗学等，2012），它一方面受自然环境条件下的生物生长发育规律的制约；另一方面又依赖资金、人力、技术等生产要素的投入。因此，在奶牛养殖过程中，自然条件、气候环境、市场因素、政策环境、生产者行为等因素都可能对奶业生产带来不确定性的影响。

1. 自然风险

自然风险是指由于自然界不可抗力的不规则变化给养殖者的奶牛养殖行为带来损失的风险。奶牛养殖是一种生物生产过程，对自然环境的依赖较强，尽管随着现代养殖技术及生产水平的提高可以人工改善环境，但依然摆脱不了自然灾害的困扰。奶牛养殖的自然风险主要表现为三类：一是农业气象灾害风险，即由于气候条件的不规则变化引发的自然灾害,如暴雨、风灾、雷击、冰雹、冻灾等。二是农业地质灾害风险,即由于自然变异或人为因素的影响,地质表层或地质体发生明显变化时对奶牛养殖造成的危害。地质灾害对奶牛养殖的危害既有对奶牛及养殖设施的机械性剧烈破坏,也有对奶牛生理造成的缓慢损害,但主要是机械性剧烈破坏,包括地震、泥石流、山体滑坡、地面塌陷等。三是农业环境灾害风险,即由于生态恶化、环境破坏等对奶牛养殖造成的危害,如地下水污染、水资源匮乏、大气污染、全球性的气温升高等。自然灾害的发生是不可抗拒的,养殖户只能通过各种措施设法进行分散、补救和恢复,其中,参加保险是养殖户分散、降低自然灾害风险损失的重要措施(庹国柱,1999;贾永全和耿忠诚,2004)。

2. 疫病及死亡风险

无论是动物还是植物,在其生长和发育过程中都有患病的可能。而在奶牛养殖过程中,奶牛疾病风险的防控尤为重要,奶牛一旦患病,就会影响奶牛的生产或繁殖性能,进而引起奶牛的淘汰、死亡甚至大范围扑杀,给养殖者带来巨大的经济损失。奶牛养殖的疾病风险主要有以下两类:一是传染性疾病风险,如口蹄疫、结核病、水泡型口炎、炭疽、布氏杆菌病、病毒性腹泻、传染性鼻气管炎、巴氏杆菌病等烈性传染病。奶牛一旦感染传染性疾病,便很难肃清,严重影响奶牛的正常生产,造成养殖者的经济损失,并且其中一些疾病为人畜共患病,如结核病和布病,这些疾病的发生不仅会造成巨大的经济损失,还会威胁到人类的生命健康。二是常见疾病风险。在奶牛养殖过程中,除上述传染性疾病,乳房炎、子宫内膜炎、蹄病、繁殖障碍等常发疾病也会影响奶牛的正常生产或繁育,造成养殖者的经济损失。与自然风险不同,对于奶牛疫病及死亡风险,可以通过人为手段进行控制或避免,如通过加强奶牛饲养管理和疫病防控投入等,降低奶牛各种疾病的发病率,减少经济损失,同时也可以利用保险手段进行奶牛死亡风险的分散①。

3. 市场风险

奶牛养殖过程中的市场风险主要是指在奶业生产和销售过程中,由于饲料、

---

① 中国大部分地区实施的奶牛保险政策,只针对保险合同约定范围内的奶牛死亡进行赔付,具体可见本书第四章的相关内容。

兽药及设备等生产资料价格上涨和牛奶价格下降，或者牛奶销售价格与生产资料价格不能同步增长造成奶牛养殖者经济损失的风险。奶牛养殖过程中的市场风险主要表现在两方面：一是饲料价格上涨的风险。中国生鲜牛奶的生产成本主要由饲料成本主导，饲料成本的上涨会直接加大养殖者的牛奶生产成本，导致其经济效益下降。一般而言，玉米、豆粕、青储玉米秸秆和苜蓿草是奶牛的优质饲料。近年由于国内大豆、苜蓿等种植面积较少，豆粕、苜蓿草等国内供给数量严重不足，导致国内奶牛养殖对国际饲料市场的依赖度不断提高，而国际奶牛饲料价格的不断走高，进一步加大了国内奶牛的养殖成本。二是牛奶价格的不稳定波动风险。随着中国对外开放程度的日益加深，中国乳业已从区域市场竞争发展到全球市场的竞争，中新自由贸易协定的签订、中澳自由贸易协定谈判等一系列举措标志中国乳业已进入全球市场的竞争行列。2008~2017年，我国奶粉进口量已从10.1万吨增加到101.4万吨，增长近10倍，乳制品进口量从35.0万吨增加到254.5万吨，增长6.2倍①，全球性奶源的供给及价格变化，直接影响了国内乳品企业的生产经营，如国内部分乳品企业以进口奶粉为原料生产还原液态奶，减少了国内生鲜乳的使用，并通过提高牛奶收购标准、拒收、限购等做法，将奶业市场风险转嫁给奶牛养殖者，加大了奶牛养殖者的市场风险损失，严重损害了养殖者的经济利益。对于上述奶牛养殖的市场风险，可以通过启动政府奶业生产及价格监测机制、推进奶牛养殖技术的研发、降低国内生鲜牛奶生产成本、提高养殖者的组织化程度、开发奶牛价格指数或收入保险产品等方式保护奶牛养殖者的利益、稳定奶业生产。

除上述自然风险、疫病风险和市场风险的影响外，在奶牛养殖过程中，意外突发事件、人为恶意破坏、养殖或防疫技术落后导致的技术风险及国家政策变化带来的制度风险等，都可能会影响养殖者的奶业生产行为，进而给养殖者造成严重经济损失。

---

① 资料来源：智研咨询发布的《2018~2024年中国奶粉市场专项调研及投资前景分析报告》。

二、奶牛保险的概念及特点

（一）养殖业保险及奶牛保险

养殖业保险是指以饲养的畜、禽和水生动物等为保险标的，对养殖过程中发生约定的灾害事故造成的经济损失承担赔偿责任的保险。按保险标的的不同，可以将养殖业保险分为：

1. 大牲畜保险

大牲畜保险是以人工饲养的体型较大、饲养周期较长的哺乳动物为保险标的的一种保险产品，如肉牛、奶牛、马保险等。

2. 小牲畜保险

小牲畜保险是以人工饲养的小型哺乳动物为保险标的的一种保险产品，如育肥猪、能繁母猪、羊保险等。

3. 家禽保险

家禽保险是以商品性养殖的禽类动物为保险标的的一种保险产品，如鸡保险、鸭保险等。

4. 水产保险

水产保险是以商品性养殖的水产品为保险标的的一种保险产品，如鱼、虾、蟹等保险。

5. 特种养殖保险

特种养殖保险是指以稀有的、经济价值较高的特种养殖动物为保险标的的一种保险产品，如鹿、貂等保险产品。

而奶牛保险属于养殖业保险中的大牲畜保险，即以成年健康的奶牛为保险标的，对保险合同内约定的灾害损失承担赔偿责任的保险，按保险责任范围的不同，可大体分为奶牛死亡或伤残等生理价值损失保险、牛奶价格指数保险及奶牛养殖收入保险。

(二) 奶牛保险的特点

由上述定义可以看出，奶牛保险属于财产保险的范畴。与其他财产保险相同，奶牛保险具有通过空间和时间两个维度进行风险分散的特点。但由于承保对象的不同，奶牛保险又具有与其他财产保险不同的特点。

1. 保险标的的生物性

奶牛保险的保险标的为具有生命特征的奶牛，受奶牛生物学特性的制约，奶牛保险具有与其他财产保险非生命保险标的不一样的一些特征：

（1）难以确定投保奶牛的可保性。通常，按奶牛保险合同规定，保险经办机构在进行奶牛保险承保时，需要对保险标的（投保奶牛）的畜龄、健康状况、免疫情况等进行界定，判断投保奶牛是否符合奶牛保险的承保条件，但由于奶牛具有生命活动的特征，且能够直接参与自然再生产，并且，现实中受疾病诊断、标的健康状况及生命周期鉴定等条件的限制，保险工作人员在承保时，也很难准确判断投保奶牛是否真正符合承保条件。

（2）承保标的与理赔标的对应难度大。由奶牛的生理特点可知，奶牛毛色多为黑白花片状，外表较为相似，并且由于当前养殖及管理条件的限制，大部分养殖户所饲养的奶牛尚无法达到100%佩戴国家规定的识别标识。因此，在现实承保与理赔过程中，保险公司对保险标的的鉴别难度较大，存在承保标的难以确定，理赔奶牛与承保奶牛不能完全匹配的问题。

2. 保险责任范围鉴定的技术性

国内大部分地区实施的政策性奶牛保险的保险责任范围是保险合同约定的"重大病害、自然灾害、意外事故和政府强制捕杀"导致的奶牛直接死亡，并且"重大病害"中明确规定了奶牛死亡的疾病种类，如布鲁氏菌病、口蹄疫、败血症、牛结核病、炭疽、牛焦虫病等，而如果奶牛的死亡原因不符合保险合同约定的疾病种类或其他责任范围要求，则被保险人就不能获得保险赔偿。因此，相对于其他财产保险，奶牛保险的保险责任范围鉴定及理赔过程需要更强的奶牛疾病及死亡原因鉴定技术，保险经办机构的工作人员不仅需要具备专业的保险知识，还需要了解或掌握奶牛养殖及防疫等方面的专业知识。总之，奶牛保险的保险责任范围鉴定及理赔具有一定的技术性。

3. 保险公司经营的高风险性

保险公司经营的高风险性主要体现在两方面：

（1）较高的经营成本风险。当前，在中国奶牛养殖业中，奶牛规模养殖和散养两种养殖模式并存。散养或小区模式的养殖户数量仍然较多，地域分布往往较为分散，而保险公司为了及时、高效地宣传展业、核损、理赔等，通常需要建立较多的保险分支机构，并需要投入大量人力、物力等，这极大地增加了保险公司业务开展的组织成本、交易成本及监管成本。同时，由上述奶牛保险标的生物性及保险责任范围鉴定的技术性可知，奶牛保险承保、理赔等业务的开展，处处需要较强的专业技术、设备及人才作为支撑，因此，保险公司需要承担较高的技术使用及研发投入，从而进一步增大了保险公司业务开展的经营成本。

（2）较高的巨灾赔付风险。保险公司理想的可保风险是大量分散、不相关且无巨灾损失发生的风险，但是在奶牛养殖过程中，传染性疾病等风险却高度相关，发生大范围灾害的概率较高，且奶牛保险的赔偿金额往往较大，因此，一旦发生传染性疾病，保险公司短时间内可能会出现巨额损失，导致其面临较高的巨灾赔付风险。

（三）奶牛保险的功能

奶牛保险作为政策性农业保险制度的重要组成部分，理论上认为奶牛保险政策既具有一般财产保险进行风险分散和经济补偿的基本功能，同时又具有政策性农业保险进行防灾防损与促进奶业生产等派生功能，具体分析如下：

1. 分散养殖风险的功能

Arrow（1965）指出面临风险的个人风险厌恶者，可以向厌恶程度较轻或资产组合更多样化的保险人支付固定价格的保费，以使保险人在此价格上承担一定风险，达到转移自身风险的效果。保险产品的风险分散作用体现了保险的互济性。奶牛保险作为一种金融保险产品，同样具有分散养殖风险的功能。

由奶牛养殖的风险分析可知，奶牛养殖是一种自然再生产与经济再生产相互交织的过程，因此，奶牛养殖可能会遭受自然风险和经济风险的双重影响，尤其是突发的烈性传染性疾病等，一旦暴发，可能会对奶牛养殖者带来巨大的经济损失。奶牛保险作为新时期建设现代奶业的重要组成部分，通过组织集聚具有同类风险的众多奶牛养殖户,以合理计算保费的形式对奶牛成长及生产过程中可能遭受的经济及生理价值损失给予补偿。奶牛保险是从空间与时间上分散奶牛养殖风险的一种有效工具,也是市场经济国家支持保护奶业发展的一项重要举措。

2. 风险损失的经济补偿功能

经济补偿作为保险的基本功能之一,是指在风险发生时,通过保险机制进行经济补偿或损失弥补,使社会再生产过程中各环节的均衡性与连续性,不会因意外灾害事故的发生而被迫中断或失衡。保险发挥的这种稳定器功能既是社会经济发展的客观需要,也是保险业产生和发展的根本原因,更是保险开展的根本目的(冯登艳等,2009)。

在现代奶业生产中,奶牛保险的经济补偿功能主要体现在两方面:一是有利于建立奶业风险保障体系。按奶牛保险政策规定,养殖户参加奶牛保险后,一旦发生保险责任范围内的灾害损失,养殖户可以通过保险赔偿的形式收回大部分养殖成本,这样则大大增强了养殖户灾后恢复再生产的能力,并能够降低养殖户因灾致贫、因灾返贫的风险,进而为奶业生产提供了有效的风险保障,有助于促进奶业的持续稳定增长。二是有利于提高政府抗灾救济资源的配置效率。政府传统的灾害救济大多只有在大灾发生时才会启动。而"政府财政补贴"奶牛保险政策的实施,成功将一家一户小范围、较小程度的养殖风险损失纳入政府主导的灾害救济范畴,提高了政府抗灾救济资源的配置效率。同时通过奶牛保险政策的市场化运作,大大提高了政府应对疫情、自然风险等灾害的透明度,使现实中真正需要救济的养殖户能够顺利享受政府财政补贴政策的优惠。

3. 防灾防损的功能

作为一种商业行为,保险公司经营保险的目的是实现利润的最大化。考虑到自身经济利益,保险公司会想方设法避免投保人发生灾害事故,以进一步降低自身的经营风险。可以说,保险商业化经营的性质决定了其防灾防损功能的存在。顾名思义,防灾防损即防止、避免意外灾害事故的发生和防止风险灾害损失的扩大。通常,在现实经营中,保险公司会采取多种手段降低投保人灾害事故发生的概率,或是降低损失发生的程度,以减少保险的赔付,提高自身的经济利益。例如,对投保人进行安全防范教育、风险提醒,开发应用新型防灾防损技术与设施等。保险防灾防损功能的存在不仅在客观上为投保人的财富和人身安全提供了风险保障，而且也在一定程度上为整个人类社会财富的安全提供了重要保障。因此，随着保险业的不断发展与完善，防灾防损这一职能在保险中的体现将越发突出。

在奶牛养殖过程中，自然灾害、大范围动物疫病等风险很可能在短时间内对奶牛养殖者造成毁灭性的打击，而建立完善灾情、疫情监测及预警机制，加大疫病防疫及自然灾害防控投入，制定突发风险灾害应急预案，能够及时、有效地降低大规模灾害发生的概率及灾害发生的损失程度。因此，奶牛保险防灾防损功能的发挥尤为重要。其主要体现在两方面：第一，在奶牛保险经营过程中，保险公司开展的防灾防损工作不仅能够减少或避免保险赔付，增强偿付能力，降低保险公司自身经营风险，而且能够防止、避免意外灾害事故对参保养殖户造成的冲击，降低损失的危害程度；第二，在防灾防损过程中，保险公司积累了大量奶牛养殖风险及风险管理的资料、数据及工作经验等，政府部门可以利用上述数据资料，充分发挥保险公司在识别、衡量和分析风险方面的专业优势，在保险公司相关技术及人力的支持下，开发保险与风险监测及预警的联动机制，逐渐建立社会化的奶牛养殖风险预警及防范系统，推动政府部门防灾防损工作的深入开展，从而将政府部门的事后灾害补偿及救济与事前防灾减灾工作有机地结合起来，最终全方位提高奶牛养殖业抵御各种风险的能力。

4. 规范、促进奶牛养殖的功能

由奶牛保险的基本功能可知，奶牛保险的存在改变了养殖者的奶牛养殖风险环境，增强了养殖者的风险抵御能力，可以说，奶牛保险是中国当前实施的用于稳定奶业生产，保障养殖者利益的重要手段，它有助于提高奶牛养殖者的收益保障程度，规范、促进养殖者的奶牛养殖行为，因此，规范促进养殖者奶牛养殖行为的功能是奶牛保险又一衍生功能，并且，随着奶牛保险政策的不断完善、保险产品的不断创新，该功能将日益凸显。其主要表现在：第一，奶牛保险有利于改善奶业和养殖主体的经济地位，便于其获得贷款或其他金融支持，利于引导农业金融资本的流入，促进奶牛养殖规模的扩大、引导奶牛养殖规模化发展和降低资金融通成本；第二，保险公司在经营奶牛保险过程中，筹集了大量长期稳定的资金，这些资金通过保险的经济补偿功能，在广大被保险人之间实现了社会再分配，为养殖者的奶牛养殖行为提供了强有力的经济保障，增强了养殖者的奶牛养殖信心；第三，奶牛保险通过其防灾防损功能的发挥，积极主动地参与奶牛养殖风险管理、配合政府部门开展防灾防损工作，培养养殖者的风险防范意识，规范养殖者的奶牛养殖行为，在减少社会财富的流失的同时，将会对奶牛养殖者的风险管理起到一定的督促和示范作用，有助于规范养殖者的风险防范行为，促进奶牛养殖业的标准化发展。

三、风险管理与保险原理

（一）风险管理理论

在现实经济生活中，个人、家庭、企业或其他组织经常会面临各种风险的侵袭。关于"风险"一词，国内外学术界尚未形成一致的定义，在商业活动、日常生活和农业生产活动中，风险一词具有多种含义，但一般来说，人们用风险来描述具有不确定结果的情况。为减少不确定性的发生，人们在从事各种活动时通常会采取多种措施进行风险管理。所谓风险管理即个人或组织对所面临的风险损失进行识别和评估，并选择应对此风险的最合适的技术方法，以达到通过最少的成本获得最大安全保障目标的一个系统过程（荆涛，2003）。

为便于对风险进行管理，通常会采用不同的划分方式对风险管理进行分类，具体分类如下：按照传统的逻辑方法对特定的风险来源进行分析，可把风险管理划分为自然风险管理和财务风险管理；按照发生风险的标的不同，风险管理可分为财产风险管理、人身风险管理、责任风险管理和信用风险管理；按照风险的性质可把风险管理划分为投机风险管理和纯粹风险管理；按照风险管理的实施范围，又可把风险管理划分为企业风险管理、家庭风险管理、个人风险管理。其中，企业风险管理又可分为生产风险管理、销售风险管理、技术风险管理、人事风险管理等；家庭风险管理包括家庭财产风险管理、家庭财务风险管理等；个人风险管理包括个人人身风险管理、个人资产风险管理等。

科学合理的风险管理实际上是一种连续的决策过程，需要经过目标设定、识别风险、估测风险、选择风险管理方法、风险管理计划的实施、检查和评估等环节。而在上述风险管理环节中，风险管理技术方法的选择对风险管理的实施至关重要。对于风险管理的方法，广义上可分为以下三类（见图3-1）。

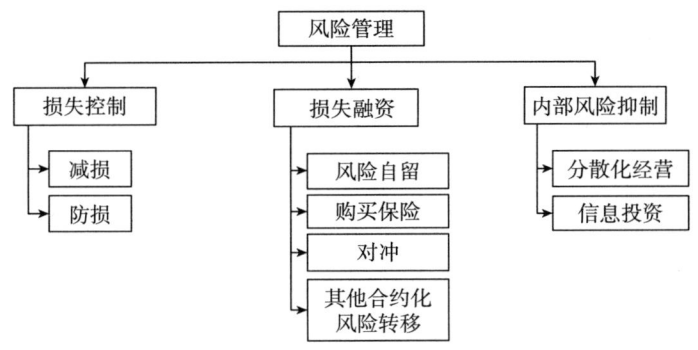

图3-1 主要的风险管理方法

资料来源：Scott E. Harrington, Gregory R. Niehaus. 风险管理与保险（第2版）[M]. 陈秉正等译. 北京：清华大学出版社，2005：8.

1. 损失控制

损失控制（Loss Control）是指通过降低损失频率或减小损失程度来减小期望损失成本的各种行为，有时也将损失控制称为风险控制。损失控制主要包括防损和减损两种方式，其中，防损是指通过分析风险，采取必要的预防措施，以减少或防止风险的发生，如在现实生产中，养殖户为减少奶牛疾病的发生，加大疾病预防、疫苗及消毒剂的使用等；减损是指在损失发生后，采取措施降低损失的严重程度，如养殖户对生病的奶牛进行治疗、购买兽药等。孙祁祥（2009）认为防损减损的目标是将风险损失降低到最小限度，以使其与人类的各项活动和经济承受能力相适应。

2. 损失融资

损失融资（Loss Financing）是指通过获取资金来支付或补偿损失的各种行为，有时也将损失融资称为风险融资。通常包括四种损失融资方法：风险自留、购买保险、对冲和其他合约化风险转移。其中，风险自留是指组织或个人承担了部分或全部损失，如在现实生产中，面对自然灾害或疫情带来的损失，奶牛养殖户可以通过使用存款或借贷等方式进行风险处理，降低损失的冲击，恢复再生产。损失融资的第二种方式为购买保险，组织或个人可以通过向保险公司支付一定保费的方式，将风险损失转嫁给保险公司，而保险公司则按规定为约定的损失支付资金。例如，本书所关注的奶牛保险政策，在国家财政保费补贴支持下，养殖户只需向保险公司支付小额保费，即可享受奶牛保险提供的风险保障。除风险自留和购买保险的损失融资方式，组织或个人还可以通过购买期货合约、期权合约等金融衍生品的方式对风险进行对冲，或是使用其他合约化风险转移手段转嫁风险。

3. 内部风险抑制

组织或个人除可以使用损失融资手段进行风险转嫁外，还可以通过分散化经营和信息投入等方式进行内部风险抑制（Internal Risk Reduction）。其中，分散化经营主要是指组织或个人通过多种经营、分散投资的方式从内部降低风险的行为，如现实中，部分养殖户在进行奶牛养殖的同时，也存在种植农作物、养殖其他牲畜或外出打工等行为，通过分散经营的方式降低自身家庭的经营风险，实现收入的最大化。内部风险抑制的第二种方式为进行信息方面的投入，即通过信息整理、数据处理等方式，实现对未来风险情况更精确的估计与预测，并及时采取应对措施，以减小实际发生风险相对预测值的变动，降低风险损失。信息投入方式是目前公司或组织常采用的一种风险管理方法，如保险公司为降低自身经营风险、获取关于损失的精确预测，通常会对数据、信息等资料进行大量的专业化处理与分析。

（二）保险原理

上一节对风险管理的各种方法进行了详细的阐述，而保险作为其中最有效、最重要的方法之一，它可以通过数理的方法对风险发生的概率进行预测，从而把可能发生的、不确定的风险损失转化为确定的保险费用支出，即以投保人小额固定保险费用的支出为代价，换取对不确定风险损失的经济保障。

与对风险的理解一样，人们对保险也从不同角度进行了定义：从经济学的角度看，保险是对非预期风险损失进行再分配的一种经济合约（Financial Arrangement）。保险是通过集合多数单位或个人的潜在风险，并根据合理的计算，收取分摊资金，共同建立保险基金（Pool），继而把潜在的风险损失再转嫁给参与保险基金的成员，即以科学的数理计算为基础，收取保费，通过建立雄厚的保险基金，汇集潜在的风险损失，从而实现对特定的灾害损失提供资金保障的一种经济形式，此过程可以理解为"取之于面，用之于点"。从法律学角度看，保险是一方同意对另一方的风险损失承担经济补偿责任的一种合同约定（Contractual Arrangement）。同意承担损失补偿的一方被称为保险人，而对损失请求补偿的一方则被称为投保人或被保险人。保险参与人为达成上述约定，需签订保险合同，保险合同被称为保单，可视为一种社会化契约，保险合同中的内容必须合法，而合同中的当事人必须按合同约定履行各自的义务，同时可享受相应的权利，这一过程是受法律保护和约束的。综上所述，本书关于保险的定义如下：保险是以经济保障为基础的一种金融制度安排，它通过对潜在风险损失的数理预测，利用收取保费的方式，建立保险基金，并以法律合同的形式，形成由多数人分担少数人灾害损失的风险分散机制，最终实现对投保人风险转移的目标。

自然灾害、重大疫情、意外事故等风险是客观存在的，且一旦发生，将会给人类社会造成巨额的经济损失，所以人们会设法转嫁或者分散这些风险，而保险的出现恰好迎合了人们的这种需求，正所谓"无风险，无保险"，但需要指出的是保险并不是对所有风险都进行承保，保险只承保"可保风险"。从保险人角度看，保险中的"可保风险"应满足以下条件。

（1）大量的风险单位。"可保风险"的第一个条件是具有大量的风险单位。理想情况下，应当存在面临相同风险事故或风险事故集合的大量基本类似但不必完全相同的风险单位。这一要求的目的是让保险公司能够基于大数法则估算损失。

（2）意外和非故意造成的损失。"可保风险"的第二个条件是损失必须是意外发生和非故意造成的。在理想情况下，损失应当是偶然的和投保人控制之外的，其原因主要有两点：第一，如果对故意损失进行赔付，就会大幅度提高道德风险事件的发生，其结果是保险人提高保费收取，而保费的提高将造成更少的人选择购买保险，最终保险公司没有足够多的风险单位来预测未来损失。第二，大数法则的应用需要基于事故发生的随机性，所以，损失的发生必须是偶然的。而故意行为导致的损失发生并非随机的，如果故意行为造成的损失或非随机损失大量发生，将会影响保险公司有关未来损失情况的预测。

（3）确定的、可测度的损失。"可保风险"的第三个条件是损失必须是确定与可测度的，即损失的原因、时间、地点和数量应当是确定的，如果这些情况不可确定，那么也就不能确定损失的发生是否在保险责任范围之内，另外，如果损失不可计量或确定，保险人也就不能进行未来风险损失的预测工作。

（4）可计算的损失概率。"可保风险"的第四个条件是预期损失必须能够被计算。理想情况下，保险人必须能够在一个合理精度内，预测未来损失的平均发生频率和平均损失程度。这一条件的满足是为了准确合理地计算保费，此过程是确定收取多少保费的基础。现实中，一些损失发生的概率难以被计算，如洪水、重大疫病等，对于此类风险的承保一般需要政府的援助，单一依靠商业保险公司很难进行。

（5）非灾难性的损失。理想情况下，损失必须不是灾难性的，即大部分风险单位不能同时发生损失。正如上文所指出的，分摊是保险的本质，如果某种风险的大多数或所有风险单位同时发生灾害损失，那么分摊的方法就不能正常发挥作用。保险人总希望规避所有灾难性损失，但现实中很难做到这一点。通常，保险人可以通过购买再保险的方式，将此类风险损失部分或全部转移给再保险人；或是通过在一个较大的地理区域内分散保险覆盖面的方式，来避免风险集中，进而降低巨灾风险发生的可能性。

（6）经济可行的保费。"可保风险"的最后一个条件是保费应当是经济可行的，即投保人必须能够支付保费。如果要求保费经济可行，损失的概率必须较低，这一条件也印证了第二个条件——损失的发生应具有偶然性，因为对于风险发生概率较大的损失，往往需要收取较高的保费作为支撑，而过高的保费要求会影响投保人参与保险的积极性。现实中，对于此类风险的承保往往也需要政府的援助，如对投保人进行政府保费补贴支持等。

综上所述，虽然在理论上对保险机制中的"可保风险"进行了较为明确的划分，但需要指出的是，随着资本市场的逐渐成熟、科学技术的不断发展和政府扶持政策的介入（如政策性农业保险），保险中"可保风险"的概念及范围一直在不断发展与变化，因此，我们应当辩证地去认识与理解保险机制中"可保风险"这一概念，而不能将其绝对化。

(三) 风险管理与保险的关系

通过以上的分析，不难发现，风险管理与保险之间存在着密切的联系（孙祁祥，2009）：首先，从风险管理与保险的客观对象来看，二者存在的前提都是风险。没有风险就无须进行保险；没有风险也就不需要进行风险管理。风险管理与保险的研究对象都是风险。其次，从风险管理与保险的方法论来看，二者都是基于概率论与数理统计等数学原理，对风险的发生情况进行科学的分析，最终选择并确定分散风险的合适方法。最后，保险是最普遍的转移风险的方式，是风险管理中最有效的措施之一。保险的主要作用是分散集中性的风险，更突出地体现在对那些超出家庭或企业组织所能承受的巨大风险损失的管理，即对不能承担的重大风险的管理。投保者通过购买保险的方式，以小额固定的经济支出为代价，把自己不能承担的集中性风险转嫁给保险人，以换取对重大风险损失的稳定经济保障。所以，保险是风险管理中最重要的手段之一。

尽管风险管理与保险之间存在着密切的关系，但二者尚存在一些区别，其中，最主要的区别是二者所管理的风险范围不同，正如上文所言，风险管理与保险的客观研究对象虽然都是风险，但风险管理所应对的风险范围较广，包括所有的风险，甚至涉及某些投机风险；而保险机制管理的风险范围较小，主要是管理纯粹风险中的可保风险。

四、农户行为理论

本书所关注的奶牛保险既是一种保险产品，也是中国稳定实施的一项重要支农惠农政策。而作为一项惠农政策，国家在制定和实施此项政策的过程中，需要考虑其对农户行为产生的影响。正如张林秀（1996）所指出的，作为政策的制定者，有必要知道哪些因素能够影响农户的生产行为，哪些因素决定着农户生产资源及劳动力的供给及使用。同时，农户的生产行为、消费决策和生产要素供给等又会对政策实施效果的实现产生怎样的影响。

农业是国民经济的基础，而作为农业生产活动的主要参与者——农户，所发生的与农业生产经营相关的各类活动都可统称为农户行为。具体地，农户行为可以理解为在特定的经济环境、文化制度或政治制度中，为了实现某种农业生产经营目标或更好地获取农业生产经济利益而表现出的种种行为或选择，其中包括农户的农业生产经营及决策行为、农户对相关农业资源的利用行为、农户的市场消费行为、农户为了减少灾害发生而采取的风险管理行为和农户对农业科学技术的采用行为。尤其，随着社会经济的不断发展，当前农户的生产经营等行为更多的会受到经济因素的影响，表现出明显的农户行为经济化，而农户的经济行为主要是指从事农业生产的农民或家庭，为了使自身所获得的经济利益能够满足个人或家庭生活的物质需求，而进行的有关农业生产、物质交换、分配及消费的一系列经济活动（魏茂青，2013）。

国内外有关农户行为理论的研究及相关成果较为丰富，如以舒尔茨、波普金为代表的理性小农学派；以恰亚诺夫为代表的组织生产学派；以黄宗智为代表的历史学派等。现实中，不同的农户常常会根据个人或家庭的经营目标、所处的经济环境及国家扶持性政策等外部经济信号做出不同的反应或决策，农户做出某项行为决策的原因及目标往往比较复杂，但一般情况下主要是出于以下三类目标选择：①追求生产风险最小化，保证可靠、稳定的生产经营；②合理配置生产资源，实现利润最大化；③兼顾生产风险最小化和利润最大化。相关内容概述如下：

（一）追求生产风险最小化

苏联农业经济学家恰亚诺夫（1925）在《农民经济组织》一书中指出农户或家庭的生产决策行为目标是以满足家庭消费为主，提出"自给小农"的观点，即农户或家庭的生产行为更类似自给自足的自然经济，以追求生产风险的最小化来满足自身或家庭消费需求，而不是追求利润最大化。此种情况下，农户的最优生产抉择取决于家庭各成员的消费需求与其所付出的辛苦劳动之间的均衡。对于一个农户家庭来说，一方面，享受家庭成员的消费需求得到满足后带来的种种喜悦，恰亚诺夫把此过程称为收入正效用；然而，另一方面，为了满足家庭成员的消费需求，而不得不进行劳动，需要承受劳动的辛苦与乏味，恰亚诺夫把此过程称为劳动负效用。农户在决定其最优劳动投入量时,会根据劳动负效用与收入正效用之间的大小进行抉择,即如果二者之间收入正效用明显较大,农民主观层面认为有利可图,则将会进一步增大劳动投入;而当劳动负效用明显较大时,尽管追加劳动投入会增加家庭总收入,但考虑到需要付出更大的劳动,承受更辛苦的劳累,承担更大的风险,农户主观层面会认为其不合算,故而会相应减少劳动投入,直到劳动负效用与收入正效用达到均衡。此时,农户的生产投资是一种非理性的、相对保守的、低效率的经济行为。农户个人或家庭进行农业生产的目的是满足家庭各成员的消费需求,也就是生产、生活的最低风险而不是生产利润或收益的最大化。

美国著名学者斯科特(1976)在对东南亚农业发展进行案例分析时,更为明确地指出农民的经济行为侧重安全、可靠和稳定的生产经营,农民的决策行为更多的是追求较低的生产风险与较高的生存保障。此种情况下,农户或家庭生产决策行为的动机是避免风险、安全第一,其农业生产行为主要遵循"生机第一"和"安全第一"的原则,在此原则下,生存取向的农户更多的是选择如何避免风险,减少灾害发生,而不是冒着风险去追求最大化的农业生产收益,因此,农户个人或家庭在进行生产决策时,主要是追求生产风险最小化,即以安全、稳定、可靠的生产投资方式来满足家庭基本的生存需要,而不是经济理性的追求利润最大化。另外,Lipton(1968)将风险厌恶理论中的"风险"与"不确定"条件下的决策理论运用到农户生产行为决策研究中,指出风险厌恶是农户最主要的生存需要,他们的经济行为主要遵循生产风险最小化的生存法则。

(二)追求利润最大化

舒尔茨(1964)在《改造传统农业》一书中则提出了理性小农的观点,指出农民在竞争性的市场机制中是最大化利润的追求者,其经济决策行为并不逊色于企业的生产决策行为,农民的经济行为是非常理性的,帕累托最优原则也适用于农民的生产要素配置行为,在生产要素的分配上很少存在明显的低效率现象。在传统农业中,各种生产要素都近乎得到了最佳的配置,且各自都充分发挥了自己的作用。而传统农业增长的停止并不是由于农民努力不够、缺乏进取心,或是市场经济竞争的不足,而是由于农户的生产要素大多属于传统要素,农业技术含量较低。可以说，传统农业中的生产要素配置是低层次的配置，是一种有效率的贫困。为了改造传统农业，促进农业增长，必须要提升农户的人力资本，并在农户可以承受的成本范围内增加使用现代生产要素，提高农业技术投入，一旦农户能够有效地获得现代生产要素，并且能够显著地提高农业生产效率，理性的农户会"进取地"加大农业资源的投入，以实现农业生产利润最大化。

波普金（1979）在《理性的小农》一书中也做出了类似的阐述，认为"农户是理性的个人或家庭福利的最大化者"，农户会根据自身的偏好或者价值观来选择使其期望效用最大化的行为。池泽新（2003）等学者受上述观点影响，认为农户总是在某种特定的经济社会条件下，为实现最大化的经济利益，而根据生产要素价格、农产品价格以及政府政策等外部经济信号的变动做出理性的反应或决策。总之，上述观点认为只要外部条件具备了，从事农业生产的农户个人或家庭就会自觉地表现出一种"进取精神"，并合理、有效地配置使用他们所拥有的各项资源，以实现农业生产利润最大化。

（三）兼顾生产风险最小化和利润最大化

除以上两种农业生产行为动机，农户的农业生产决策行为有时也会兼顾考虑生产风险最小化、利润最大化或者其他生产生活需求。

当前，随着农业科技的不断发展，农户生活水平的不断提高，农户的需求越来越多样化，农户的物质需求在基本得到满足的同时，开始越来越重视精神层面的需求。正如马斯洛的需求层次论所指出的，人们的需求可分为生理需求、安全需求、社交需求、尊重需求和自我实现五个由低到高的需求，当较低层次的需求得到满足与实现后，人们便会追求更高层次的需求。文化的普及、信息资源的共享、视野的开阔使农户在进行生产决策时，不仅局限于实现最大的经济效益、满足自身或家庭衣食住行等基本生活需要，农户也开始更多地考虑安全需求、尊重需求等。正如洪自同（2012）在对中国农机购置补贴政策进行研究时指出：在当前经济社会环境下，农户的农业生产行为目标具有明显多样性，总体来说可以从两方面考虑：一是经济性目标，包括农业产量、农业收入、农业支出等，追求利润最大化是此类农户进行生产决策的驱动力；二是非经济性目标，包括稳定生产、社会声望及地位等，稳定和可靠的生产经营是此类农户生产决策的出发点。

但现实中，农户进行生产行为决策时，越来越多地兼顾多种目标，具体遵循何种目标也越来越模糊。类似地，弗兰克·艾利斯（2006）从农户的生产行为目标、市场假设、实践、预见以及政府政策影响五个维度，对农户行为理论进行了考察研究与总结，认为农户行为理论可以分为追求利润最大化、劳苦规避、风险规避、分成制以及部分参与市场的家庭农业五种不同的理论思想。

五、本章小结

本章首先从奶牛的生理及养殖特点、饲养风险类型及特点的角度，对奶牛养殖的主要特点及其风险进行了概述，认为在奶牛养殖过程中需要特别注意奶牛的采食、反刍、饮水和清洁这四个特点，而正是由于上述特点的存在，决定了奶牛养殖的是一种自然再生产与经济再生产相互交织的过程，因此，养殖户的奶牛养殖行为容易受到自然风险、疫病风险和市场风险等风险的影响。其次，结合奶牛养殖的特点及养殖风险特征，对养殖业保险及奶牛保险的概念进行了界定，分析阐述了奶牛保险区别于其他保险的特点及其功能，指出奶牛保险具有保险标的的生物性、保险责任范围鉴定的技术性和保险公司经营的高风险性三个有别于其他保险产品的特点，并在总结奶牛保险特点的同时，从理论上指出奶牛保险政策既具有一般财产保险进行风险分散和经济补偿的基本功能，同时又具有政策性农业保险进行防灾防损与促进奶业生产等派生功能。最后，在明确本书研究范围的同时，对研究过程中应用的基本理论，如风险管理理论、保险原理和农户行为理论进行总结、梳理与介绍，奠定本书后续研究的理论基础。

第四章 内蒙古政策性奶牛保险发展及存在问题分析

内蒙古自治区作为传统的奶牛养殖大区，自中华人民共和国成立以来，虽然在不同阶段举办过商业性的奶牛保险①，但由于奶牛保险的高赔付风险、高经营成本以及养殖户较低的有效需求，导致商业性的奶牛保险没有稳定发展起来，进入21世纪后，内蒙古奶牛保险处于真空状态，几乎没有任何形式的奶牛保险供给。2004年，为了扭转包括奶牛保险在内的农业保险发展颓势，党中央十六届三中全会明确提出探索建立"政策性农业保险制度"，并可以在"有条件的地方试点实施保费补贴"，农业保险的政策性发展定位在中央层面得到了全面肯定，中国农业保险开始进入一种全新的发展模式②。2007年，内蒙古自治区作为全国

---

① 内蒙古早期奶牛保险的发展大体经历了四个时期：一是兴起及强制承保期（1950~1958年）。最早于1950年开始试办大牲畜保险，此期间的牲畜保险承保方式以行政手段为主，经营混乱，存在强迫参保现象。二是停办期（1959~1981年）。随着大跃进活动的展开和人民公社的推进，1958年中央政府宣布取消全国所有保险业务，内蒙古自治区人民委员会响应中央号召，于1959年1月开始进行退保清理，包括奶牛保险在内的牲畜保险开始进入停办期。三是恢复及探索发展期（1982~1992年）。中国人民银行于1982年发布《关于国内保险业务恢复情况和今后发展意见的报告》，中国人民保险公司在内蒙古自治区恢复试办牲畜保险业务，在此期间，政府部门及保险机构不断探索、创新奶牛保险经营方式，自治区畜牧业保险进入探索发展期，但由于较高的赔付风险，畜牧业保险发展仍很缓慢。四是萎缩及徘徊期（1993~2003年）。中共十四大后，中国明确提出建立社会主义市场经济体制，中国人保公司进行了全面的市场化经营体制改革，要求收缩、停办亏损险种，此期间，由于畜牧业保险的商业化运营，保险公司经营的高成本、高风险现象突出，自治区畜牧业保险发展进入萎缩及徘徊期。

② 2005年，人保财险内蒙古分公司在内蒙古保监局的推动和支持下，积极开发适应当地市场发展需求的奶牛保险产品，并选取乌兰浩特市和呼和浩特市开展试点工作。6月17日，人保财险兴安盟乌兰浩特市支公司签发了自治区第一份奶牛保险单（奶牛养殖小区），承保金额9.5万元，承保奶牛19头，标志着早期内蒙古自治区政策性奶牛保险雏形的形成。但是由于当时缺少中央财政保费补贴，并且自治区各级财政补贴存在不能及时到位的困难，导致2004~2006年内蒙古自治区政策性奶牛保险没有大规模发展起来。

首批农业保险保费补贴试点省份之一，于当年的6月6日在锡林郭勒盟的锡林浩特市试点开展政府保费补贴的奶牛保险政策，这种新型的奶牛保险政策在运营模式、保费缴纳方式和保险公司供给等方面都具有独特的特点。本章集中梳理分析2007年以后内蒙古自治区实施的奶牛保险政策[①]，对自治区政策性奶牛保险10年发展、现状及存在问题进行系统分析与总结，以期为后续研究的展开提供一些必要的背景知识和前期铺垫。

一、内蒙古政策性奶牛保险发展概述

2007年，内蒙古自治区部分盟市试点开展享受政府保费补贴的奶牛保险政策。2008年，自治区政府出台《内蒙古自治区2008年农业保险保费补贴实施方案》，进一步将奶牛保险政策推广至全区各个盟市。从试点到全面实施，几年来内蒙古奶牛保险政策一直在不断完善，奶牛保险市场在内蒙古自治区取得了较为显著的发展。

（一）奶牛保险承保规模的发展变化

由奶牛保险承保规模的变化可知（见图4-1），10余年来内蒙古政策性奶牛保险整体上呈现出较快的增长速度。2008~2019年，内蒙古政策性奶牛保险保费收入累计27.27亿元，年均2.27亿元，年均增长22.98%；2019年与2008年相比，内蒙古奶牛保险保费收入由0.64亿元上升至6.25亿元，增加5.61亿元，增长8.77倍。承保率由试点初期的6.55%提升至2018年的88.70%，增长12.54倍。

具体来看，内蒙古奶牛保险的保险规模在2009年第一次达到高峰，随后在2010年出现下降，直至2012年才有所回升，发展到2019年已呈现较大幅度的增

---

① 2007年，内蒙古自治区在锡林郭勒盟试点实施政策性奶牛保险，标志着内蒙古自治区政策性奶牛保险工作的开始；2008年，自治区政府进一步将奶牛保险政策推广至全区各个盟市。由于早期试点期间各项数据及资料缺失，本章有关内蒙古政策性奶牛保险的发展与特点梳理，主要从2008年开始。

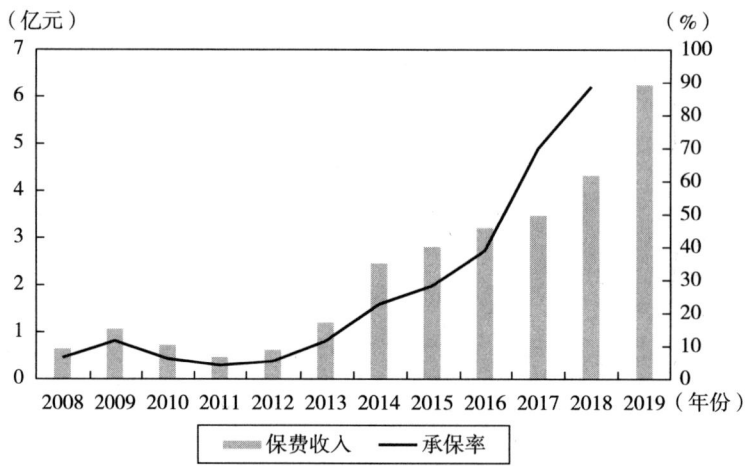

图 4-1 内蒙古政策性奶牛保险承保规模变化情况

注：承保率 =（承保奶牛头数/奶牛存栏数）×100%，其中 2019 年的承保率由于奶牛承保头数数据缺失未做统计。

资料来源：中国银行保险监督管理委员会和《中国农村统计年鉴（2020）》。

长。2007 年试点初期，政府财政补贴的奶牛保险政策由中国人保财险内蒙古分公司在锡林浩特市开展，试点工作开展顺利，在规避养殖户经营风险方面发挥了重要作用。2008 年，内蒙古自治区政府扩大奶牛保险开展区域，将政策性奶牛保险推广至全区各个盟市。2008 年实现保费收入 0.64 亿元，承保奶牛 16 万头，奶牛承保率为 6.55%。2009 年，内蒙古政策性奶牛保险在原有保险责任范围基础上增加了发病率较高的乳房炎疾病，奶牛保险保障水平也由固定档次的 5000 元/头，调整为 4000 元/头、5000 元/头、6000 元/头三个档次①，奶牛保险保障水平的提高，进一步促进了保险规模的扩大，保费收入上升至 1.07 亿元，承保奶牛头数提高到 26 万头，承保率上升为 11.65%，自治区奶牛保险的承保规模在 2009 年第一次达到高峰。2010 年，保费收入出现下降，降为 0.73 亿元，比 2009 年减少 0.34 亿元，承保数减少至 18 万头，承保率下降为 6.20%，保险规模和承保率一度降至 2008 年水平。2011 年，自治区奶牛保险承保规模并没有得到好转，保费收入继续出现下降，降为 0.47 亿元，甚至低于开办之初 2008 年的保费收

---

① 详细介绍可见本章有关"内蒙古政策性奶牛保险制度特点"的内容梳理。

入。2010年和2011年奶牛保险市场出现萎缩,分析原因主要有以下两点:一是自治区奶牛保险政策发生调整,将奶牛乳房炎疾病剔除保险赔付责任范围,养殖户投保需求降低;二是受2009年较高赔付率和展业成本的影响,保险公司展业积极性严重受挫。

发展至2012年,在各地方政府的配合及大力宣传引导下,内蒙古奶牛保险有所回升,保费收入相对于2011年增长了0.16亿元,承保数增加到14万头,承保率提高为5.44%。其中,值得一提的是,2014年,针对奶牛保险业务发展滞后的问题,内蒙古自治区政府加大奶牛保险政策的财政投入力度,"将两年内未开展养殖业保险业务和2013年8月31日前未开展业务的旗县(少于5000头的),确定为2014年养殖业保险经办资格调整区域",进一步扩大奶牛保险政策的开展区域。2014年,内蒙古政策性奶牛保险承保规模呈现出较快增长,当年实现保费收入2.45亿元,较上年增长104.17%,承保奶牛头数增加至52万头,较上年增长97.84%。随后,直至2019年,内蒙古自治区奶牛保险一直保持着强劲的发展势头。可见,政府财政及提供的其他方面支持对推动内蒙古政策性奶牛保险的快速发展起到了至关重要的作用。

(二)奶牛保险赔付规模的发展变化

由奶牛保险赔付规模的变化可知(见图4-2),10余年来内蒙古政策性奶牛保险的赔付支出整体上呈现出波动上升的趋势,2008~2019年,内蒙古政策性奶牛保险赔款支出共计13.84亿元,年均1.15亿元,年均增长33.80%。2019年与2008年相比,内蒙古政策性奶牛保险赔款支出由0.13亿元上升至3.27亿元,增加3.14亿元,增长24.15倍。在简单赔付率方面,2008~2019年,内蒙古政策性奶牛保险平均赔付率为48.42%,其中,最高赔付率为69.92%,最低赔付率仅为20.71%,不同年际间的简单赔付率基本维持在70%以下。

具体来看,2008年,内蒙古自治区各个盟市开始正式实施奶牛保险政策,当年奶牛保险赔付支出0.13亿元,简单赔付率为20.71%,共理赔奶牛2700余头。2009年,内蒙古自治区奶牛保险政策略做调整,保险责任范围得到扩大,增

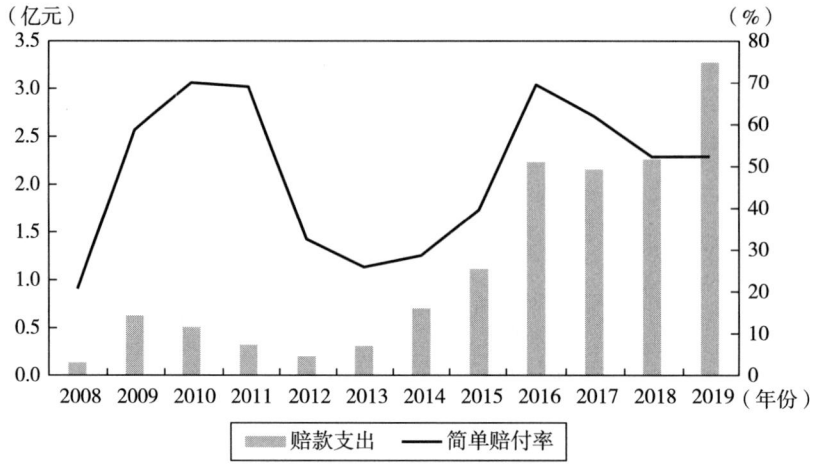

图 4-2　内蒙古政策性奶牛保险赔付规模变化情况

注：简单赔付率 =（赔款支出/保费收入）×100%。
资料来源：中国银行保险监督管理委员会。

加了乳房炎疾病导致的奶牛死亡赔付，当年理赔奶牛数量出现大幅度上升，共理赔奶牛 1.39 万头，保险赔付支出增加至 0.63 亿元，简单赔付率上升为 58.69%；受较高赔付率的影响，2010 年各保险经办机构展业积极性有所下降，奶牛保险承保规模出现一定幅度下滑，但保险赔付这一上升的势头在 2010 年并没有得到扭转，当年共理赔奶牛 1.27 万头，赔款支出 0.51 亿元，简单赔付率高达 69.92%；为了控制奶牛保险的赔付率，杜绝养殖户的道德风险现象，2011 年，各保险经办机构开始加大对保险理赔、定损的人员与技术投入，聘请当地兽医防疫人员或畜牧局专家协助定损，开始加强对保险理赔环节的管理。2011 年，奶牛保险赔款支出下降为 0.32 亿元，简单赔付率出现小幅度降低，理赔奶牛头数减少到 0.78 万头；2012 年，内蒙古政策性奶牛保险赔付规模呈现出较大幅度的下降，当年理赔奶牛 0.45 万头，赔付支出下降为 0.20 亿元，简单赔付率只有 32.58%。2013 年、2014 年和 2015 年，伴随着内蒙古自治区对政策性奶牛保险财政支持力度的加大，奶牛保险承保规模快速增长，对应的理赔头数和赔付支出在绝对数上也呈现一定幅度的上升，但简单赔付率分别只有 25.87%、28.67% 和 39.56%，大体稳定在 30% 左右，赔付率偏低。

2016年，为规范内蒙古农业保险承保理赔业务，提高农业保险精细化管理水平，切实维护参保农牧户利益，内蒙古自治区制定实施了《内蒙古自治区农业保险承保理赔管理实施细则》，强化"据实赔付"要求，2016年奶牛保险赔款支出2.23亿元，简单赔付率上升为69.47%。2017年，赔款支出2.15亿元，简单赔付率为61.93%。2018年，赔款支出2.26亿元，简单赔付率为52.27%；2019年赔款支出上升为3.27亿元，简单赔付率变化较小，为52.38%，简单赔付率基本维持在60%左右。

二、内蒙古政策性奶牛保险制度特点与变化

作为中国农业保险制度的重要组成部分，奶牛保险政策主要遵循"政府引导，市场运作"的运营模式，依据"政府财政补贴"的保费缴纳体系向参保者收取保费，对"保险合同内约定的奶牛死亡事故"，按"低保障、广覆盖"的原则进行"奶牛生理价值损失"的保险赔付。本节主要从奶牛保险运营模式、保险责任范围、保险保障水平和保费缴纳的角度对内蒙古自治区和国内部分地区的奶牛保险政策特点进行了梳理与比较，总结自治区奶牛保险制度特点及存在的不足，以期为政策性奶牛保险的进一步优化提供借鉴。

（一）"政府引导，市场运作"的运营模式

2008年，国家财政部印发《中央财政养殖业保险保费补贴管理办法》，其中明确指出"中央财政养殖业保险保费补贴工作的基本原则是政府引导、市场运作、自主自愿、协同推进"。2013年，国家首个农业保险法规——《农业保险条例》（以下简称《条例》）开始实施，《条例》中第三条同样对中国政策性农业保险的基本运营原则进行了类似界定。因此，在制度模式方面，内蒙古政策性奶牛保险的运营严格坚持上述原则，遵循"政府引导下的商业化运作"模式，即由商业性保险公司经营奶牛保险，政府部门对商业保险公司的业务进行指导与监督。其中，"政府引导"是指财政部、省级及省级以下财政部门通过保费补贴等

调控手段，协同农业、气象、宣传、水利等部门，引导和鼓励专业合作经济组织、养殖企业、农户参加保险，积极推动奶牛保险业务的开展，调动多方力量共同投入，增强奶牛养殖业的抗风险能力；"市场运作"是指财政投入要与市场经济规律相适应，奶牛保险业务以经办机构的市场化经营为依托，经办机构要重视业务经营风险，建立风险预警管控机制，并积极运用市场化手段防范和化解风险。

在内蒙古，对于承办奶牛保险的各家保险公司，通过引入竞争机制，根据保险公司的企业规模、服务水平，按照优胜劣汰评选确定经办资格。10 年来，内蒙古自治区政府十分重视农业保险市场经营主体的培育与引入。2017 年 3 月内蒙古自治区人民政府出台的《内蒙古自治区金融业发展"十三五"规划》（内政发〔2017〕28 号）明确指出："健全保险服务体系。积极培育和引入新的保险市场主体，引进中国出口信用保险公司，支持服务有特色的保险公司在我区设立分支机构，争取设立地方保险法人机构，增强保险市场活力。"在内蒙古自治区政府的大力支持下，内蒙古农业保险市场经营主体由最初 2007 年的中国人保财险、中华联合和安华农业保险 3 家，增加为当前的中国人保财险、中华联合、安华农业保险、中国人寿财险、太平洋保险、大地保险、紫金保险、平安保险和中航安盟保险 9 家，农业保险市场经营主体不断增多，农业保险"政府引导，市场运作"的运营体系在不断完善。

国内大部分地区的奶牛保险运营模式都与内蒙古自治区的"政府引导、市场化运作"模式类似，但与此同时，在不同省市各级政府财政补贴、组织推动、政策引导等各种政策扶持措施下，中国奶牛保险也相继出现了一批极具地方特色的保险运营模式。例如，以"政策性保险、商业化联办共保"为特征的江苏模式、以"政府推动、共保经营"为特征的浙江模式、以"相互保险"为特征的黑龙江模式等。

江苏省是 2007 年首批被列入中国农业保险保费补贴试点地区的省份之一，自 2008 年起在全国首推其"联办共保"的农险运营模式。"联办共保"的农险运营模式是以省辖市为单位开展，地方政府相关部门和保险公司按照 5∶5 的比例分别管理保费资金，并按照"滚动积累、封闭运行、定向使用、专款专用"的原则使用保费资金。同时，对于保险的风险赔付责任，政府和保险公司也是按照

5:5 的承担比例进行分担。需要指出的是，2019 年江苏省政府退出农险经营，取消"联办共保"农业保险经营模式，转换为政府指导下的保险机构独立承保经营，即地方政府不再分担农业保险保费和赔偿责任，保费全额分配给保险公司，赔款全额也由保险公司承担。

浙江省农业保险的"共保体"经营模式是指由两家及两家以上商业保险公司根据省政府授权，经营运作全省政策性农业保险项目，按照章程约定的比例，享受政策、分摊保费、承担风险，共同提供服务的保险组织形式；共保体成员由"首席承保人"和"共保人"组成，以商业保险运作模式，实施对农业保险的承保、理赔、结算、风险准备金提存等，其中，首席承保人是浙江省农业保险承保份额最大的人保财险浙江分公司，其他的共保人是由中华联合、平安财险、大地保险等其他保险公司组成。

在黑龙江省，阳光农业相互保险公司提供了"相互制"形式的农业保险服务。理论上，在相互制保险公司中，被保险人和保险人是统一体，即以互助保险为宗旨，会员既是保险人，又是被保险人，被保险人在缴纳保险费后，自动成为公司会员，被保险人以会员的身份参与保险公司的管理，保险公司根据经营状况和会员保费份额确定公司盈余的分配，利用赔付、降低费率、返还保费、盈余分配等方式保障保险人的收益。但实践中，黑龙江省"相互制"农业保险模式运营 10 余年来也暴露出了诸多问题，如"资金权属不清"、"会员身份不实"和"模式探索不利"等（侯海平，2016）。

（二）"奶牛死亡"的保险责任范围

保险责任范围是指"保险合同中约定的由保险人承担的危险范围，并在保险事故发生时所负的赔偿责任"。2008 年，内蒙古自治区人民政府印发《内蒙古自治区 2008 年农业保险保费补贴实施方案》，方案中明确指出"自治区养殖业补贴险种的保险责任为重大病害、自然灾害和意外事故所导致的投保个体直接死亡"。自此，内蒙古自治区政策性奶牛保险"奶牛死亡"的保险责任范围被确定。

如表 4-1 所示，内蒙古自治区政策性奶牛保险的保险责任范围，自 2008 年被确定为重大病害、自然灾害、意外事故和政府强制捕杀四种情况导致的奶牛直接死亡以来，期间在 2009 年和 2015 年发生过两次调整，2009 年在重大病害中增加了乳房炎疾病，但由于实际操作较为困难，2010 年又将乳房炎疾病剔除；2015 年，自治区对奶牛死亡疾病种类做了较大的调整，在原有重大病害基础上，增加了发病率较高的难产死亡、产后瘫痪、产后败血症、创伤性网胃炎和创伤性心包炎。

表 4-1　内蒙古自治区奶牛保险的保险责任范围与赔付处理情况（2008~2019 年）

年份	保险责任范围	赔偿处理
2008	（1）重大病害：口蹄疫、布鲁氏菌病、牛结核病、牛焦虫病、炭疽、伪狂犬病、副结核病、牛传染性鼻气管炎、牛出血性败血病、日本血吸虫病 （2）自然灾害：暴雨、洪水（政府行蓄洪除外）、风灾、雷击、地震、冰雹、冻灾 （3）意外事故：泥石流、山体滑坡、火灾、爆炸、建筑物倒塌、空中运行物体坠落 （4）政府实施的强制扑杀	重大病害、自然灾害、意外事故死亡的赔付按"约定保险金额赔偿"；政府实施强制扑杀时的赔付，"可从赔偿金额中相应扣减政府扑杀专项补贴金额"
2009	（1）重大病害：在 2008 年基础上增加乳房炎疾病 （2）自然灾害：与 2008 年相同 （3）意外事故：与 2008 年相同 （4）政府强制扑杀：与 2008 年相同	（1）因自然灾害或意外事故死亡的奶牛在保险金额内应扣减不低于 20% 的残值后给予赔偿。赔偿金额 = 保险金额残值 - 残值，残值 = 保险金额 × 残值率（不低于 20%） （2）因疫病死亡的奶牛按保险金额给予赔偿。赔偿金额 = 死亡数量 × 保险金额/头 （3）因疫病强制扑杀造成保险奶牛的死亡，给予强制扑杀后的差额赔偿。赔偿金额 = 死亡数量 × （保险金额/头 - 政府扑杀专项补贴金额/头） （4）奶牛患乳房炎疾病可凭苏木乡镇及以上兽医部门开具的诊断证明，向保险公司索赔最高不超过每头奶牛保费收入 10% 的赔款金额
2010	与 2008 年相同	剔除乳房炎疾病赔付，其他与 2009 年相同
2011	与 2008 年相同	在 2010 年基础上增加"因重大病害死亡的奶牛，畜牧防疫部门按照国家相关法律、法规进行无害化处理后，保险经办机构进行赔偿"
2012	与 2008 年相同	政府实施强制扑杀造成保险奶牛的死亡，调整为"按照捕杀奶牛的保险金额赔付"，其他与 2011 年相同

续表

年份	保险责任范围	赔偿处理
2013～2014	与2008年相同	因重大病害、自然灾害、意外事故造成的死亡以及当发生高传染性疫病政府实施强制扑杀时，按保险金额进行赔偿
2015～2019	在2008年基础上增加（5）在分娩过程中，因胎儿不能顺利娩出，造成子宫破裂或穿孔大出血 （6）产后72小时以内因患产后瘫痪或产后败血症，经积极治疗但仍无效 （7）经相关专家确诊为创伤性网胃炎或创伤性心包炎	自然灾害、意外事故死亡的赔付与2014年相同；增加"因重大病害死亡的，由畜牧防疫部门，按照国家相关法规进行无害化处理后，保险经办机构负责赔偿"；政府实施强制扑杀的，调整为"保险经办机构按照保险金额扣减政府扑杀专项补贴后进行赔付"；增加"因创伤性网胃炎或创伤性心包炎所列原因导致保险奶牛虽未死亡，但经有关专家鉴定并由保险人确认失去饲养价值的，保险人负责赔偿"

资料来源：内蒙古自治区农业保险保费补贴实施方案和奶牛保险条款，2008～2019年。

10年来，相比于变化较少的保险责任范围，自治区奶牛保险在赔偿处理方面，按是否考虑死亡奶牛残值、是否扣减政府扑杀专项补贴资金、是否需要进行无害化处理，进行了多次调整，如奶牛保险政策开展早期，在对投保奶牛赔偿金额进行核定时，需要视情况扣减不低于20%的奶牛残值、政府强制扑杀时需要扣减政府扑杀专项补贴资金，并且，无须与病死牛无害化处理挂钩；发展到2019年，对于内蒙古奶牛保险的赔偿处理，因自然灾害、意外事故造成的奶牛死亡，需按保险合同约定金额进行赔偿，因重大病害实施政府强制扑杀的，需要扣减政府扑杀专项补贴资金；并且，严格要求理赔病死奶牛必须进行无害化处理，不能确认无害化处理的，保险经办机构不予赔偿。同时，需要特别指出的是，2015年对于新增加的创伤性网胃炎或创伤性心包炎疾病，在进行赔偿时不再严格要求奶牛死亡，即"因创伤性网胃炎或创伤性心包炎所列原因导致保险奶牛虽未死亡，但经有关专家鉴定并由保险人确认失去饲养价值的，保险人负责赔偿"，这一点反映出内蒙古自治区正在尝试扩大奶牛保险的风险保障作用，逐步改变以往只局限于重大疫情、针对"奶牛死亡"进行赔付的局面，渐渐将"常发疾病导致的奶牛失去饲养价值"列入保险责任范围。

目前，国内大部分省市地区政策性奶牛保险的保险责任范围和赔付处理，与内蒙古自治区的类似，即只有当投保奶牛在保险期间内，发生保险责任范围内的死亡时，保险人按照保险合同约定负责赔偿。保险责任范围主要包括以下四大类：一是自然灾害（暴雨、风灾、地震、洪水、雷击、冰雹、冻灾）；二是意外事故（火灾、泥石流、爆炸、建筑物倒塌、空中运行物体坠落、山体滑坡）；三是重大病害（布鲁氏菌病、口蹄疫、牛结核病、炭疽、牛焦虫病、伪狂犬病、副结核病、牛出血性败血症、牛传染性鼻气管炎、日本血吸虫病、疫病）；四是政府实施的强制扑杀。但正如2015年2月，中国保监会联合财政部、农业部发布的《关于进一步完善中央财政保费补贴型农业保险产品条款拟订工作的通知》中规定的一样，"养殖业保险主险的保险责任包括但不限于主要疾病和疫病、意外事故、自然灾害、政府扑杀等"。各省区市由于实际情况的不同，在奶牛保险责任范围的确定和赔付处理环节上也表现出了一些差异，部分省市甚至做了一些较为大胆的创新。

如表4-2所示，江苏省和浙江省奶牛保险的责任范围虽然为典型的上述四类，但在赔付处理上，江苏省和浙江省为避免固定的保险金额①高于奶牛实际价值时，引发的养殖户较高道德风险问题，在理赔环节做了如下改进："若保险奶牛每头保险金额低于或等于出险时的实际价值，则以每头奶牛保险金额为赔偿计算标准；若保险奶牛每头保险金额高于出险时的实际价值，则以出险时奶牛的实际价值为赔偿计算标准"，成功将固定金额的保险赔付变成一种根据实际情况而调整的动态赔付。黑龙江省奶牛保险的保险责任范围也只是涉及"因自然灾害、意外事故和重大病害所导致的投保奶牛死亡和政府强制扑杀"，但"意外事故"部分在上述所列事项基础上增加了"野兽伤害和互斗"导致的奶牛死亡；"重大病害"部分也基本涵盖了引发奶牛死亡的各种疾病，如"食道梗塞、肠胃炎、支气管肺炎、难产、创伤性心包炎"等。与国内其他省市地区略有不同，北京市和山东省在奶牛保险责任和赔付处理方面所做的创新较强。例如，北京市，在国内大部分省市只是针对奶牛直接死亡进行赔付的情况下，将投保奶牛"因胎产等疾病所致奶牛伤残、经畜牧部门鉴定失去产奶能力"等情况也列入保险公司的理赔范围，将"奶牛死亡"保险转变为一种"奶牛死亡+伤残"的保险，扩大了

---

① 具体金额的设置可见本章下一节的介绍。

政策性奶牛保险的风险保障范畴。而山东省奶牛保险在对"保险责任范围内事故造成奶牛死亡"进行赔付的同时,进一步拓宽奶牛保险的服务领域,于 2015 年 6 月在泰安市泰山区推出中国首个牛奶价格指数保险,"以保证养殖户一定牛奶销售利润为基本立足点",将奶牛养殖的市场风险纳入奶牛保险的风险保障范畴,可以说,这一举措是拓宽中国政策性农业保险服务体系,利用农业保险手段进行市场风险防范与管理的大胆探索与创新①。

表 4 - 2　国内其他省市奶牛保险的保险责任范围与保险赔付

地区	保险责任范围	赔付处理
江苏省	(1) 自然灾害（暴雨、雷击、洪水、风灾、地震、冻灾、冰雹） (2) 意外事故（火灾、泥石流、爆炸、空中运行物体坠落、山体滑坡、建筑物倒塌） (3) 重大病害（布鲁氏菌病、口蹄疫、牛结核病、炭疽、牛焦虫病、伪狂犬病、副结核病、牛出血性败血症、牛传染性鼻气管炎、日本血吸虫病、疫病） (4) 政府实施的强制扑杀	(1) 重大病害、自然灾害和意外事故造成的奶牛死亡,按保险金额赔付;若保险奶牛每头保险金额低于或等于出险时的实际价值,则以每头保险金额为赔偿计算标准;若保险奶牛每头保险金额高于出险时的实际价值,则以出险时的实际价值为赔偿计算标准 (2) 政府实施的强制扑杀,赔偿金额以保险金额扣减政府扑杀专项补贴金额的差额为限
浙江省	同上	同上
北京市	(1) 自然灾害 (2) 意外事故,在上述基础上增加触电、溺水、野生动物侵害 (3) 难产 48 小时内死亡、胎产造成子宫受伤所致伤残失去繁殖能力、产后瘫痪 (4) 病毒性传染病、细菌性传染病、寄生虫性传染病和代谢性疾病造成死亡 (5) 政府实施的强制扑杀	(1) 因保险责任范围内的事故造成保险奶牛死亡的,按相应档次保险金额的 100% 赔偿 (2) 因胎产造成子宫受伤所致伤残失去繁殖能力或产后瘫痪的,每头赔偿金额 = 保险金额/头 × 50% (3) 政府强制扑杀的奶牛,保险人按照国家规定的扑杀定价,按比例给予被保险人赔偿:其中市级财政补偿 40%,区（县）级财政补偿 40%,保险人补偿 20%

---

① 资料来源:山东泰安签出国内首单牛奶价格指数保险,八成保费政府出 [EB/OL]. 国家奶牛产业技术网, http://www.niu305.mobi/a/zx/gnhq/061b6102015.html.

续表

地区	保险责任范围	赔付处理
山东省	(1) 自然灾害 (2) 意外事故，增加野兽伤害 (3) 重大病害，增加创伤性网胃腹膜炎、创伤性心包炎和显性乳腺炎 (4) 在分娩过程中，因胎儿不能顺利娩出，造成子宫破裂或穿孔大出血 (5) 产后72小时以内因患产后瘫痪或产后败血症，经积极治疗但仍无效的	(1) 重大病害、自然灾害和意外事故造成的奶牛死亡，按保险金额进行赔偿 (2) 政府实施的强制扑杀，赔偿金额以保险金额扣减政府扑杀专项补贴金额的差额为限
	牛奶价格指数保险（泰安市）：主要依据前3年政府部门所公布的奶企收购价格平均值，在严格测算的基础上，通过多方协商确定，计算出每公斤原料奶的目标价格	保险期间，若投保牛奶的实际年平均销售价格低于目标价格，则视为保险事故发生，保险公司按照差价部分进行赔偿
黑龙江省	(1) 自然灾害 (2) 意外事故，增加野兽伤害和互斗 (3) 重大病害，增加瘤胃积食、食道梗塞、瓣胃阻塞、创伤性网胃腹膜炎、创伤性心包炎、胃肠炎、难产、支气管肺炎、产后败血症、生产瘫痪 (4) 政府实施的强制扑杀	(1) 重大病害、自然灾害和意外事故造成的奶牛死亡，按保险金额进行赔偿 (2) 政府实施强制捕杀时，保险人应对投保人或被保险人进行赔偿，并从赔偿金中扣减政府捕杀专项补贴

资料来源：根据各省市政策性农业保险相关文件和网络公开资料整理。

总之，通过纵向分析近年内蒙古政策性奶牛保险责任范围和赔偿处理的发展与变化，可知内蒙古奶牛保险的保险责任范围在不断根据养殖户的实际需求而调整，奶牛保险的风险防范范围逐渐在扩大。同时，我们也可以发现内蒙古奶牛保险的理赔程序在逐渐变得科学而简易，并且奶牛保险赔付与病死牛无害化处理的挂钩，更是进一步拓宽了奶牛保险的社会效益，这一举措在有力遏制养殖户重复索赔、虚假理赔等道德风险问题的同时，还能有效解决病死牛收集及无害化处理的监管难题，保障了牛肉市场的食品质量安全。但是，通过与国内其他省市地区进行横向对比，可以看出，内蒙古政策性奶牛保险的保险责任范围还较狭窄，保险赔付处理欠缺灵活，部分规定与要求还不够明确。总体上，内蒙古政策性奶牛保险在保险责任范围与赔付方面还存在以下三个问题：一是实施的奶牛保险涉及的责任范围还没有有效涵盖现实中常见的饲养问题，如由于疾病导致奶牛产奶能力下降引发的奶牛高淘汰率问题，乳房炎、胃肠炎、疫苗注射反应、意外伤害（如吃铁钉、电击等）等原因导致的奶牛死亡问题等，还没有纳入奶牛保险的风险保障范畴。二是对理赔奶牛进行固定金额的保险赔付，还不能灵活应对保险赔付金额高于奶牛实际市场价值时引发的投保者高道德风险问题。三是病死牛无害化处理的实施主体和费用承担等问题还不够明确。虽然自治区政府明确要求病死牛的保险赔付必须与无害化处理挂钩，但无害化处理的实施主体是谁？由此产生的费用由谁来承担？这些现实问题还都有待进一步完善与明确。

（三）"低保障、广覆盖"的保障水平

内蒙古地区经营的政策性奶牛保险以"低保障、广覆盖"的原则确定保障水平。奶牛保险的保险金额（即保障水平）参照投保奶牛的生理价值（包括饲养成本和购买价格）确定。在此原则指导下，自治区政府在每年印发的《农业保险保费补贴实施方案》或《奶牛养殖保险条款》中都会明确规定奶牛保险的保险金额。原则上，奶牛保险的保险金额应该与各个地区的奶牛饲养成本和购买价格相匹配，并且需要随着物价水平的变化而不断调整。实际上，内蒙古自治区奶牛保险的保险金额只是细化到自治区一级，全区各盟市、旗县的标准统一，并且，每年自治区《农业保险保费补贴实施方案》或《奶牛养殖保险条款》公布的奶牛保险保障水平都是根据之前一年或几年的奶牛生理价值确定，这样就难免存在不同地区、不同年份的奶牛保险金额与当地或当时的奶牛饲养成本和购买价格不符合的情况。

通过对相关资料的整理可知，内蒙古自治区自 2008 年全面实施奶牛保险政策以来，奶牛保险的保险金额发生过 4 次调整，保险费率进行了 2 次调整，具体变化如表 4-3 所示。

由表 4-3 可知，2008 年，内蒙古自治区奶牛保险政策全面实施之初，全区各个盟市奶牛保险的保险金额统一为 5000 元，费率为 8%；2009 年，自治区政府考虑到不同地区奶牛生理价值的区别与差异，将奶牛保险的保险金额调整为按投保奶牛不同品种、产奶量、年龄和市场价格的差异，分为 4000 元/头、5000 元/头和 6000 元/头三个档次，具体选择哪一档次，可由投保养殖户与保险经办机构协商确定。差异化的保险金额体现了奶牛保险在投保奶牛价值评估与确定上的合

表4-3 内蒙古自治区奶牛保险的保险金额与保险费率变化（2008~2019年）

年份	保险金额（元/头）	费率（%）
2008	5000	8
2009	按不同品种、年龄、产奶量和市场价格差异，区别投保，分为4000元/头、5000元/头、6000元/头三个档次，具体由投保养殖户和保险经办机构协商确定，但不得超过该品种奶牛市场价格的70%；乳房炎疾病保险赔偿额不得大于每头奶牛保费收入的10%	8
2010~2014	按不同品种、畜龄、产奶量和市场价格差异，区别投保，分为4000元/头、5000元/头、6000元/头三个档次，具体由投保人、被保险人与保险人协商确定，但不得超过该品种奶牛市场价格的70%	8
2015~2019	分为6000元/头、8000元/头、10000元/头三个档次，其他与2014年相同	5

资料来源：内蒙古自治区农业保险保费补贴实施方案和奶牛保险条款，2008~2019年。

理性，能显著缓解奶牛保险风险保障水平与保险标的价值不匹配的现象。但现实中，保险公司为了承保、理赔等环节的方便，在同一地区往往只提供一种保障水平的奶牛保险产品，参保养殖户很少能够自主选择与所饲养奶牛生理价值相匹配的风险保障水平。同时，2009年由于自治区奶牛保险责任范围的调整，在保险金额确定部分单独对乳房炎的理赔进行了规定，指出由乳房炎疾病造成的损失，其保险赔偿金额不得大于每头奶牛保费收入的10%；接下来的五年中（2010~2014年），内蒙古自治区奶牛保险的保障水平仍是依据2009年的标准，分为4000元/头、5000元/头和6000元/头三个档次，唯一与2009年不同的是，不再对乳房炎疾病提供风险保障。可以说，2009~2014年，内蒙古政策性奶牛保险的保险金额一直处于一种固定不变的范围，没有进行过实质性的调整，发展到2014年，最高6000元的保险金额已经严重低于当时奶牛的市场价值，因此，在一定程度上影响了当年奶牛养殖户的投保积极性[①]。2015年，为了提高广大奶牛养殖户的参保积极性，内蒙古自治区政府根据奶牛市场价值的变化，将奶牛保险的保障水平提高到6000元/头、8000元/头和10000元/头三个档次，费率降低为5%。奶牛保险保障水平提高，保险费率降低这一举措，实现了在维持保险费用

---

① 资料来源：赵元凤，冯平．内蒙古自治区2013年农业保险保费补贴绩效评价［M］．北京：中国农业科学技术出版社，2014：84．

基本不变的前提下提高了奶牛保险产品的风险防护水平，这样有利于提高养殖户的投保积极性，进而有助于促进自治区奶牛保险参保率的进一步提升。

中国不同省市政策性奶牛保险的保险金额，大多只覆盖投保奶牛的饲养成本和购买价格，与内蒙古自治区类似，遵循"低保障、广覆盖"的原则确定保障水平。但国内不同省市，由于各自具体情况的不同，在保险金额和费率的设计上也存在着明显的差异。如表4-4所示，北京市按投保奶牛不同年龄和胎次，将奶牛保险的保险金额分为10000元/头和12000元/头两种，保险费率统一为6%；浙江省与北京市相似，按投保奶牛年龄的不同，分为三档不同的保险金额，费率为6%。黑龙江省在考虑投保奶牛畜龄的同时，也对奶牛的品种做了进一步的划分，按投保奶牛是否为进口品种，将奶牛保险的保险金额分为两种，其中，进口奶牛（需提供进口相关手续①）的保额为8000～10000元/头，普通奶牛的保额为6000～8000元/头，具体保额由参保养殖户和保险经办机构根据奶牛来源及畜龄协商确定。同时，2015年，黑龙江省为了提高规模化养殖场的参保积极性，在奶牛保险费率的确定上与其他省市也略有不同：按投保奶牛数量的大小，将保险费率划分为两种，其中，投保奶牛数量在50头及以上的保险费率为6%，少于50头的保险费率为7.5%。江苏省和山东省在保险金额的确定上，并没有按投保奶牛的年龄、胎次及品种，明确规定、划分保险金额，其中，江苏省奶牛保险的保险金额为8000元/头和10000元/头，山东省为5000元/头，费率均为6%。进一步，通过对比表4-3与表4-4数据可知，内蒙古政策性奶牛保险的保险金额整体处于较高水平，风险保障作用明显高于国内其他省市，与此同时，保险费率低于国内其他地区，这一情况说明内蒙古地区的奶牛养殖户，相对于其他地区，在支出较少保费的情况下能够获得更大的风险保障，进而反映出内蒙古自治区政府对奶牛养殖业及奶牛保险发展的重视。

但无论是高保额还是低保额，不难发现，当前，内蒙古政策性奶牛保险仅仅对奶牛的生理价值进行保障，实施单一或固定范围的保险金额。短期内，简单而固定的保险金额虽然便于操作，有助于促进奶牛保险的迅速发展，实现"广覆

---

① 进口奶牛在认定上需提供国外进口种牛系谱、农业部种用畜禽遗传资源引进申请表、中国海关进口货物报关单及中国出入境货物检验检疫证明。

表 4-4 国内其他省市奶牛保险的保险金额与保险费率

地区	年龄、胎次及品种	保险金额（元/头）	费率（%）
北京市	6~18个月、第六至第七胎次	10000	6
	19个月~第五胎次	12000	
江苏省	不区分	8000 和 10000	6
浙江省	1（含）~2.5岁（不含）	2000~5000	6
	2.5（含）~5岁（不含）	4000~6000	
	5（含）~6岁（不含）	5000~3000	
黑龙江省	18个月~8周岁，进口奶牛	8000~10000	投保奶牛50头以上（含50头）为6，50头以下为7.5
	18个月~8周岁，普通奶牛	6000~8000	
山东省	不区分	5000	6

资料来源：根据各省市政策性农业保险相关文件和网络公开资料整理。

盖"，但是，固定的保险金额不能有效涵盖奶牛养殖物化成本的动态变化。从长远看，过高或过低的奶牛死亡赔偿金额都会对奶牛保险政策健康、持续发展产生不利影响，即当奶牛保险提供的奶牛死亡赔偿金额过低时，不利于激励农牧民持续参加奶牛保险，进而影响奶牛保险政策效果的有效发挥；反之，当奶牛保险提供的奶牛死亡赔偿金额过高时，会引发投保养殖户严重的道德风险问题，不利于激励保险公司持续供给奶牛保险。因此，如何确定适度合理的保险金额，是继续坚持现在固定范围的保险金额，还是开发新产品，实施动态的保险金额，已成为内蒙古自治区奶牛保险政策下一步精细化发展急需解决的重要问题。

（四）"政府补贴"的保费缴纳体系

财政支持是中国政策性农业保险的主要标志之一（庹国柱和朱俊生，2014），内蒙古实施的奶牛保险是一种对奶牛养殖者进行保费补贴的保险产品。保费补贴是指政府对参加奶牛保险的养殖者直接给予保费支持，即参保者只需要支付小额保费就能享受奶牛保险提供的风险保障。保费补贴的目的主要是提高奶牛养殖者的保险支付能力，增强其投保积极性。

内蒙古政策性奶牛保险全面实施10年来，中央政府、自治区政府和养殖者各方在保费承担比例上发生了很大变化，由最初中央补贴30%，自治区政府补贴50%，奶牛养殖者自缴20%，调整为2015年中央财政补贴50%，自治区及各地方盟市、旗县政府共同补贴35%，参保奶牛养殖者只承担15%的保费；2017年，调整参保奶牛养殖者保费自缴比例为20%，中央财政和盟市财政补贴比例不变，如表4-5所示。

表4-5 内蒙古自治区奶牛保险保费补贴比例变化情况（2008~2019年）

单位：%

年份	中央补贴	自治区补贴	盟市与旗县补贴	养殖户自缴
2008~2009	30	50	无	20
2010~2011	30	40	15（呼和浩特市、包头市、鄂尔多斯市）	15
		45	10（呼伦贝尔市、巴彦淖尔市、通辽市、锡林郭勒盟、阿拉善盟、乌海市）	
		50	5（兴安盟、乌兰察布市、赤峰市）	
2012~2016	50	20	15（呼和浩特市、包头市、鄂尔多斯市）	15
		25	10（呼伦贝尔市、巴彦淖尔市、通辽市、锡林郭勒盟、阿拉善盟、乌海市）	
		30	5（兴安盟、乌兰察布市、赤峰市）	
2017~2019	50	15	15（呼和浩特市、包头市、鄂尔多斯市）	20
		20	10（呼伦贝尔市、巴彦淖尔市、通辽市、锡林郭勒盟、阿拉善盟、乌海市）	
		25	5（兴安盟、乌兰察布市、赤峰市）	

资料来源：内蒙古自治区农业保险保费补贴实施方案和奶牛保险条款，2008~2019年。

具体来看，内蒙古自治区政策性奶牛保险在保费补贴方面进行过四次调整。早期，2008年和2009年，奶牛保险保费由中央、自治区和养殖者三级结构组成，按照这一结构，中央财政补贴30%，自治区财政承担50%（其中30%为一般性转移支付），养殖者自缴保费的20%。2010年，自治区奶牛保险保费结构在原有三级结构的基础上，增加了盟市与旗县这一级，变为中央、自治区、盟市及旗县和养殖者四级结构。相比于2008年和2009年的三级结构，这一结构明显降低了自治区政府和养殖者的保费分担压力，同时也充分体现了保费补贴的地区差异性，即经济条件、财政收入好的地方政府多承担保费，财政收入相对较差的市县地区则少承担保费。自治区奶牛保险保费补贴比例的上述调整虽然有助于提高自治区和养殖者从事奶牛保险的积极性，但却降低了部分盟市、旗县地区政府的保险参与积极性，特别是对于一些养殖大县，虽然具有较强的保险需求，由于自身财政实力较弱，受限于不足的财政预算资金，客观上很难做到及时、足额拨付所应承担的保费补贴资金，因此，也就难以实现奶牛保险的"应保尽保"，影响了自治区奶牛保险的供给。2012 年，中央财政加大对中西部地区奶牛保险保费补贴力度，提高中央财政保费补贴比例至 50%。但是，由表 4-5 所显示的保费补贴结构可知，中央财政保费补贴比例的提高只是降低了自治区一级财政的保费分担比例，市县一级的保费补贴比例没有发生改变，市县级政府财政配套压力并没有得到缓解。2017 年，根据《中央财政农业保险保险费补贴管理办法》（财金〔2016〕123 号），内蒙古全区范围内享受中央财政保费补贴的养殖业品种（奶牛、能繁母猪、育肥猪）参保农牧户、各类农牧业生产经营组织的保费自缴比例统一调整为 20%，中央财政和盟市财政补贴比例仍按 2016 年标准执行。

通过梳理其他省市奶牛保险保费补贴情况，我们发现，国内大部分地区对参加政策性奶牛保险的养殖者都提供了不同程度的保费补贴支持，并且，政府保费补贴结构大体一致，主要由中央、省或自治区、市（县）三级政府组成；但是，不同地区在各级政府保费承担比例的设置上略有不同。

如表 4-6 所示，江苏省各级财政对参加奶牛保险的养殖者提供了不低于 80% 的保费补贴，其中，中央财政补贴 40%，省级财政按经济发展水平的不同，对苏北、苏中、苏南地区分别提供了 30%、20% 和 10% 的保费补贴，其余差额部分由市县财政承担；浙江省，在中央财政保费补贴 40% 的基础上，省、县两级财政共同承担保费的 45%，并且，按发达程度的不同，省财政与县财政按四六比例分担，其中，对于欠发达或海岛地区，浙江省财政承担 27% 的保费，县财政承担 18%，相反，对于一般地区省财政承担 18%，县财政承担 27%；相比于其他地区，北京市奶牛养殖者自缴的保费比例较高，需要承担总保费的 30%，其余部分由中央、市和区级财政补贴；山东省各级政府保费补贴比例与江苏省类似，中央财政补贴 40%，养殖者自缴 20%，其余部分按经济发展水平的不同，由省和市县在 15%~25% 的比例范围内分担；黑龙江省奶牛保险，在中央财政保费补贴 50% 的基础上，养殖户承担 20% 的保费比例，其余 30% 的保费全部由市县财政承担，省级财政保费补贴比例为0。通过与其他省市对比可以发现，内蒙古政府自开展政策性奶牛保险以来，其提供的保费补贴比例在全国范围内处于较高水平（2017年以前为85%），养殖者承担的保费相对较低。

表4-6 国内其他省市奶牛保险保费补贴情况 单位：%

地区	中央补贴	省级补贴	市县（区）补贴	养殖者自缴
江苏省	40	10（苏南）	≥30（苏南）	≤20
		20（苏中）	≥20（苏中）	
		30（苏北）	≥10（苏北）	
浙江省	40	18（一般地区）	27（一般地区）	15
		27（欠发达或海岛地区）	18（欠发达或海岛地区）	
北京市	40	—	≥30（市级补贴20，区级补贴不低于10）	≤30
山东省	40	15~25	15~25	20
黑龙江省	50	0	30	20

资料来源：根据各省市政策性农业保险相关文件和网络公开资料整理。

三、内蒙古政策性奶牛保险业务经营及操作

2008年，财政部印发《中央财政养殖业保险保费补贴管理办法》，其中明确指出"中央财政养殖业保险保费补贴工作的基本原则是政府引导、市场运作、自主自愿、协同推进"；2013年，国家颁布的首个农业保险法规——《农业保险条例》同样对中国政策性农业保险的基本运营原则做了类似规定。而作为"市场运作"主要参与者的保险公司，其具体业务的经营与开展对推动、促进农业保险政策的快速、健康发展发挥着不可替代的作用。综观中国农业保险政策发展不难发现，保险公司的"逐利性"和农业保险政策的"准公共产品"性质，不可避免地导致保险公司在供给、经营农业保险过程中遇到了诸多问题与挑战。尤其面

对"高风险、高成本、高赔付"的奶牛保险市场,保险公司曾一度出现"望而却步"的局面。那么,现实中保险公司到底如何开展奶牛保险业务?在具体经营过程中还存在哪些问题与挑战?应该如何解决或避免这些问题?基于对上述问题的考虑,本节主要从奶牛保险产品供给端出发,以内蒙古自治区为例,在详细梳理当前保险公司经营政策性奶牛保险相关程序及方法的基础上,结合调研与访谈实际,对其中存在的问题与挑战进行总结,在清楚认知保险公司具体经营方式的同时,为进一步提高政策性奶牛保险的"市场运作"效率,促进政策性奶牛保险的高质量发展提供参考。

(一)政策性奶牛保险承保业务及操作

1. 承保前期准备

在开展奶牛保险承保工作之前,各承办主体需要做大量的前期准备工作。其中,最为重要的一项工作即为承保前期的保险组织与宣传。不同保险公司在奶牛保险政策的宣传与推广方式上略有不同,但整体上大同小异。以 A 公司内蒙古分公司为例,在奶牛保险开展初期,A 公司会联合当地畜牧局下乡组织召开宣传培训及启动会议,其中的宣传培训对象主要包括当地的奶牛养殖大户、养殖小区或养殖场部分管理人员、乡镇畜牧工作站人员以及各村畜牧防疫员。通过对这些人员的宣传与培训,使他们成为分布在各个乡镇或村的奶牛保险基层协保员。在宣传承保期,这些基层协保员将会成为重要的宣传力量,不仅负责将奶牛保险的各种宣传资料分发到各村、奶站、养殖小区或养殖场,同时也要负责向养殖户口头讲解奶牛保险的承保与理赔流程。除此之外,A 公司每年也会定期通过发放传单、农业保险大篷车、广播电视报道等形式,对广大奶牛养殖户进行有关奶牛保险政策和业务知识的宣传与讲解。

除承保前期必要的保险组织与宣传工作,保险公司也会要求保险业务人员调查和了解各地区保险标的(即可投保奶牛)的数量与分布情况,特别是养殖小区和较为分散的养殖户的奶牛数量。同时,部分公司为防控风险,降低损失,可能会对当地奶牛因意外事故和重大疾病发生的损失率及损失情况进行统计,以便后期对承保地区开展防灾减损等预防工作。

2. 保险标的可保性的确定

在前期准备工作完成后,保险公司会对养殖户、养殖小区或养殖场的保险标的(奶牛)进行可保性的检查与确定,确定符合承保条件后再进行承保。

在内蒙古自治区凡从事奶牛养殖的农牧民、农业生产经营组织均可选择参加奶牛保险,具体投保方式分为两种:一是奶牛存栏量大于等于50头的单个养殖户或农业生产经营组织,可自行投保;二是奶牛存栏量不足50头的单个养殖户,可以通过村委会、奶站、养殖小区或养殖场的形式集中参加奶牛保险。在承保条件方面,保险公司对保险标的(奶牛)的品种、饲养时间、畜龄、养殖场地、设施及管理水平、健康状况、免疫情况、标识以及投保范围都有较为严格的要求与规定,如表4-7所示。

表4-7 内蒙古政策性奶牛保险承保奶牛的条件及相关要求

保险标的	承保条件
品种	专门用于产奶的牛
饲养时间	在当地饲养1年及以上
畜龄	大于等于1周岁,小于等于7周岁
养殖场地	位于非传染病疫区,且在当地洪水水位线以上的非行洪、非蓄洪区
设施及管理	符合卫生防疫规范,饲养管理正常、饲养圈舍卫生、能够保证饲养质量
健康状况	经畜牧兽医部门检验无伤残,无保险责任范围内的疾病,营养良好
免疫情况	按地县级畜牧防疫部门审定的免疫程序接种并有记录
标识	具有能识别身份的统一标识,需佩戴专业耳标
投保范围	符合条件的奶牛须全部投保,不得选择性投保

资料来源:内蒙古自治区奶牛养殖保险条款,2018年。

3. 签单承保

在奶牛保险承保环节,确定保险标的具有可保性后,业务人员需要进行承保奶牛照片拍摄、收取保费、采集参保养殖户相关资料等工作。

在对投保奶牛进行拍照时,要求拍摄一张正面头像,完整记录奶牛面部轮廓;左右侧身像各一张,用以完整记录奶牛左右身花纹分布;同时,部分经办机构还会要求使用黑白板注明被保险奶牛的户主、耳标号、内部编号、畜龄、照片编号等信息，与被保险奶牛一同拍摄，并尽量做到对投保奶牛进行实地验标；为了对保险标的或被保险人的风险进行评估，每一笔养殖业保险的保单都需要录入承保系统进行逐级核保，并将有关承保手续上传至省级公司一级留档。因为属于财政补贴型保险业务，养殖户在交纳所承担的保险费用后，即可签发保险单。

在保险单签订过程中，各要素的填写也有相关要求，如投保人必须是与保险公司签订保险合同并支付保险费用的人。从保险的角度被保险人可以是投保人，也可以是他人，投保人确定的被保险人如果不是投保人本人时，应征得被保险人书面同意。以乡或村为单位进行统保时，必须填写"投保分户清单"；以饲养场或农业合作组织统保，选择饲养场时，应打印"标的清单"；选择农业合作组织统保时，应打印"分户清单"。同时，为防范经营风险，保险单中必须详细写明保险标的养殖地点、单位保险金额、保险数量、总保险金额、费率、保费、保险费交付方式及日期等重要信息；并且，每笔保险单都需要投保人、被保险人签章或签名。然而，通过与保险经办人员的访谈，笔者发现，在实际承保过程中，也存在有部分保险单没有投保人的签名或他人代签的现象，这一现象的存在无形中会在一定程度上增加保险公司的经营风险。内蒙古政策性奶牛保险的承保流程如图 4-3 所示。

（二）政策性奶牛保险理赔业务及操作

奶牛养殖户将符合承保条件的奶牛成功投保后，保险期间内，如果发生保险事故，参保养殖户可向保险经办公司请求保险赔偿。保险经办公司在接到参保养殖户的保险赔偿请求后，会根据保险责任事故的现场查勘情况，进行保险责任事故的损失界定，并依据损失情况和保险合同约定的赔付金额进行保险赔付。当前，内蒙古地区奶牛保险的查勘与定损的具体操作流程如下：

1. 保险责任事故的现场查勘

内蒙古自治区经营政策性奶牛保险的各家保险公司在接到参保养殖户的报案电话后，需要在第一时间安排人员进行现场查勘。各家保险公司的查勘理赔人员组成结构略有差异，但一般由保险公司工作人员和当地的畜牧防疫员或畜牧局专家组成。查勘理赔人员在接到查勘通知后，按要求需要做好自身防疫保护工作，

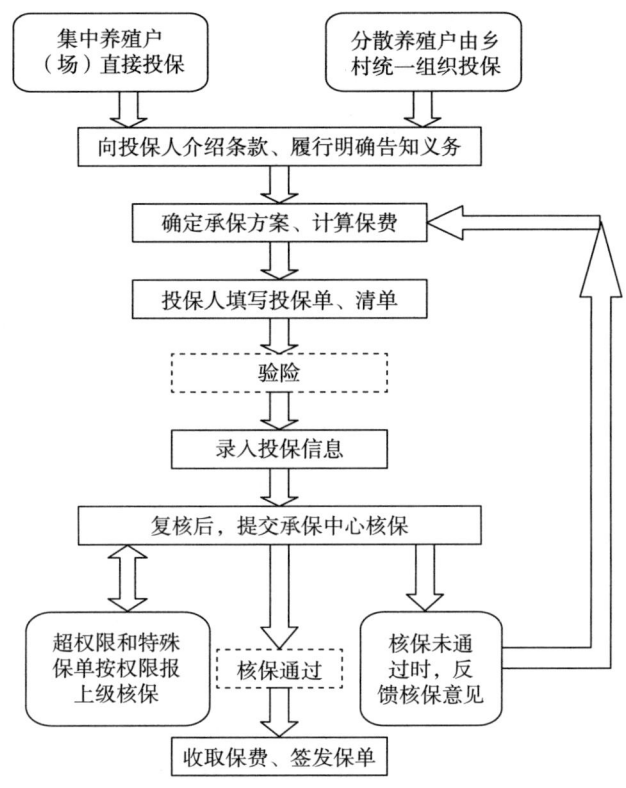

图 4-3 内蒙古政策性奶牛保险承保流程

包括佩戴口罩、手套、鞋套等防护用品，同时，还要带齐数码相机等必备查勘工具赶赴现场进行查勘。到达现场后，查勘理赔人员要现场查阅被保险人的身份证、保险卡和保险标的专用耳标或防疫耳标佩戴等情况，对死亡保险奶牛的数量及现场全貌等进行详细拍照或录像，了解饲养情况及诊断情况，协助参保养殖户填写相关单证，收集理赔必要材料。

但实际调研过程中，笔者也发现内蒙古自治区经营奶牛保险的公司，还很难做到按上述要求100%地实现事故现场查勘到户，究其原因主要是承保的一些标的地理位置偏远，交通和通信设施不便，无法去事故现场查勘；另外，保险公司基层服务体系建设不全，农险专岗或专职人员配备、查勘车辆等设备配置不足，而无力去现场查勘也是原因之一。以A公司呼伦贝尔市陈巴尔虎旗支公司为例，2014年，该公司已承保531户的8674头奶牛，但是公司仅配备有2辆查勘车、2

名查勘员，而且这两名查勘员还需要同时兼顾种植业保险和车险事故的查勘工作，基层查勘负荷过重，服务能力存在不足。

2. 保险责任事故的定损及赔付

查勘理赔人员到达事故现场进行查勘的同时，要对死亡奶牛的损失数量、死亡原因、残值等情况进行核定，并经保险合同双方当事人签字确认。实际调研过程中，笔者发现目前内蒙古地区尚缺乏较为科学、有效的奶牛保险定损手段，并且，各公司采用的奶牛保险定损方式并不统一，彼此间还存在较大差异：其中，较常见的手段是聘请当地兽医防疫人员或畜牧局专家协助定损，鉴定死亡原因并出具相关证明；对于保险标的，主要是通过查看比对奶牛身上的花纹、奶牛编号和耳标号等方法来进行鉴定；另外，还有通过查看死亡记录和查账面价值或进行病理化验等方式鉴定奶牛死亡原因和损失程度的情况。尤其需要指出的是，在实际定损过程中，部分地区也存在直接通过与乡村干部、兽医、养殖户共同协商的方式进行定损理赔的现象，或是直接通过定额理赔、定额扣除残值的方式进行定损赔付。

当查勘定损工作小组与投保人就其保险奶牛的损失范围、损失程度、损失金额达成一致意见以后，由保险经办机构填写损失核定清单，并由保险合同的双方当事人签字确认，之后会将理赔结果进行公示，一般公示时间不少于7日。同时，在定损过程中，保险机构工作人员或者协保员也要收集《灾因证明材料》、《索赔申请书》、《损失清单》、事故照片等索赔单证等材料，以为后续理赔或存档工作的展开，提供证明材料和依据。而对于保险赔款的发放，各公司都比较及时，大多以"一卡通"的形式发放到受灾养殖户手中，部分条件暂不具备的地方，也会通过银行卡和储蓄卡的方式进行保险赔款发放。

（三）政策性奶牛保险业务经营存在的困难及挑战

相对于种植业保险，奶牛保险的供给与实施更为复杂。现根据当前内蒙古自治区政策性奶牛保险的供给实际，并结合笔者与各家保险公司的座谈交流情况，对保险公司在奶牛保险经营过程中存在的困难及挑战进行如下总结：

1. 保险标的可保性的确定难

由上文分析可知，内蒙古自治区实施的奶牛养殖保险，对养殖户投保奶牛的品种、饲养时间、畜龄、养殖场地、设施及管理水平、健康状况、免疫情况、标识等都有着较为明确的界定。但奶牛保险标的具有生命活动的特征，且能够直接参与自然再生产，现实中，由于疾病诊断、标的健康状况及生命周期等鉴定技术的限制，保险工作人员在承保时也很难准确判断投保奶牛是否真正符合承保条件。因此，极大地增大了投保养殖户将自然淘汰的奶牛转嫁至保险赔偿等道德风险问题的产生。

2. 承保标的与理赔标的对应难

由于养殖条件及管理水平的限制，大部分养殖户所饲养的奶牛尚无法达到100%佩戴国家规定的识别标识。因此，在奶牛保险现实承保及理赔过程中会出现承保标的难以确定，出险标的与承保标的不能一一对应，参保养殖户串换标的以骗取奶牛保险赔款等问题；并且，随着保险规模的逐渐扩大，保险公司面临的此类逆向选择和道德风险问题将越发严重。

3. 经营风险控制难

在内蒙古奶牛养殖业中，奶牛规模养殖和散养两种养殖模式并存，规模养殖场在承保、查勘时一般不允许保险公司人员进入，导致承保数量不清，从而极易产生道德风险问题；而散养户缺乏科学饲养知识，对疾病的防控能力较差，饲养管理不到位，牲畜死亡率高，导致保险公司的承保风险较高。

4. 奶牛死亡原因判断难

奶牛保险的专业性较强，保险公司业务人员畜牧养殖等专业知识相对较为匮乏。现实中，查勘理赔人员在面对一头已经死亡的奶牛时，有时也很难断定奶牛死亡的真正原因。因此，在奶牛保险实际操作中存在不做死亡鉴定或责任辨识不清就直接进行赔偿的问题。

5. 保险公司资源投入不足，保险工作开展难

奶牛养殖分布相对比较分散，灾害发生频率相对较大，畜牧兽医和保险公司人员需要进行大量有关投保、现场查勘、死亡鉴定和对病死动物无害化处理等工作，但是由于县乡保险经办机构的人员、技术等配备相对薄弱，经费不足，在一定程度上影响了畜牧业保险的有效开展。

四、内蒙古政策性奶牛保险存在的问题总结

内蒙古自治区已基本建立了较为完善的奶牛保险制度，但是，由于自治区奶牛保险在创新能力、服务能力和管理能力方面尚不能完全满足当前奶牛养殖业发展的需要，内蒙古奶牛保险还处于较低的发展层次，存在"保险发展水平与奶牛养殖大省位次、内蒙古奶牛养殖业发展进程不相匹配"的突出问题。本节结合以上分析，主要从内蒙古奶牛保险政策的产品设计、保费补贴结构和具体操作等方面，对内蒙古自治区政策性奶牛保险当前存在的问题与不足进行总结介绍。具体分析如下：

（一）奶牛保险的条款设计与奶牛养殖实际之间存在一定差距

奶牛保险设计的初衷是弥补灾害损失，减少养殖户的收入波动，使其可以尽快地恢复灾后养殖活动，保障畜牧产品的稳定供给。但是，内蒙古自治区实施的奶牛保险在条款设计方面与奶牛养殖实际之间还存在着一定差距，奶牛保险所产生的效用有待明确与加强。主要表现在以下几方面：

1. "奶牛死亡"保险责任范围的设置较为单一与苛刻

只针对保险合同内约定的奶牛死亡事件进行赔付的奶牛保险政策，其保险责任范围的设置过于单一与苛刻，没有有效涵盖奶牛养殖过程中常见的饲养问题。例如，据本次调研众多养殖户反馈，在当前奶牛饲养技术与环境下，奶牛死亡（尤其是保险责任范围内的奶牛死亡）的概率已经很低，而保险责任范围之外的疾病或伤残导致奶牛产奶能力下降引发的奶牛高淘汰率问题，或牛奶市场价格波动导致的养殖收入问题却很严重，因此，奶牛养殖者目前所面临的最大困惑是奶牛高淘汰率问题和奶价波动问题，而当前只涉及奶牛死亡的奶牛保险并没有很好解决这些问题。

2. "固定金额"保险保障水平的设置过于简单与死板

内蒙古地区经营的政策性奶牛保险以"低保障、广覆盖"的原则确定保障

水平。原则上，奶牛保险的保险金额应该与各个地区的奶牛饲养成本和购买价格相匹配，并且需要随着物价水平的变化而不断调整。实际上，内蒙古自治区奶牛保险的保险金额只是细化到自治区一级，全区各盟市、旗县的标准统一，并且，每年自治区公布的奶牛保险保障水平都是根据之前一年或几年的奶牛生理价值确定，这样就难免存在不同地区、不同年份的奶牛保险金额与当地或当时的奶牛饲养成本和购买价格不符合的情况。

短期内，简单而固定的保险金额虽然便于操作，有助于促进奶牛保险的迅速发展，实现"广覆盖"，但是，固定的保险金额不能有效涵盖奶牛养殖物化成本的动态变化。从长远看，过高或过低的奶牛死亡赔偿金额，都会对奶牛保险政策健康、持续发展产生不利影响，即当奶牛保险提供的奶牛死亡赔偿金额过低时不利于激励农牧民持续参加奶牛保险，进而影响奶牛保险政策效果的有效发挥；反之，当奶牛保险提供的奶牛死亡赔偿金额过高时，会引发投保养殖户严重的道德风险问题，不利于激励保险公司持续供给奶牛保险。

3. 奶牛保险理赔环节的程序设置不尽合理

奶牛保险的顺利开展需要明确政府、保险公司和养殖户在保险理赔环节中的权利与义务。当前，内蒙古自治区在奶牛保险理赔环节的程序设置较为模糊，政府、保险公司与养殖户三方主体对其认知尚存在一定不足，导致现实中保险赔付不能严格依据条款进行，存在协议赔付现象。例如，当奶牛出现死亡，保险公司进行出险，投保人向承保人请求赔偿时，按规定投保人应提交保险单正本、损失清单、政府畜牧防疫监督管理机构出具的真实合法的诊断证明、死亡原因证明和防疫记录等证明材料，其中多数证明材料需要由政府部门出具，但是由于在起初的签单承保环节政府部门并未完全参与，或即使参与，由于诊断技术手段的限制，导致在后期保险理赔阶段，很多证明政府也无法全部提供。例如，奶牛死亡原因证明，政府部门的畜牧兽医人员在面对一头已经死亡的奶牛时，有时也很难断定死亡的真正原因。

同时，由于疫情防疫的需要，奶牛保险政策理赔时要求的很多证明，政府部门也不会轻易提供。例如，按奶牛保险条款规定，奶牛只有在遭受重大病害、自然灾害或意外事故造成死亡的情况下才能进行赔偿。但是，责任范围中包含的很多疾病（口蹄疫、布鲁氏菌病等）一旦出现，就必须对其周围牲畜进行大范围的政府强制扑杀,所以这种疫病的死亡证明政府不会轻易出具。因此,按保险条款规定,政府如果不能出具证明材料或是投保牲畜死亡原因不属于规定范围,承保人就可以不进行赔付,而投保养殖户也就不能得到赔偿。但是,现实中保险经办机构面对种种压力,在不得已情况下会对部分奶牛死亡事件进行"协议赔付"处理,即存在不做死亡鉴定或责任辨识不清就直接赔偿的现象,这样不仅破坏了奶牛保险市场的合法运行,同时,也会严重影响养殖户的投保积极性。

(二)保费分担结构有待进一步完善,部分旗县财政配套压力较大

各级政府的财政投入是中国政策性农业保险的最大亮点和特点。"各级政府层层补贴"的农业保险保费缴纳体系,在提高广大农牧民参保积极性的同时,也在一定程度上增加了市、县一级的财政负担,特别是对于那些财政资金紧张的贫困市、县地区,农牧民日益增长的保险需求与地方政府配套资金困难的矛盾却日益凸显。

自 2010 年开始,内蒙古自治区奶牛保险的保费补贴结构增加盟市与旗县一级的财政分担,变为中央政府、自治区政府、盟市与旗县政府财政补贴保费的结构,并且按经济发展水平的不同,自治区政府将盟市财政和旗县财政共同承担的补贴比例划分为三类:呼和浩特、包头、鄂尔多斯市三个地区的盟市财政和旗县(市、区)财政补贴15%的保费,呼伦贝尔市、通辽市、巴彦淖尔市、锡林郭勒盟、乌海市、阿拉善盟六个地区的盟市财政和旗县(市、区)财政补贴10%的保费,兴安盟、乌兰察布市、赤峰市三个地区的盟市财政和旗县(市、区)财政补贴5%的保费;对于盟市、旗县(市、区)财政之间15%、10%、5%的保费补贴比例,具体如何分配,则由盟市财政和旗县(市、区)财政予以协商解决。然而,据笔者了解,在实际操作过程中,多数盟市的保费承担比例仅为其中一小部分,其余大部分则完全附加到旗县(市、区)财政,这对于那些畜牧业占主导地位的旗县(市、区)来说,保险覆盖范围越大,本级财政的补贴负担就越重,导致部分旗县(市、区)不愿意继续扩大奶牛保险的参保范围,同时也限制了其创新奶牛保险品种、提升奶牛保险服务的积极性。例如,受政府财力所限,有的旗县为减轻本级财政保费补贴负担,出现人为控制苏木乡

镇、嘎查村落、养殖场参保奶牛头数的现象；有的旗县出现"轮保"现象，即根据旗县财政的收支状况决定来年的承保规模；有的旗县出现农牧民积极交纳保费、却因旗县财政配套不起补贴资金而整乡整村予以退还的情况等。上述情况不仅与农业保险实施方案中"政府引导、农户自愿"的原则相背离，也会严重挫伤广大农牧民的投保积极性，降低奶牛保险的风险管理功能，影响奶牛保险的健康发展。

（三）保险公司资源投入和后援支持滞后，承保理赔基础工作薄弱

自2008年自治区全面实施奶牛保险政策以来，自治区奶牛保险已取得了较快发展。相对于2008年，2019年自治区奶牛承保头数已增长近9倍，但保险公司农业保险基层服务体系建设、农险专职岗位人员配置、查勘车辆等理赔服务设备等投入却没有随着承保规模的快速增长而同步跟进，基层服务能力与承保规模不相适应的问题较为突出，承保理赔工作高度依赖各级农牧业部门的局面没有得到根本性扭转，导致承保理赔基础工作薄弱，合规风险较为突出，服务能力严重不足。以B公司呼和浩特市支公司为例，2014年政策性奶牛保险的保费收入较2008年增长了56.19倍，承保奶牛头数增长46.66倍，但农业保险部的人员配备仍然仅为5人，并且还要兼顾种植业保险的业务，处于一人多岗、疲于应付的状态，精细化管理要求无从落实。

另外，保险公司有限的配套资源投入已经导致部分地区出现选择性展业现象，严重影响了自治区奶牛保险的供给。保险公司在开展奶牛保险过程中面对分布较为分散的养殖户，同时又是具有生命活动特征的奶牛保险标的，难免会遇到保险标的可保性的确定难、承保标的与理赔标的的对应难、死亡原因判断难等众多现实问题。而各家保险公司此时有限的保险资源投入，更是对这些问题的解决产生了"雪上加霜"的负向作用，进而直接导致保险公司在奶牛保险经营过程中表现出较低的承保展业兴趣，出现较为严重的选择性展业现象，影响了内蒙古政策性奶牛保险的供给。

五、本章小结

2007 年,内蒙古自治区选择锡林郭勒盟试点开展享受政府保费补贴的奶牛保险政策。2008 年,自治区政府出台《内蒙古自治区 2008 年农业保险保费补贴实施方案》,进一步将奶牛保险政策推广至全区各个盟市。从试点到全面实施,奶牛保险市场在内蒙古自治区已经取得了较为显著的发展。截止到 2019 年,内蒙古自治区政策性奶牛保险实现保费收入 6.25 亿元,相比于 2008 年增长 8.77 倍,承保率扩大至 70%,较开办初期已增长近 10 倍;在保险赔付方面,在经历早期短暂的高赔付之后,保险经办机构不断总结定损、理赔经验,并按保险条款要求进行"据实赔付",近年内蒙古自治区奶牛保险的简单赔付率基本稳定在 60% 左右。

多年来,内蒙古自治区奶牛保险在承保与理赔规模不断发展的同时,奶牛保险政策在保险责任范围、保障水平、政府保费补贴结构等方面,也一直在不断根据养殖户的实际需求而进行调整与变化,具体表现在:第一,在保险责任范围与理赔方面,自治区奶牛保险在基本保持"奶牛死亡"的保险赔付基础上,扩大了奶牛死亡的疾病种类,增加了发病率较高的难产死亡、产后败血症、产后瘫痪、创伤性网胃炎和创伤性心包炎。并且,要求奶牛保险理赔必须与病死牛无害化处理挂钩,不能确认无害化处理的,保险经办机构不予赔偿。第二,在保险保障水平方面,自治区奶牛保险的保障水平已有所提高,由早期全区统一的 5000 元/头,提高到现在的 6000 元/头、8000 元/头和 10000 元/头三个档次。第三,在政府保费补贴结构方面,自治区奶牛保险政策由最初中央政府承担 30% 保费,自治区政府承担 50% 保费,参保奶牛养殖者自缴 20% 的保费,调整为中央财政补贴 50%,自治区及各地方盟市、旗县政府分级补贴 30%,奶牛养殖者承担 20% 的保费。

同时,伴随内蒙古政策性奶牛保险市场和相关制度的不断发展与调整,各保险经办机构也逐渐摸索出一套较为成熟的奶牛保险供给与经营方式,为自治区奶牛保险的顺利开展提供了强有力的人员与技术支撑。但是,在具体操作过程中各保险经办机构在面对千千万万的奶牛养殖户和具有生命活动特征的奶牛时,难免会遇到保险标的可保性的确定难、承保标的与理赔标的对应难、死亡原因判断难等众多现实问题。因此,有关保险经办机构的人员与技术投入还有待进一步提高。

  总之,经过自治区政府与保险经办机构多年的摸索与经验总结,内蒙古已基本建立了较为完善的奶牛保险制度。但是,通过本章的分析,我们也不难发现,当前内蒙古自治区政策性奶牛保险在保险产品设计、保费补贴结构和具体运营等方面尚不能完全满足当前奶牛养殖业发展的实际需求,存在一些亟须解决的问题,例如,奶牛保险的条款设计(保险责任范围、保障水平等)与奶牛养殖实际之间存在一定差距,保费分担结构有待进一步完善以及保险公司相关资源投入和后援支持滞后等。因此,在当前政策性奶牛保险制度特点及发展背景下,内蒙古自治区政府保费补贴的奶牛保险政策所发挥的实际减损效果究竟如何?奶牛保险政策对养殖户的生产行为又会产生怎样的影响?本书后续将进一步根据本章所介绍内容,结合内蒙古政策性奶牛保险发展实际,对上述问题进行实证探讨与分析。

第五章　养殖户奶牛保险减损效果主观评价及影响因素研究

作为中国政府当前稳定实施的一项重要支农惠农政策，奶牛保险政策的目标在于利用保险手段建立疫病和自然灾害的风险防范与分散机制，弥补奶牛养殖户因自然灾害和疫病风险造成的损失。2008年，政策性奶牛保险在内蒙古自治区开始正式实施，作为政策实施的直接受益群体，养殖户对奶牛保险政策减损作用的主观认知与评价是衡量该项政策实施效果的重要内容。本章主要基于问卷调查数据，统计分析养殖户对当前奶牛保险减损效果的主观评价，并在养殖户主观评价的基础上，通过计量经济模型识别影响养殖户奶牛保险减损效果评价的主要因素。

一、数据来源

本章的研究数据来源于课题组在2015年7~9月对内蒙古自治区呼和浩特市、包头市、呼伦贝尔市和兴安盟四个盟市的奶牛养殖户进行的问卷调查。为保证调研区域具有较强代表性，此次调研在地区选取上主要兼顾奶牛存栏数量和养殖模式进行确定：首先，上述调研的四个盟市2014年奶牛存栏量占自治区奶牛总量的 65.09%①，是当前内蒙古自治区主要的奶牛饲养区域；其次，当前内蒙古自治区奶牛养殖属于规模养殖与散养模式并存，西部地区家庭牧场、规模养殖场居多，东部地区散养模式居多，而上述四各盟市在养殖模式上具有很强代表性。调查采取实地走访的问卷调查方式，在每个盟（市）抽取 1~3 个旗（县），在每个旗（县）抽取 2 个乡镇，在每个乡镇选取 2~5 种养殖模式（散户、养殖小区、合作社、牧场和农牧业公司），在每种养殖模式下，根据饲养规模随机抽取一定数量的养殖户作为调查样本。本次问卷调查共涵盖内蒙古自治区 4 个盟市、12 个旗县（市、区）、26 个乡镇或园区、46 个行政村；调研样本养殖户 264 户，剔除重要指标缺失的样本，剩余有效样本 254 个，样本有效率为 96.21%，调研样本地区分布情况如表 5-1 所示。

表 5-1 调研地区和样本分布情况

盟市	旗县	养殖户数量（户）	占比（%）
呼和浩特市	赛罕区	9	25.59
	玉泉区	5	
	和林格尔县	11	
	托克托县	19	
	土默特左旗	21	
包头市	土默特右旗	20	8.27
	达茂旗	1	
呼伦贝尔市	牙克石市	23	55.12
	海拉尔市	20	
	陈巴尔虎旗a	68	
	扎兰屯市	29	
兴安盟	扎赉特旗	28	11.02
合计		254	100

注：a 其中，部分受访养殖户来源于海拉尔农垦集团下设的牧场。

在实地调研过程中，主要对以下两个层次的信息进行了收集：一是对所有受

---

① 资料来源于内蒙古奶业协会，2014 年。

访养殖户,同时收集其连续两年(2013年和2014年)的个体特征(如性别、年龄、受教育年限、养殖年限等)、养殖特征(如是否有贷款、养殖规模、平均产奶量、牛奶销售价格、养殖人员数量等)、奶牛饲养风险防范措施(是否分群饲养、疫苗、兽药等投入)、奶牛保险参与情况(是否参加奶牛保险、购买保险奶牛头数及保险赔付情况)和奶牛保险政策认知等内容;二是对其中参加过奶牛保险(即有参保经验)的养殖户,继续收集其有关奶牛保险政策满意度、奶牛保险理赔及减损作用评价等内容①。具体问卷设计与内容可见本书附录。

二、样本养殖户基本特征分析

(一) 养殖户个体特征

养殖户的个体特征主要包括受访者的年龄、受教育水平和养殖年限。如表 5-2 所示,受访养殖户处于 41~50 岁者居多,占 39.37%;以此阶段为界,其中小于等于 40 岁的养殖户占 28.74%,大于 50 岁的养殖户占 31.89%。而受访者的受教育水平普遍较低,以小学和初中文化水平为主,二者共占样本总数的 71.26%,其中接受过初中教育的养殖户占 46.06%。另外,有 5.51% 的受访养殖户未曾上过学;而接受过高中以上教育的养殖户只有 21 人,仅占样本总数的 8.27%。受访养殖户大多具有较长的奶牛养殖年限,其中,奶牛养殖年限在 6~10 年者居多,占样本总数的 25.98%;其次是处于 16~20 年和大于 20 年的养殖户,所占比例同为 22.44%;养牛年限在 5 年及以下的养殖户,所占比例最小,只有 10.24%。上述数据反映出,本次调查的养殖户在个体特征方面具有的共同特点是:养殖户的年龄较大,受教育水平较低,长期从事奶牛养殖,具有丰富的奶牛养殖经验。

---

① 此环节之所以做这样的设计,是因为考虑到养殖户只有在参加过奶牛保险政策的前提下才会结合自身参保经历,做出有关奶牛保险政策的评价。

表 5-2 养殖户的个体特征

个体特征		数量（户）	占比（%）
年龄（岁）	30 及以下	22	8.66
	31~40	51	20.08
	41~50	100	39.37
	51~60	59	23.23
	60 以上	22	8.66
受教育水平	未上过学	14	5.51
	小学	64	25.20
	初中	117	46.06
	高中	38	14.96
	高中以上	21	8.27
养殖年限（年）	5 及以下	26	10.24
	6~10	66	25.98
	11~15	48	18.90
	16~20	57	22.44
	20 以上	57	22.44

（二）养殖户养殖经营特征

养殖户的经营特征主要包括奶牛饲养模式、养殖规模和养殖收入情况。饲养模式是指受访养殖户的经营模式，包括散户、养殖小区、奶联社或合作社、家庭牧场和农牧业公司；养殖规模是指受访养殖户所饲养的奶牛头数，包括成年奶牛和未成年奶牛；养殖收入是指养殖户平均每天的奶牛养殖毛收入[①]。

统计结果显示（见表 5-3），本次调查基本涵盖了内蒙古自治区所有的奶牛养殖模式，其中，散养模式所占比例较高[②]，为 58.27%，其次是养殖小区模式，

---

① 养殖收入 = 产奶奶牛头数（头）× 每天每头奶牛平均产奶量（公斤/头/天）× 牛奶平均市场售价（元/公斤）。

② 从表面上看，本次调研涉及的部分东部区（呼伦贝尔市和兴安盟）奶牛养殖散户，也属于某一养殖小区或奶站，但实际上相比于西部区（呼和浩特市和包头市）的养殖小区，其在经营管理与养殖环境等方面还存在较大差距，因此，这里按是否存在统一的小区经营者或管理者进行划分，将部分东部区此类养殖模式也归为散户形式。

表 5-3 养殖户的养殖经营特征

经营特征	类型、数量、比例				
养殖规模	10 头及以下	11~50 头	51~200 头	201~500 头	500 头以上
数量（户）	59	143	21	19	12
占比（%）	23.23	56.30	8.27	7.48	4.72
饲养模式	散户	养殖小区	家庭牧场	合作社	农牧业公司
数量（户）	148	67	17	7	15
占比（%）	58.27	26.38	6.69	2.76	5.91
养殖收入（元/天）	300 及以下	301~800	801~1300	1301~1800	1800 以上
数量（户）	71	80	40	12	51
占比（%）	27.95	31.50	15.75	4.72	20.08

所占比例为 26.38%，规模化家庭牧场和养殖公司所占比例较少，为 12.60%。由于养殖模式的不同，受访户的养殖规模也表现出较大差异[①]。其中处于 11~50 头的小规模养殖户最多，占样本总数的 56.30%；其次是饲养规模小于等于 10 头的养殖户，所占比例为 23.23%。同时，在本次调研中也不乏大规模养殖户，其中，饲养规模大于 500 头的有 12 户，大于 3000 头的有 5 户。而养殖收入受奶价和产奶量影响较大，在不同规模和不同饲养模式下，由于奶牛饲养条件与管理水平往往存在较大差异，可能导致奶牛平均产奶量和牛奶售价也存在明显差别，最终呈现养殖收入的差异化。例如，养殖牧场或养殖公司因其饲养规模较大，统一采用专业化的饲养技术和先进的管理方式，牛奶的产量与质量都处于较高水平，并能以最高的价格出售鲜奶，因而其收入水平远远高于散户和养殖小区。如表 5-3 所示：在本次调查所涉及的养殖户中，日收入处于 301~800 元的居多，占样本总数的 31.50%；其次是 300 元及以下的养殖户，占 27.95%；而养殖收入大于 1800 元的比例也较高，达到 20.08%。

（三）养殖户养殖风险特征

内蒙古自治区实施的政策性奶牛保险只针对由重大病害、自然灾害和意外事

---

① 此处有关养殖规模的划分主要参考《全国农产品成本收益资料汇编》中对奶牛养殖规模的分类标准：小于等于 10 头为散养规模；10~50 头为小规模；50~500 头为中规模；500 头以上为大规模。

故所导致的奶牛死亡进行赔付,可以说是一种奶牛死亡保险产品。但是,在当前饲养技术及防疫水平下,养殖户发生奶牛死亡的现象到底严重与否?在养殖户心目中,意外事故风险、疾病风险和市场风险三类风险,哪类风险损失对其造成的影响较大?为解决上述问题,本节基于实地调研数据,从受访养殖户的客观奶牛死亡比例①和风险程度主观评价这两个方面,对养殖户的风险特征情况进行了简单统计分析。

调查数据显示(见表5-4),在本次受访的254位养殖户中,有145位养殖户在2014年并未发生奶牛死亡,奶牛死亡比例为0,占样本总数的57.09%;而在发生奶牛死亡的养殖户中,奶牛死亡比例的分布较为分散,其中,奶牛死亡比例处于0~3%之间的养殖户占12.60%,奶牛死亡比例大于3%小于等于6%的受访养殖户占11.42%,大于9%的占14.17%。可见,在当前饲养条件下,奶牛死亡比例普遍较低,奶牛死亡现象并不严重。

表5-4 奶牛死亡比例分布情况

死亡比例	0	(0, 3]	(3, 6]	(6, 9]	9以上
数量(户)	145	32	29	12	36
占比(%)	57.09	12.60	11.42	4.72	14.17

为进一步了解养殖户对意外事故、疾病风险和市场风险三类风险影响程度的评价,我们在调查问卷中设置了"您认为目前饲养奶牛的风险(包括意外事故、疾病风险和市场风险)如何"这个问题。由图5-1可知,在本次所有受访养殖户中认为市场风险非常大或比较大养殖户的比重最大,占样本总数的87.4%,其中,58.27%的养殖户认为当前养殖过程中面临的市场风险非常大,而认为市场风险比较小或非常小的养殖户只有13户,占样本总数的5.11%。其次是排在第二位的奶牛养殖疾病风险,38.58%的受访养殖户认为当前奶牛养殖疾病风险比较大或非常大,其中,13.78%的养殖户认为非常大,24.80%的养殖户认为比较大,而认为疾病风险比较小甚至非常小的养殖户比例也较高,占33.07%,另外,

---

① 奶牛死亡比例=家庭或养殖场奶牛死亡数量/奶牛养殖总数量。

还有27.95%的养殖户认为当前奶牛养殖疾病风险一般。而对于奶牛养殖意外事故风险,在本次调研的254位养殖户中,只有17位养殖户认为意外事故风险非常大或比较大,占样本总数的6.69%,而81.89%的受访养殖户认为奶牛意外事故的风险较小,其中,认为意外事故风险非常小的养殖户占48.82%。由此可见,奶牛养殖市场风险是当前困扰养殖户的最主要风险,而相对于市场风险,疾病风险尤其是意外事故风险对养殖户奶牛养殖造成的影响较少。

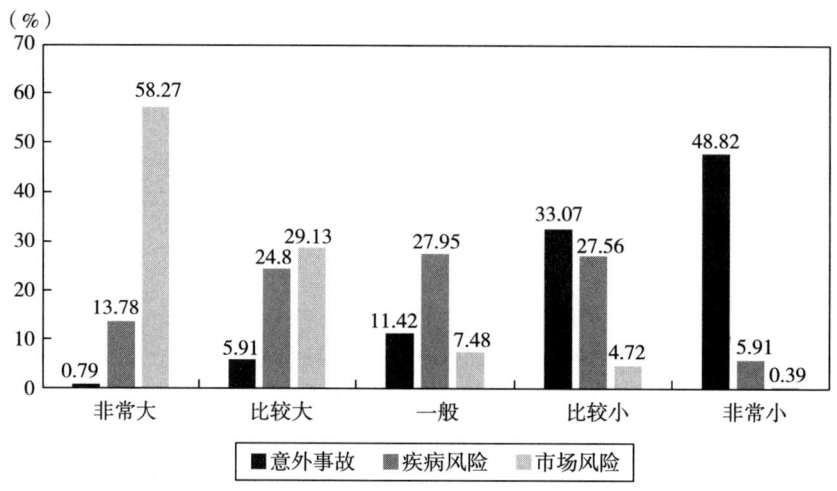

图5-1 养殖户奶牛养殖风险评价

三、养殖户对奶牛保险政策的认知

政府保费补贴的奶牛保险政策是一项专业性很强的惠农政策,养殖户作为政策的需求者与接受者,他们对这项政策的认知与了解情况不仅是影响其减损作用主观评价的重要因素,而且也是检验农业保险政策是否有效实施的重要标志。本节分别从养殖户对奶牛保险保费补贴性质的认知和对各项保险条款(包括保险金额、保险责任、免责条款、查勘定损和理赔条款)认知的角度,考察养殖户对现行奶牛保险政策的认知与了解程度。

(一) 养殖户对奶牛保险政府保费补贴的认知

享受中央及各级政府的保费补贴支持,是奶牛保险区别于其他商业保险产品的重要性质。对于这一性质养殖户是如何认知的?为了准确判断受访者对奶牛保险政府保费补贴性质的了解程度,此环节采用了"两步—分层次"的询问法。首先,对受访养殖者是否知道奶牛保险享受政府保费补贴进行确认,若受访者回答"知道",继续询问其所知道的"奶牛保险保费补贴比例",如果养殖户能够准确回答出政府提供的保费补贴比例,则说明该养殖户非常清楚现行奶牛保险政策享受政府保费补贴这一性质。

本次调研数据显示(见图5-2),养殖户对奶牛保险保费补贴情况的了解程度还处于较低水平。在受访的254位养殖户中,知道奶牛保险享受政府保费补贴的养殖户有89位,占样本总数的35.04%,而在这些知道政府提供保费补贴的养殖户中,可以准确说出政府保费补贴比例(为85%)的养殖户仅有26位,占知道者的29.21%,可见养殖户对奶牛保险政府保费补贴性质的认知还存在严重不足。而作为一项政府倾入大量财力,并已经实施多年的惠农政策,广大直接受益的养殖户却表现出较低的认知水平,这一现象反映出政府、经办机构等相关部门对这项政策的宣传还存在一定的不足。

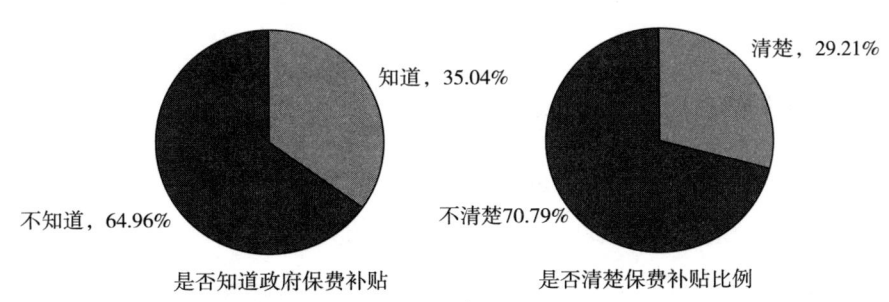

图5-2 养殖户对奶牛保险政府保费补贴的认知

进一步分析发现,不知道奶牛保险政府保费补贴的受访者多为饲养规模较小的养殖户。如表5-5所示,饲养奶牛头数处于11~50头的养殖户,不知道奶牛保险享受政府保费补贴的比例最高,占比为73.43%;其次是小于10头的奶牛养殖户，不知道奶牛保险享受政府保费补贴的养殖户占71.19%；而随着养殖规模的扩大，养殖户对奶牛保险政府保费补贴性质的认知程度也在逐渐提高。其中，奶牛养殖头数在500以上的养殖大户对奶牛保险保费补贴的了解程度最高，在受访的12位养殖户中，有9位知道当前实施的奶牛保险属于政府财政支持的惠农政策，占比为75%。之所以出现此种现象，主要与当前经营农业保险的各家公司有限的资源配套投入有关。现实中，农业保险经营公司在有限资源投入约束下，可能会出现选择性展业现象。如本次课题组在调研过程中发现，农业保险经营公司面对养殖规模较少且分布较为分散的养殖户，其表现出的宣传展业积极性往往较低，而相对于散养户或小规模养殖户，保险公司更倾向于选择容易进行业务开展的养殖大户进行奶牛保险政策推广。

表5-5 养殖户是否知道奶牛保险保费补贴

是否知道保费补贴		10头及以下	11~50头	51~200头	201~500头	500头以上
是	数量（户）	17	38	12	13	9
	比例（%）	28.81	26.57	57.14	68.42	75.00
否	数量（户）	42	105	9	6	3
	比例（%）	71.19	73.43	42.86	31.58	25.00

（二）养殖户对奶牛保险条款的认知

政府保费补贴的奶牛保险既是一项支农惠农政策，也属于一种保险产品。养殖户对奶牛保险产品各项条款的认知与了解程度是反映养殖户对奶牛保险政策整体认知情况的又一重要内容。因此，本节主要从保险金额、保险责任、理赔条款、免责条款和查勘定损五个方面描述养殖户对奶牛保险政策相关保险条款的认知情况。

由图5-3可知，受访养殖户对奶牛保险条款中各项内容的认知与了解程度参差不齐，但从整体看，养殖户对各项条款相关规定的认知与了解程度还较低。较低的奶牛保险条款认知水平可能与养殖户的个人特征（如受教育水平、理解能力等）有关，但在一定程度上也反映出内蒙古自治区各级政府及保险经办机构有关奶牛保险政策的宣传还有待进一步加强。

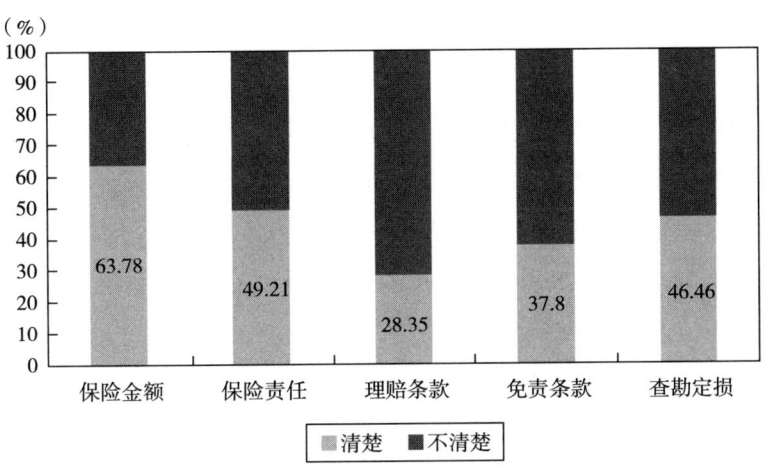

图 5-3　养殖户对奶牛保险政策的认知情况

调研数据显示，养殖户对奶牛保险理赔条款的了解程度较最低。在本次调查的 254 位养殖户中，清楚保险赔款计算依据的养殖户仅有 72 位，占样本总数的 28.35%，说明当前养殖户对奶牛保险赔偿处理环节的认知还比较薄弱。养殖户对奶牛保险免责条款的认知水平较低。在所有受访养殖户中，能清楚说出现行奶牛保险政策免责条款内容的养殖户占 37.80%，另外 62.20% 的养殖户并不清楚此项条款的相关内容，说明当前大部分养殖户还并不了解奶牛保险政策对于何种灾害损失不能进行保险赔付。而广大养殖户对奶牛保险政策"理赔条款"和"免责条款"的模糊认识可能会导致养殖户与保险公司之间，在是否进行灾害赔付和赔付多少的处理上发生矛盾。相对于"理赔条款"和"免责条款"，养殖户对其他三项条款内容的了解程度还比较高。其中，养殖户最为了解的是奶牛保险的保险金额情况，在本次调查的 254 位养殖户中，63.78% 的养殖户清楚知道当前奶牛保险政策的保障水平大小；对于奶牛保险的保险责任范围和查勘定损程序，也有近一半的受访养殖户能清楚说出其中的相关内容。

四、养殖户对奶牛保险减损效果的主观评价

降低参保养殖户的"因灾损失"是奶牛保险政策的重要目标之一,对于这一目标(即奶牛保险政策的减损效果)养殖户是如何评价的?为了准确判断养殖户对奶牛保险政策减损效果的主观评价,在本次实地调研过程中,首先,对受访养殖户近两年是否参加过①奶牛保险进行确认,参加过,再通过问卷中设置的"您认为目前实施的奶牛保险政策降低灾害损失的作用如何"这一问题,获取养殖户对奶牛保险政策减损效果的主观评价。同时,考虑到不同的个人特征、经营特征和养殖风险特征等因素,对养殖户奶牛保险减损效果主观评价的影响,本节在对所有养殖户的奶牛保险减损效果主观评价进行统计分析的前提下,又分别从不同的受教育水平、养殖年限、养殖规模、养殖收入和奶牛死亡比例的角度,对养殖户的奶牛保险减损效果主观评价进行了交叉分析,具体的安排与分析如下:

(一)所有养殖户的主观评价

在本次调查的 254 位养殖户中,具有参保经验的养殖户所占比重较高,近两年参加过奶牛保险的养殖户有 196 位,占样本总数的 77.17%;在参加过奶牛保险的 196 位养殖户中,有 15.31%(30 户)的养殖户认为奶牛保险降低灾害损失的作用"非常大";有 47.45%(93 户)的养殖户认为奶牛保险降低灾害损失的作用"比较大";有 21.43%(42 户)的养殖户认为奶牛保险降低灾害损失的作用"一般";有 12.76%(25 户)的养殖户认为奶牛保险降低灾害损失的作用"比较小";有 3.06%(6 户)的养殖户认为奶牛保险降低灾害损失的作用"非常小"。由本次调研数据可知,养殖户对奶牛保险政策减损作用的认可程度较高,反映出当前实施的奶牛保险政策所发挥的减损作用在一定程度上已得到养殖户的主观认可;但需要指出的是,同时也有近 40% 的养殖户认为当前只针对奶牛死

---

① 在 2013 年和 2014 年两年里,其中有一年参加过政策性奶牛保险即可。

亡进行赔付的奶牛保险政策其所发挥的减损作用"一般"甚至"比较小"或"非常小"(见表5-6)。

表5-6 养殖户对奶牛保险减损作用的主观评价

减损作用	非常小	比较小	一般	比较大	非常大	合计
数量(户)	6	25	42	93	30	196
比例(%)	3.06	12.76	21.43	47.45	15.31	100

为进一步了解养殖户对奶牛保险减损作用评价较低的原因，本次调研对上述31位回答奶牛保险减损作用"比较小"和"非常小"的养殖户继续进行了原因调查。如图5-4所示，48.39%的被调查者认为奶牛保险的保险责任范围不合理，主要解释如下：一是保险责任范围过于狭窄，疾病范围太小，应当适当增添乳房炎等一些常发疾病；二是只针对奶牛死亡进行赔付的保险责任范围，不能满足他们的现实需求，提出"保牛奶价格"或"保养牛收入"的建议。同时，19.35%的被调查者认为奶牛保险的保险赔偿太低，不足以弥补奶牛死亡损失，建议提高保险赔偿金额；而16.13%的被调查者因为曾经遭遇过保险公司的拒赔，认为"即使发生奶牛死亡损失也不能获得保险赔偿"，因此，对奶牛保险的减损作用做出了较低的评价，这一点也从另一个方面反映出目前实施的奶牛保险政策的保险责任范围太小，参保养殖户即使出现奶牛死亡也不一定会获得保险赔偿。

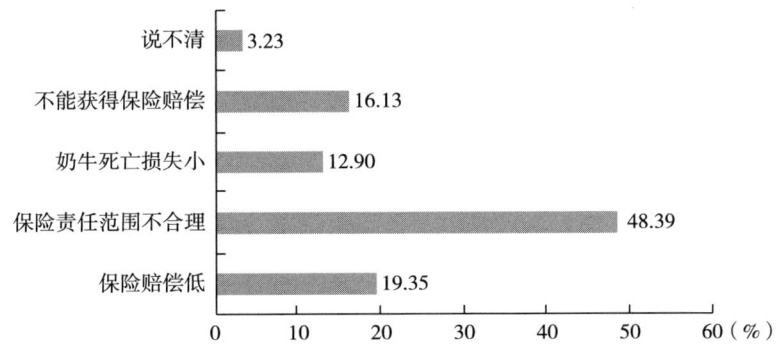

图5-4 养殖户认为奶牛保险减损作用较小的原因分析

另外，有 12.90% 的被调查者认为在当前饲养条件下，奶牛死亡率低，奶牛死亡损失较小，而只针对奶牛死亡进行赔付的奶牛保险，所发挥的减损作用有限。还有 3.23% 的被调查者表示"说不清"奶牛保险减损作用"比较小"或"非常小"的具体原因。

（二）不同个人特征养殖户的主观评价

本部分主要从养殖户的受教育水平和奶牛养殖年限两个方面，考察不同个人特征养殖户对奶牛保险减损作用的评价。

如表 5-7 所示，"未上过学"的样本养殖户认为现行奶牛保险政策降低灾害损失的作用"非常大"和"一般"的比例最高，分别为 22.22% 和 33.33%；受教育水平在"高中以上"的样本养殖户认为奶牛保险政策降低灾害损失的作用"比较大"的比例最高，为 55%；而具有"高中"文化程度的养殖户认为现行奶牛保险政策降低灾害损失的作用"比较小"和"非常小"的比例最高，分别为 16.67% 和 6.67%。可见，对于同一项政策，由于受教育水平的不同，养殖户对其减损作用的主观评价也会呈现出明显的差异。

表 5-7 不同受教育水平养殖户的主观评价

奶牛保险的减损作用		未上过学	小学	初中	高中	高中以上
作用非常小	数量（户）	0	3	1	2	0
	比例（%）	0.00	6.38	1.11	6.67	0.00
作用比较小	数量（户）	0	5	13	5	2
	比例（%）	0.00	10.64	14.44	16.67	10.00
作用一般	数量（户）	3	6	21	7	5
	比例（%）	33.33	12.77	23.33	23.33	25.00
作用比较大	数量（户）	4	29	38	11	11
	比例（%）	44.44	61.70	42.22	36.67	55.00
作用非常大	数量（户）	2	4	17	5	2
	比例（%）	22.22	8.51	18.89	16.67	10.00

表 5-8 列示了不同养殖年限的养殖户对奶牛保险减损作用的主观评价。由

表可知,养殖年限在"20年以上"的样本养殖户对奶牛保险政策减损作用的评价最高,认为现行奶牛保险政策降低灾害损失的作用"比较大"和"非常大"的比例合计高达72.72%。然而,对于奶牛养殖年限在"5年及以下"的样本养殖户来说,他们对奶牛保险减损作用的认可程度也相对较高,认为奶牛保险政策降低灾害损失的作用"比较大"和"非常大"的比例合计高达68%;而养殖年限在"16~20年"的养殖户认为奶牛保险政策减损作用"比较小"的比例最高,为20%;养殖年限在"11~15年"的养殖户认为奶牛保险政策减损作用"非常小"的比例最高,为10.26%。可见,养殖户的奶牛养殖年限对其奶牛保险政策减损作用评价的影响并不确定,养殖年限与养殖户的减损作用主观评价之间并没有呈现一致的变化规律。

表5-8 不同养殖年限养殖户的主观评价

奶牛保险的减损作用		5年及以下	6~10年	11~15年	16~20年	20年以上
作用非常小	数量(户)	0	1	4	1	0
	比例(%)	0.00	2.08	10.26	2.50	0.00
作用比较小	数量(户)	2	2	6	8	7
	比例(%)	8.00	4.17	15.38	20.00	15.91
作用一般	数量(户)	6	17	6	8	5
	比例(%)	24.00	35.42	15.38	20.00	11.36
作用比较大	数量(户)	13	21	19	17	23
	比例(%)	52.00	43.75	48.72	42.50	52.27
作用非常大	数量(户)	4	7	4	6	9
	比例(%)	16.00	14.58	10.26	15.00	20.45

(三)不同经营特征养殖户的主观评价

本部分主要从养殖户的奶牛养殖规模和奶牛养殖收入两个方面考察不同经营特征养殖户对奶牛保险减损作用的评价。

如表5-9所示,奶牛养殖头数在"500头以上"的大规模养殖户认为奶牛保险政策减损作用"非常大"的比例最高,其占比为36.36%;奶牛养殖头数在

"201~500头"的中规模养殖户认为奶牛保险政策减损作用"比较大"的比例最高,为62.50%;而认为奶牛保险政策减损作用比较低的样本养殖户多为小规模养殖户或散户,其中,奶牛养殖头数在"11~50头"的养殖户,认为奶牛保险政策减损作用"比较小"和"非常小"的比例最高,其占比合计为19.26%。奶牛养殖头数在"10头及以下"的养殖户,其占比为15.55%。这说明,养殖户的奶牛养殖规模越大,其对奶牛保险减损作用的评价可能越高。

表5-9 不同养殖规模养殖户的主观评价

奶牛保险的减损作用		10头及以下	11~50头	51~200头	201~500头	500头以上
作用非常小	数量(户)	2	3	0	1	0
	比例(%)	4.44	2.75	0.00	6.25	0.00
作用比较小	数量(户)	5	18	1	0	1
	比例(%)	11.11	16.51	6.67	0.00	9.09
作用一般	数量(户)	11	24	3	1	3
	比例(%)	24.44	22.02	20.00	6.25	27.27
作用比较大	数量(户)	19	54	7	10	3
	比例(%)	42.22	49.54	46.67	62.50	27.27
作用非常大	数量(户)	8	10	4	4	4
	比例(%)	17.78	9.17	26.67	25.00	36.36

表5-10列示了不同养殖收入的养殖户对奶牛保险减损作用的主观评价。由表可知,每天奶牛养殖收入在"1800元以上"的样本养殖户,认为奶牛保险政策减损作用"非常大"的比例最高,为32.26%;每天奶牛养殖收入在"801~1300元"的样本养殖户,认为奶牛保险政策减损作用"比较大"的比例最高,为75%;每天奶牛养殖收入在"300元及以下"的样本养殖户,认为奶牛保险政策减损作用"一般"的比例最高,为26.14%;每天奶牛养殖收入在"1301~1800元"的样本养殖户,认为奶牛保险政策减损作用"比较小"的比例最高,为25%;每天奶牛养殖收入在"301~800元"的样本养殖户,认为奶牛保险政策减损作用"非常小"的比例最高,为4.35%。简单统计数据显示,不同收入水平下,养殖户对奶牛保险减损作用的评价存在明显的差异,但奶牛养殖收入对

养殖户奶牛保险减损作用主观评价的影响也不确定。

表 5-10 不同养殖收入养殖户的主观评价

奶牛保险的减损作用		300 元及以下	301~800 元	801~1300 元	1301~1800 元	1800 元以上
作用非常小	数量（户）	2	3	0	0	1
	比例（%）	2.27	4.35	0.00	0.00	3.23
作用比较小	数量（户）	12	11	0	1	1
	比例（%）	13.64	15.94	0.00	25.00	3.23
作用一般	数量（户）	23	12	1	0	6
	比例（%）	26.14	17.39	25.00	0.00	19.35
作用比较大	数量（户）	40	35	3	2	13
	比例（%）	45.45	50.72	75.00	50.00	41.94
作用非常大	数量（户）	11	8	0	1	10
	比例（%）	12.50	11.59	0.00	25.00	32.26

（四）不同风险特征养殖户的主观评价

内蒙古自治区实施的奶牛保险只针对奶牛死亡风险，因此，本部分主要从奶牛死亡比例的角度，考察不同风险特征养殖户对奶牛保险减损作用的评价。

如表 5-11 所示，未发生奶牛死亡（即死亡比例为 0）的养殖户对奶牛保险减损作用的评价较低，认为现行奶牛保险政策降低灾害损失的作用"非常小"和"一般"的比例最高，分别 3.92% 和 24.51%；奶牛死亡比例大于 3% 小于等于 6% 的样本养殖户，认为奶牛保险政策减损作用"比较小"的比例最高，为 19.23%；而奶牛死亡比例处于 0~3% 和 6%~9% 的样本养殖户，对奶牛保险减损作用的评价较高，认为奶牛保险政策降低灾害损失的作用"比较大"和"非常大"的比例合计较大，分别为 80.76% 和 72.73%。可见，奶牛保险政策对奶牛死亡比例高的养殖户所产生的减损作用要远远大于很少发生奶牛死亡或死亡比例低的养殖户。

表 5-11　不同奶牛死亡比例养殖户的主观评价

奶牛保险的减损作用		0	(0, 3]	(3, 6]	(6, 9]	9 以上
作用非常小	数量（户）	4	0	1	0	1
	比例（%）	3.92	0.00	3.85	0.00	3.23
作用比较小	数量（户）	13	1	5	1	5
	比例（%）	12.75	3.85	19.23	9.09	16.13
作用一般	数量（户）	25	4	5	2	6
	比例（%）	24.51	15.38	19.23	18.18	19.35
作用比较大	数量（户）	48	17	9	7	12
	比例（%）	47.06	65.38	34.62	63.64	38.71
作用非常大	数量（户）	12	4	6	1	7
	比例（%）	11.76	15.38	23.08	9.09	22.58

五、养殖户奶牛保险减损效果评价的影响因素分析

通过上文的统计描述，可以发现不同个人特征、经营特征和风险特征的养殖户在奶牛保险减损作用的评价上会表现出明显的差异。那么，究竟哪些因素会影响养殖户的奶牛保险政策减损效果评价，它们的影响方向和影响程度如何？为解决这些问题，本节在上文有关养殖户主观评价分析的基础上，通过计量经济模型识别影响养殖户奶牛保险政策减损效果评价的主要因素。

（一）计量方法

本部分所使用的因变量即样本养殖户对奶牛保险减损作用的评价为有序多分类变量，可用李克特五级量表示，取值为 1、2、3、4、5，分别代表"作用非常小"、"作用比较小"、"作用一般"、"作用比较大"和"作用非常大"。对于此类数据，如果直接使用最小二乘回归则默认数据之间为基数关系，会对数据之间的排序特性造成忽略，因此，使用排序模型进行检验与分析则更加符合此类数据

的特征要求。在排序模型中最常见的为有序 Logit 模型和有序 Probit 模型，二者的区别主要在于假设误差项的分布条件不同，有序 Logit 模型的假设误差项服从逻辑分布，有序 Probit 模型的假设误差项服从标准正态分布。对于究竟选择哪种模型更优，并没有形成一致的结论，在具体研究中，根据研究者偏好确定模型者居多。基于本书所使用的部分数据并不符合标准正态分布的前提条件，故选择使用有序 Logit 模型进行实证分析。

在有序 Logit 模型中，设 y 表示在 $\{1, 2, 3, \cdots, J\}$ 上取值的有序响应。关于 y（以自变量 x 为条件）的有序 Logit 模型（Ordered Logit Model），可以从潜变量（y^*）模型中进行推导。假定潜变量 y^* 由下式决定：

$$y^* = X\beta + \varepsilon \tag{5-1}$$

式中，y^* 为隐含的因变量，在本书中代表无法观测到的养殖户奶牛保险减损作用主观评价；X 是影响养殖户奶牛保险减损作用评价的因素向量。

在调查中获得的（即可观测的）养殖户奶牛保险减损作用主观评价 y 可定义为：

$$y = \begin{cases} 1, & y^* \leq \alpha_1 \\ 2, & \alpha_1 < y^* \leq \alpha_2 \\ \vdots \\ J, & \alpha_{J-1} < y^* \leq \alpha_J \end{cases} \tag{5-2}$$

式中，$\alpha_1 < \alpha_2 < \cdots < \alpha_J$ 为待估参数，表示未知的切点（Cut Point），当减损作用评价（y^*）低于一定临界值（α_1）时，被调查养殖户会认为奶牛保险减损作用非常小，即 $y = 1$；当高于临界值（α_1），但低于临界值（α_2）时，被调查养殖户会认为奶牛保险减损作用比较小，即 $y = 2$，以此类推。在式（5-1）中，假定 ε 服从 Logistic 分布，用 $\phi(\cdot)$ 表示其累积分布函数，则被调查养殖户选择每一个响应 $\{1, 2, 3, \cdots, J\}$ 的概率可以表达为：

$$P(y = 1 | X) = P(y^* \leq \alpha_1 | X) = \phi(\alpha_1 - X\beta)$$

$$P(y = 2 | X) = P(\alpha_1 < y^* \leq \alpha_2 | X) = \phi(\alpha_2 - X\beta) - \phi(\alpha_1 - X\beta)$$

$$\vdots$$

$$P(y = J - 1 | X) = P(\alpha_{J-1} < y^* \leq \alpha_J | X) = \phi(\alpha_J - X\beta) - \phi(\alpha_{J-1} - X\beta)$$

$$P(y=J|X) = P(y^* > \alpha_J|X) = 1 - \phi(\alpha_J - X\beta) \quad (5-3)$$

式中，β 为待估系数向量，表示自变量（X）对样本养殖户评价奶牛保险减损作用的影响方向与影响程度。本书通过构造养殖户每一种回答（即作用非常小 = 1，作用比较小 = 2，作用一般 = 3，作用比较大 = 4，作用非常大 = 5）的似然函数，利用极大似然法估计出参数 β。

（二）变量选取

识别影响养殖户奶牛保险政策减损作用评价的主要因素是本部分的主要研究内容。在借鉴国内学者有关农户农业保险政策认知评价（如李婷和肖海峰，2009；杨雪美等，2013）和农业保险赔款作用评价（如柴智慧和赵元凤，2012）等相关研究的基础上，结合样本养殖户的奶牛养殖特征和问卷调研实际，选择养殖户对奶牛保险减损作用的主观评价为因变量；自变量为用以刻画养殖户特征差异的变量，选择养殖户的个人特征（包括养殖户的受教育水平、奶牛养殖年限和是否为管理人员）、生产经营特征（包括是否有贷款、奶牛养殖收入和养殖规模）、养殖风险特征（奶牛死亡比例）和养殖户对奶牛保险的认知（养殖户对奶牛保险政策保障水平的认知）4 个方面、8 个因素为自变量。各自变量的影响及假设分析如下：

1. 养殖户受教育水平

养殖户的受教育水平越高，理解能力和接受新鲜事物的能力越强，对农业保险的作用和性质可能越了解（张跃华和杨菲菲，2012）。因此，这里预期养殖户的受教育水平越高，其对奶牛保险减损作用的评价越高。

2. 养殖户奶牛养殖年限

养殖户奶牛养殖年限越长，其所具有的奶牛养殖经验越丰富，而相对于养殖经验较少的养殖户，养殖经验丰富者所饲养的奶牛越不容易发生疾病及死亡风险。因此，养殖户奶牛养殖年限越长，其通过奶牛保险手段进行风险分散的可能性越低，进而对奶牛保险减损作用的评价也较低。

3. 养殖户是否为养殖小区或养殖场的管理人员

在内蒙古奶牛保险现实开展过程中，经办机构由于人力、物力等投入的不足，往往通过养殖小区或养殖场的管理人员（例如小区负责人、场长或兽医等）

进行奶牛保险相关辅助工作的开展,因而,管理人员对这项支农惠农政策的理解程度相对较高,对奶牛保险减损作用的评价也就较高。这里预期,样本养殖户是否为管理人员,对其评价奶牛保险减损作用具有正向影响。

4. 有无贷款

对于农业生产风险,农户可以通过农业保险的方式进行风险转移,同时也可以选择利用灾后信贷或其他融资方式进行生产救急(叶明华等,2014),而受农村文化环境的影响,农户有时更倾向于使用社会网络内的风险筹资方式(如向亲戚、朋友借贷等)进行风险分散(马小勇和白永秀,2009)。因此,相对于无贷款的养殖户,有贷款者其风险分散渠道更为多样,对奶牛保险"灾后赔偿"的依赖程度相对较低,故这里预期,样本养殖户有无贷款,对其评价奶牛保险减损作用具有负向影响。

5. 奶牛养殖规模

养殖户奶牛养殖规模越大,出现奶牛死亡的基数越大,相对于小规模养殖户,在固定保险期内,获得的奶牛保险赔偿可能越多。因此,这里假设养殖规模越大的奶牛养殖户,对奶牛保险减损作用的评价越高。

6. 养殖收入

养殖户奶牛养殖收入越高,越有能力购买奶牛保险,对奶牛保险赔款的预期相对越高。故样本养殖户奶牛养殖收入越高,其对奶牛保险减损作用的评价也可能越高。但考虑到与养殖规模可能存在的多重共线性,这里的养殖收入是指养殖总收入除以产奶奶牛总头数后的平均每头奶牛的产奶收入。

7. 奶牛死亡比例

自治区实施的奶牛保险是一种奶牛死亡保险产品,因此,相对于奶牛死亡比例较低的养殖户,奶牛死亡比例较高的养殖户,奶牛保险的"灾后赔偿"功能对其发挥的损失弥补作用相对更明显。故这里假设,奶牛死亡比例越高的养殖户,其对奶牛保险减损作用的评价也越高。

8. 养殖户对奶牛保险保障水平的认知

现行奶牛保险政策保障水平的高低在很大程度上决定了养殖户所获得的保险赔偿金额的大小,因此,养殖户对奶牛保险保障水平的认知,会对其奶牛保险减损作用的评价产生影响。这里预期对奶牛保险保障水平认知及评价越高的养殖户，其对奶牛保险减损作用的评价越高。

各个变量的测量与含义以及基本的描述性统计如表 5 – 12 和表 5 – 13 所示。

表 5 – 12　变量的测量与含义

变量类别	变量名称	定义及赋值	预期方向
因变量	奶牛保险减损作用评价	作用非常小 = 1；作用比较小 = 2；作用一般 = 3；作用比较大 = 4；作用非常大 = 5	-
个人特征变量	受教育水平（年）	实际数据	+
	养殖年限（年）	实际数据	-
	是否为管理人员	是 = 1；否 = 0	+
经营特征变量	有无贷款	有 = 1；无 = 0	
	养殖规模（头）	10 及以下 = 1；11 ~ 50 = 2；51 ~ 200 = 3；201 ~ 500 = 4；500 以上 = 5	+
	养殖收入（元/头/天）	20 及以下 = 1；21 ~ 50 = 2；51 ~ 80 = 3；81 ~ 110 = 4；110 以上 = 5	+
风险特征变量	奶牛死亡比例（%）	实际数据，奶牛死亡数量/奶牛养殖总数量	+
保险认知变量	养殖户对奶牛保险保障水平的认知	非常低 = 1；比较低 = 2；一般 = 3；比较高 = 4；非常高 = 5	+

表 5 – 13　变量的描述性统计

变量	平均值	标准差	最小值	最大值
减损作用评价	3.59	1.00	1	5
受教育水平	8.18	3.60	0	17
养殖年限	15.25	8.84	0.5	45
是否为管理人员	0.15	0.36	0	1
有无贷款	0.24	0.43	0	1
养殖规模	2.18	1.05	1	5
养殖收入	2.89	0.84	1	5
奶牛死亡比例	3.79	6.91	0	50
对保障水平的认知	3.40	0.73	1	5

（三）模型估计及结果分析

本部分根据此次调研数据和有序 Logit 模型，应用 STATA 计量统计软件对上述因变量和自变量进行回归估计，所得结果如表 5-14 所示。

表 5-14 有序 Logit 模型回归结果

变量名称	系数	标准差	Z 统计值	概率值	95% 的置信区间	
受教育水平	-0.0403	0.0396	-1.02	0.309	-0.1178	0.0373
养殖年限	0.0076	0.0156	0.49	0.627	-0.0230	0.0382
是否为管理人员	1.1662**	0.5857	1.99	0.046	0.0182	2.3143
有无贷款	-0.8940**	0.4302	-2.08	0.038	-1.7372	-0.0508
养殖规模	0.4091*	0.2161	1.89	0.058	-0.0145	0.8326
养殖收入	-0.2198	0.1822	-1.21	0.228	-0.5770	0.1374
奶牛死亡比例	0.0370*	0.0213	1.74	0.082	-0.0042	0.0787
对保障水平的认知	0.6003***	0.1917	3.13	0.002	0.2246	0.9761
观测值	196					
Loglikelihood	-248.7980					
LRχ^2（8）	27.88					
Prob > χ^2	0.0005					

注：*、**、***分别表示在 10%、5%、1% 的置信水平上具有统计显著性。

有序 Logit 模型回归结果显示（见表 5-14）：模型的极大似然估计值（Log likelihood）为 -248.7980，似然比为 27.88，且在 1% 的置信水平下拒绝原假设，说明模型的整体拟合效果很好，各个变量对养殖户奶牛保险减损作用评价的影响在总体上具有统计学意义。

在 10% 的置信水平下，养殖户的奶牛养殖规模和奶牛死亡比例对其评价奶牛保险的减损作用具有显著正向影响；在 5% 的置信水平下，养殖户是否为管理人员和有无贷款对其奶牛保险减损作用评价具有显著影响，其中，养殖户是否为管理人员对其减损作用评价的影响为正向，养殖户有无贷款对其减损作用评价的影响为负向；在 1% 的置信水平下，养殖户对奶牛保险保障水平的认知，对其奶牛保险减损作用评价具有显著正向影响；养殖户的受教育水平、奶牛养殖年限和奶牛养殖收入对其评价牛奶保险的减损作用不具有显著的解释能力。各变量的回归结果分析如下：

1. 养殖户的受教育水平对其评价奶牛保险减损作用的影响不显著

奶牛保险政策的专业性较强，理论上认为养殖户的受教育水平越高，往往更加了解奶牛保险的功能与作用，对奶牛保险减损作用的评价可能越高。但在实际调研中发现，养殖户受教育水平越高，其对现行奶牛保险政策中承保、理赔等各环节提出的质疑也越多，较高的受教育水平可能对养殖户评价奶牛保险的减损作用产生负向影响，这一观点与柴智慧和赵元凤（2012）相关研究所得结论一致。因此，在养殖户的受教育水平对其奶牛保险减损作用的评价既有正向影响又有负向影响的情况下，可能会导致实证模型中该变量的影响不显著。

2. 养殖户的奶牛养殖年限对其评价奶牛保险的减损作用不具有显著影响

理论上讲，养殖户的养殖年限越长，可能更倾向于通过自我经验进行风险自保，从而降低奶牛保险等风险管理工具的使用，对奶牛保险减损作用的评价也可能较低。但现实中，奶牛养殖年限较高的养殖户，年龄相对较高，对风险损失的惧怕程度相对较高；并且，相对于较低养殖年限的养殖者，较高养殖年限者在养殖过程中发生奶牛死亡的经历较多，其深知奶牛死亡带来的严重后果，此时对奶牛保险减损作用的评价可能相对较高。因此，养殖户的奶牛养殖年限并没有对其奶牛保险减损作用的评价产生一致方向的显著影响。

3. 养殖户是否为管理人员对其评价奶牛保险的减损作用具有显著影响，且影响方向为正

在5%的置信水平下，养殖户是否为管理人员显著提高了其对奶牛保险减损作用的评价，与上文理论预期一致。在调研中，笔者发现养殖场或养殖小区的管理人员作为奶牛保险的基层辅助宣传者，对奶牛保险政策各项信息的掌握较为全面，在发生奶牛死亡损失时，与保险经办机构进行"理赔谈判"的能力较强，故相对于其他非管理人员，其成功获得保险赔偿的概率更大。同时，作为管理人员出于对整个养殖小区或养殖场安全养殖的考虑，会积极鼓励其他养殖户通过奶牛保险手段进行风险分散。因此，整体上，管理人员往往对奶牛保险的减损作用表现出较高的评价。

第五章 养殖户奶牛保险减损效果主观评价及影响因素研究

4. 养殖户是否有贷款对其奶牛保险减损作用评价具有显著影响，且影响方向为负

养殖户是否有贷款对其评价奶牛保险减损作用产生了显著负向影响，这与本书理论分析一致。可能的原因是，相对于无贷款的养殖户，有贷款者的融资能力较强，一旦发生风险灾害损失，其可以及时通过借贷的方式进行灾后生产恢复，尤其在当前奶牛保险政策只针对"保险合同约定内的死亡事件"进行赔付的情况下，农业信贷可能会对奶牛保险的减损作用造成冲击。

5. 奶牛养殖规模对养殖户评价奶牛保险的减损作用也具有显著的正向影响

在10%的显著水平上，养殖户的奶牛养殖规模对其奶牛保险减损作用评价的影响通过了显著性检验，这与上文理论分析一致。说明在其他条件不变时，养殖户的奶牛养殖规模越大，其对奶牛保险减损作用的评价越高。其原因可能是：养殖户奶牛养殖规模越大，出现奶牛死亡的基数越大，通过奶牛保险这一风险管理工具进行损失分担的预期也就越高。

6. 养殖收入对养殖户评价奶牛保险减损作用的影响不显著

上文理论分析认为，养殖户的养殖收入越高，其对奶牛保险减损作用的评价可能会越高，但实证结果显示，养殖户的养殖收入对其评价奶牛保险减损作用的影响并不显著，可能的原因是，样本养殖户之间平均每天每头奶牛的产奶收入差异较小，本次调研数据显示，近50%的样本养殖户平均每天每头奶牛的产奶收入集中分布于51~80元。

7. 奶牛死亡比例对养殖户奶牛保险减损作用评价具有显著影响，且影响方向为正

奶牛死亡比例较高或经常发生奶牛死亡的养殖户，其所面临的奶牛死亡风险相对较高，因而，相对于低风险养殖户，奶牛保险对高风险养殖户提供的风险提供保障作用更加明显。所以，在其他条件不发生改变的情况下，奶牛死亡比例越高的奶牛养殖户，其对奶牛保险减损作用的评价也就越高。

8. 养殖户对奶牛保险保障水平的认知对其评价奶牛保险的减损作用具有显著的正向影响

在1%的置信水平下，养殖户对奶牛保险保障水平的认知对其奶牛保险减损作用评价的影响，通过了显著性检验，这与上文假设分析一致。可能的原因是，按照内蒙古现行奶牛保险政策，奶牛保险的灾后赔偿金额主要是基于保险保障水平确定的，因此，养殖户对奶牛保险保障水平的认知越高，其对奶牛保险减损作用的评价越高。

（四）主要实证结论

本节实证分析是在前文相关统计描述分析的基础上，结合样本数据特征，将养殖户奶牛保险减损作用主观评价作为定序变量，采用有序 Logit 模型，估计奶牛养殖户的个人特征、生产经营特征、养殖风险特征与奶牛保险认知特征对其主观评价的影响。实证结果表明：①养殖户为管理人员对其奶牛保险减损作用评价有显著正向影响；②养殖户有贷款会降低其对奶牛保险减损作用的评价；③养殖户奶牛养殖规模越大，对奶牛保险减损作用的认可程度越高；④养殖户奶牛死亡比例的大小是影响其评价奶牛保险减损作用的重要因素；⑤养殖户对奶牛保险保障水平的认知是影响养殖户奶牛保险减损作用评价的显著因素；⑥养殖户的受教育水平、奶牛养殖年限和奶牛养殖收入对养殖户奶牛保险减损作用评价的影响并不显著。

六、本章小结

通过对内蒙古 254 位奶牛养殖户的问卷调查，发现奶牛保险政策虽已开展多年，但养殖户对该项政策的认知程度还存在严重不足，对奶牛保险政府保费补贴的性质和各项条款内容的了解程度还比较低。同时，由养殖户有关奶牛保险政策减损作用的主观评价分析可知，当前内蒙古自治区实施的奶牛保险政策，所发挥的减损作用在一定程度上已得到养殖户的认可，但认为奶牛保险政策的减损作用"一般"甚至"比较小"或"非常小"的养殖户比例也较高，这一点反映出自治区实施的奶牛保险政策在产品设计、保险赔付、经营操作等环节尚不能完全满足养殖户的实际需求。

在全面分析养殖户对奶牛保险政策认知与减损作用评价的基础上，本章进一步从养殖户的个人特征、经营特征、养殖风险特征和保险认知特征的角度,运用有序 Logit 模型,对影响养殖户奶牛保险减损作用评价的主要因素进行了识别。实证结果表明:养殖户是否为管理人员、有无贷款、奶牛养殖规模、奶牛死亡比例和养殖户对奶牛保险保障水平的认知是影响养殖户奶牛保险减损作用评价的显著因素,其中,养殖户有无贷款对其奶牛保险减损作用评价的影响为负向,其余变量的影响都为正向;养殖户的受教育水平、奶牛养殖年限和奶牛养殖收入对养殖户奶牛保险减损作用评价的影响并不显著。

  从提升养殖户奶牛保险减损作用主观评价和促进奶牛保险健康发展的角度,上述统计及实证分析提供了以下政策启示:第一,加强奶牛保险宣传,提高养殖者的保险意识。享受政府保费补贴的奶牛保险是一项专业性很强的保险产品,广大养殖者对各项条款的认识与理解是有限的,因此,需要保险经办机构进一步加大对奶牛保险的宣传,提高养殖者对奶牛保险产品特性的认知,提升养殖者利用保险手段进行风险分散的意识。第二,创新奶牛保险产品,提高养殖者的保险需求。针对较为苛刻的奶牛死亡保险责任范围,应根据养殖者的需求适当做些调整,可以逐步把疾病风险列入保险责任范围,有条件的地区还可以涉及一些有关降低奶牛养殖市场风险的保险产品,以提高广大养殖者的投保积极性。第三,创新承保、理赔等环节,提高保险公司的供给积极性。政府或其他保险经办机构应加大奶牛保险各实施环节的创新与研发,如建立健全保险标的识别体系。同时,要不断加强对从业人员的专业技术培训,使推行奶牛保险变得轻松而又科学,进而提高保险公司展业积极性,杜绝选择性承保。第四,坚持财政补贴,加大政府支持。政府的财政支持对奶牛保险的健康发展有重要影响,因此,在继续当前保费补贴的同时,政府部门还可以加大对奶牛保险产品或实施环节的创新与研发支持。

第六章 奶牛保险减损效果的客观实证分析

2013年,《农业保险条例》开始实施,其中明确指出:"农业保险是指保险机构根据保险合同,对被保险人在农业生产过程中因保险标的遭受约定的自然灾害、意外事故、疫病或者疾病等事故所造成的财产损失,承担赔偿保险金责任的保险活动"。奶牛保险作为农业保险的一部分,其弥补参保养殖户"因灾损失"的目的与意义较为明确。但是面对当前国内畜牧业保险险种过于单一(龙文军,2014)、保险责任范围苛刻与不切实际(赵元凤,2014)和只强调"保成本"的保险保障水平(庹国柱、王国军,2015),奶牛保险的实际减损效果究竟如何?当前实施的奶牛保险政策是否能够真正起到弥补和减轻养殖户奶牛养殖损失的作用?本章主要是在前文有关养殖户奶牛保险减损效用主观评价的基础上,客观实证分析与检验奶牛保险政策的减损效果,并结合当前奶牛保险政策特点及奶牛养殖实际,进一步对实证结果进行深入的分析与探讨。

一、文献回顾

通过梳理国外研究发现,众多国外研究学者认为奶牛保险是一种有效的风险分散工具,对稳定农户收入、降低灾害损失发挥着积极作用(Cabrera等,2009)。Burdine等(2014)利用美国13个主要乳制品生产区域2001~2011年的月度玉米、大豆和牛奶期货价格和实际价格的历史数据，对美国奶牛收入保险的减损效果进行了实证研究，结果表明奶牛收入保险能够降低28%～39%的收入风险，奶牛收入保险减轻养殖户损失的效果明显。但是由于美国奶牛保险是一种以养殖户收入损失为保险责任范围的保险制度，而中国实施的奶牛保险政策主要是针对奶牛死亡导致的奶牛生理价值损失进行保障，二者的产品特性还存在较大差异，中国奶牛保险政策的实际减损效果如何还有待检验。

而国内有关奶牛保险甚至畜牧业保险减损效果的实证研究并不多见。在现有相关研究中，大多数学者主要是从种植业保险的角度，探讨种植业保险对参保农户收入的影响。众多学者认为种植业保险有助于稳定农户收入，促进农户收入增加（邢鹂和黄昆，2007；罗向明等，2011）。周稳海等（2014）应用动态面板系统GMM模型对农业保险的农户收入作用进行了实证分析，认为农业保险总效应会显著提高农户收入，但其发挥的促进作用较小。与此同时，也有很多学者提出了不一致的看法，认为种植业保险不一定会提高农户收入（冯文丽，2014；陈晓安，2013；庹国柱和王国军，2002）。柴智慧（2014）通过对内蒙古种植业农户的问卷调查，运用倍差模型（DID）和匹配倍差模型（PSM-DID）实证检验农业保险对农户收入的影响，结果表明当前中国实施的"广覆盖、低保障"的农业保险政策尚难以发挥稳定农户收入的作用。

有关种植业保险对农户收入的影响研究，虽然有助于我们加深对中国农业保险制度减损作用的理解，但上述研究还存在两点不足：第一，农户收入的高低是多种影响因素共同作用的结果，农业生产成本、农产品产量和农产品市场价格等都会影响农户收入。但是，国内大部分地区实施的农业保险制度只是针对农业生产直接物化成本或牲畜生理价值损失进行保障，可以说当前的农业保险制度是一种"农业生产成本保险"，因此，即使农业保险政策对农户收入能够产生影响，也主要是通过弥补农业生产成本损失来实现，但是目前实施的农业保险制度是否真正能够实现对参保农户农业生产损失的降低？跳过农业保险减少生产损失的影响研究，直接探讨对农户收入的影响，多少有些牵强。第二，当前从事种植业生产的农户兼业化程度在不断提高，种植业收入在农户总收入中的比重在逐渐降低（林坚、李德洸，2013），较低的农业收入可能会削弱种植业保险的收入稳定效应，导致研究结论偏误。而相对于种植业农户，养殖户的收入来源较为具体与明确，大多数养殖户都以专业养殖为生，对养殖收入的依赖程度较高，奶牛保险对养殖户收入的作用机制更为清晰。因此，为了避免已有研究的弊端，本部分以奶牛保险作为研究对象，基于内蒙古奶牛养殖户的微观调查数据，探讨奶牛保险政策对参保养殖户奶牛生理价值损失（即奶牛死亡损失）的影响，总结其中存在的问题与不足，以期为内蒙古奶牛保险政策乃至全国农业保险相关政策的制定与创新提供一些实证依据与参考。

二、理论分析

在经济系统中，风险通常被用来描述具有不确定结果的情况。Harrington (2005) 认为风险包含两层含义：一是期望损失值本身；二是围绕期望损失值的波动，即一种情形如果比另一种情形在以上两方面表现出更严重的程度，则说明具有更高风险。保险作为一种风险管理工具，主要是从分散期望损失、减少损失波动不确定性的角度进行风险控制。

在奶牛养殖过程中，养殖户会面临意外灾害事故（如重大疫病、自然灾害和意外事故）发生带来的损失。在不失现实性、一般性的前提下，为简化分析，我们做出如下假定：①意外灾害事故发生的概率为 P，造成的损失程度为 L，意外灾害事故不发生的概率为 $1-P$，造成的损失程度为 0，其中 $0 \leq P \leq 1$；②养殖户是风险厌恶者，具有风险规避的特征；③养殖户选择奶牛保险进行风险分散时需要向保险公司支付保险费 c，其中保费 c 是指纯粹保费，由纯费率计算而来；④面对参加保险的养殖户，如果风险事故发生，保险公司按约定支付给参保者保险赔偿 I，如果风险事故未发生，保险公司不需进行保险赔偿，其中 $0 < I \leq L$。由此可得参保养殖户和未参保养殖户在风险灾害事故发生或未发生时的损失情况，如表 6-1 所示。

由表 6-1 可知，参加奶牛保险的养殖户和未参加奶牛保险的养殖户在奶牛养殖过程中面临的损失期望值分别为：

$$E(L) = P(L - I + c) + (1 - P)c = PL - (PI - c) \tag{6-1}$$

表 6-1 参保养殖户和未参保养殖户在风险事故发生与否时的损失情况

是否参加奶牛保险	灾害事故发生（P）	灾害事故未发生（$1-P$）
参加（L）	$L-I+c$	c
未参加（L_0）	L	0

$$E(L_0) = PL \tag{6-2}$$

式中，PI 在保险行业中通常被理解为保险人支付的期望索赔成本（Expected Claim Cost）。由保险定价和费率厘定的原则[①]可知，保险公司向投保养殖户支付的期望索赔成本应恰好等于保险公司收取的纯保费，即 $PI = c$，通常可以这样理解：从长期看，投保人支出的保费最终等于从保险公司获取的保险赔付（Babcock，2004）。因此，此种情况下养殖户是否参加奶牛保险并不影响其损失期望值的大小。但是，如果养殖户参加享受政府保费补贴的奶牛保险政策，参保后其损失期望值又如何变化？由中国实施的农业保险政策可知，养殖户在实际参加奶牛保险过程中，可以享受政府提供的大量保费补贴，养殖户不需要全部支付按保险市场定价原则计算出的保费，只需按比例支付部分保费即可，故养殖户实际缴纳的保费为 $c_s = (1-\rho)c$，其中，ρ 为政府保费补贴比例，在内蒙古自治区这一比例高达 85%，故奶牛养殖户实际承担的保费必定小于保险公司支付的期望索赔成本，即 $PI - c_s = PI - (1-\rho)c > 0$，所以，此时对比参保与未参保养殖户的损失期望值可知：$E(L_s) < E(L_0)$，因此，理论上认为当前政府大力推行的奶牛保险保费补贴政策具有降低养殖户奶牛养殖过程中损失期望值的作用。

为进一步了解参加奶牛保险对养殖户养殖损失波动的影响，依据方差计算公式，分别计算参保养殖户和未参保养殖户的损失分布方差，结果显示如下：

$$D(L) = E[L - E(L)]^2 = P(L-I+c-PL+PI-c)^2 + (1-P)(c-PL+PI-c)^2$$
$$= P(1-P)(L-I)^2 \tag{6-3}$$
$$D(L_0) = E[L_0 - E(L_0)]^2 = P(L-PL)^2 + (1-P)(0-PL)^2 = P(1-P)L^2 \tag{6-4}$$

---

① 保险人销售保险时，其保费收入必须满足如下条件：一是能够为他们的期望索赔成本和管理成本提供充分的资金；二是能够产生期望的利润，以弥补销售保险所需的资本成本。而费率 = 保险费/保险金额，包括纯费率和附加费率，其中纯费率是根据损失概率计算确定，附加费率是考虑管理成本和利润的费率。

式（6-3）和式（6-4）的方差计算结果显示，养殖户参加奶牛保险后明显降低了其养殖损失的波动性，减少了损失变动对养殖户收入带来的不确定影响。同时，上述计算结果也反映出政府是否提供保费补贴并不会改变奶牛养殖户参保后的损失概率分布的方差大小，说明政府保费补贴政策未直接进一步降低参保养殖户的损失波动情况。但是，由于政府提供的保费补贴会降低养殖户的期望损失，提高养殖户的保险购买力，刺激养殖户的保险需求，因此政府的保费补贴政策可以有效推动奶牛保险政策的快速发展，进而放大保险的损失分散功效，避免损失的巨大波动对养殖户的稳定生产带来的不利影响（Cabrera 等，2009）。

假设养殖损失的概率分布服从正态分布①，如图 6-1 所示，分别对三种情况下（未参加奶牛保险、参加无政府保费补贴的奶牛保险、参加有政府保费补贴的奶牛保险）养殖户的养殖损失概率密度分布情况进行了说明。结合上述表 6-1 计算结果可知，相对于未参加奶牛保险（Without Insurance）的养殖户，参加无保费补贴奶牛保险（With Insurance）的养殖户虽然其损失期望值并未发生明显的改变（$E(L) = E(L_0)$），但是其所面临可能损失的分布区间明显变小（$D(L) < D(L_0)$），养殖户参保后减小了养殖损失实际值围绕损失期望值的变动可能性，降低了养殖过程中的最大可能损失，同时由于参加者的保费支付，反过来也增大了最低可能损失，如图 6-1 所示，参加奶牛保险（无保费补贴情况）的养殖损失正态分布曲线与未参加者的正态分布曲线的中心位置相同，但是，参加者比未参加者的损失正态分布曲线更陡峭。正如 Darley（1996）通过分析农业保险对农户收入的影响时指出："农业保险会对农户农业净收入的可能分布产生影响，农户参加农业保险需要支付保费，减少其可获得的最大可能收入，但由于保险的灾害补偿功能，同时也避免了农户获得更低收入的可能性"。进一步，如果养殖户参加有政府保费补贴的奶牛保险（With Insurance & Subsidy）政策，相对于无保费补贴的奶牛保险产品，尽管养殖户在参加保险时需要缴纳保费，但是由于政府的保费补贴，参保后其期望损失值得到显著降低（$E(L_S) < E(L)$），而养殖损失波动方差的大小并不受保费补贴与否的影响，如图 6-1 所示，参加有保费补贴奶

---

① 风险损失究竟服从何种分布国内外学者并无得出一致结论。现实中，影响养殖损失的因素众多，损失概率分布的实际图形复杂而多样，本研究只是结合前文表 6-1 计算结果，为了更直观地显示有无保险措施、保险有无保费补贴情况下，养殖户养殖损失的概率分布变化情况，而作此假设。

牛保险政策的养殖户其养殖损失正态分布曲线中心位置发生改变，损失期望值减小，而养殖损失正态分布曲线的离散程度并无改变。

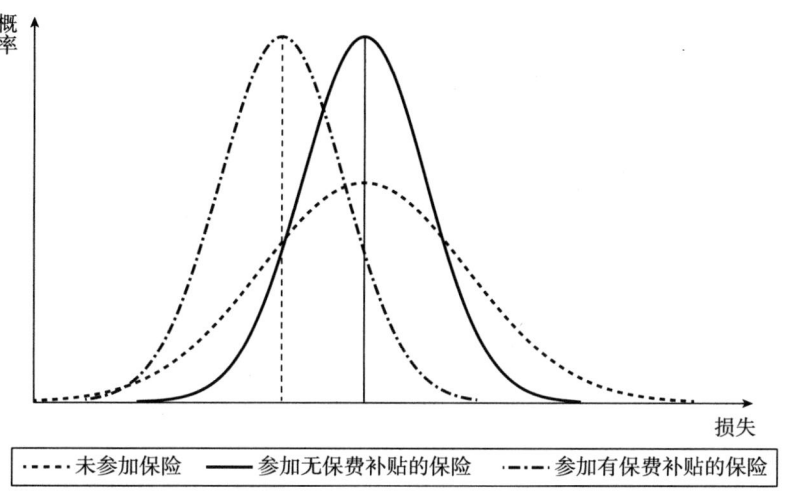

图6-1　有无保险、保险有无补贴情况下养殖户养殖损失的概率分布示意图

因此，理论上认为政府财政支持的奶牛保险政策具有降低和分散养殖户养殖损失的作用。相对于未参保者，政府保费补贴的奶牛保险政策不仅会降低参保养殖户的损失期望值大小，同时也会降低养殖损失概率分布的方差，减小损失的实际值围绕期望值的不确定性波动。

三、计量分析方法

为有效估计奶牛保险政策的实际减损效果，即其平均处理效应①（ATT），本

---

① Athey 和 Imben（2006）指出在研究一项政策对作用对象所产生的影响时，其总体处理效应（Population Average Treatment Effect）可能是由于政策实施所带来的影响，也可能是由于时间累积效应所引发的结果。因此，为得到政策实施产生的净效果，需要剔除时间因素的干扰，即政策实施的平均处理效应（Average Treatment Effect on the Treated）。

节采用倍差法（DID）和倾向得分匹配法（PSM）相结合的研究方法（DDPSM）进行客观实证分析。

（一）倍差法

考察奶牛保险政策降低养殖户奶牛死亡损失的影响，一般而言，可以从横向和纵向两个维度进行探讨。一是横向比较参加奶牛保险政策（以下简称参保）和未参加奶牛保险政策（以下简称未参保）的养殖户奶牛死亡损失差异，但是，这种方法没有考虑参保和未参保养殖户在奶牛保险政策开展前的奶牛死亡损失差异，即政策参与者与未参与者在政策开展之前本身存在的差异。例如，奶牛养殖死亡损失较大的养殖户更倾向于参加奶牛保险，而死亡损失较小的养殖户则不愿意参加奶牛保险，即农业保险中可能存在的逆向选择问题。二是纵向比较参保养殖户在奶牛保险政策开展前与开展后的损失差异，但是，这种方法没有考虑未参保养殖户在奶牛保险政策开展前与开展后的损失变化，即时间趋势引发的差异。由于以上横向比较和纵向比较进行政策效果评估的方法均存在一定的缺陷，而倍差法能够巧妙地结合以上两种方法的优势，即同时控制时间效应（Time – specific Effects）和分组效应（Group – specific Effects），弥补了上述方法存在的不足，并且，在以往研究文献中倍差法也被广泛用于公共政策的效果评估（徐晋涛等2004；周黎安和陈烨，2005；邓柏峻等，2014），因此，本部分选择使用倍差法进行奶牛保险政策减损效果的实证检验与分析。

在倍差法具体应用过程中，按奶牛保险政策实施后是否参加奶牛保险将受访养殖户分为处理组和对照组两种，其中，将参保养殖户定义为处理组，将未参保养殖户定义为对照组，并据此构造一个政策虚拟变量 du_{it}，若养殖户 i 参加奶牛保险（即属于处理组），则 $du_{it}=1$，若养殖户 i 未参加奶牛保险（即属于对照组），则 $du_{it}=0$；同时，构造另一个奶牛保险政策实施期的虚拟变量 dt_{it}，$dt_{it}=0$ 表示奶牛保险政策开展前的时期，$dt_{it}=1$ 则表示奶牛保险政策开展后的时期。令 L_{it} 表示养殖户 i 在第 t 期的奶牛养殖死亡损失，ΔL_{it} 表示受访养殖户在奶牛保险政策开展前后的养殖损失变化。若养殖户参加奶牛保险政策，则将其两个时期的损失变化标记为 ΔL_{it}^1；反之，若养殖户从未参加奶牛保险政策，则将其两个时期的损失变化标记为 ΔL_{it}^0。因此，养殖户参加奶牛保险后对其养殖损失的实际影响

δ为:

$$\delta = E(\Delta L_{it}^1 \mid du_{it} = 1) - E(\Delta L_{it}^0 \mid du_{it} = 1) \quad (6-5)$$

但是,式(6-5)中 $E(\Delta L_{it}^0 \mid du_{it} = 1)$ 表示的是参保养殖户在从未参保情况下的奶牛死亡损失变化,而事实上这种状态是不可观测的,因此,式(6-5)显示的奶牛保险政策的处理效应本质上可以说是一种反事实效应(Counter Factual)。

此时,为克服上述不可观测问题,需要引入对照组,通过未参保养殖户的奶牛死亡损失变化情况来加以对比。倍差法则基于上述思想,以未参保养殖户(对照组)的养殖损失变化情况代替参保养殖户(处理组)的损失变化,即假设 $E(\Delta L_{it}^0 \mid du_{it} = 1) = E(\Delta L_{it}^0 \mid du_{it} = 0)$,并将其代入式(6-5),从而式(6-5)转化为:

$$\delta = E(\Delta L_{it}^1 \mid du_{it} = 1) - E(\Delta L_{it}^0 \mid du_{it} = 0) \quad (6-6)$$

然后,比较处理组养殖户和对照组养殖户在奶牛保险政策开展前后奶牛死亡损失的变化。如果处理组养殖户在参加奶牛保险后,其养殖损失系统性低于对照组养殖户,那么我们有理由认为奶牛保险政策的实施降低了养殖户的奶牛死亡损失。具体的检验模型如下:

$$L_{it} = \alpha_0 + \alpha_1 \times du_{it} + \alpha_2 \times dt_{it} + \delta \times du_{it} \times dt_{it} + \varepsilon_{it} \quad (6-7)$$

式(6-7)中,L_{it}、du_{it}、dt_{it} 的含义与前文相同,ε_{it} 是模型误差项。其中,两个虚拟变量 du_{it} 和 dt_{it} 将全部受访养殖户分为四组,即奶牛保险政策开展前的对照组、开展后的对照组、开展前的处理组以及开展后的处理组。由式(6-7)可知,处理组养殖户在奶牛保险政策开展前后的损失分别为 $\alpha_0 + \alpha_1$ 和 $\alpha_0 + \alpha_1 + \alpha_2 + \delta$,因此,处理组养殖户的损失变化为 $\Delta L_{it}^1 = \alpha_2 + \delta$;同理,对照组养殖户奶牛保险政策开展前后的损失分别为 α_0 和 $\alpha_0 + \alpha_2$,因此,对照组养殖户的损失变化为 $\Delta L_{it}^0 = \alpha_2$。

进一步由式(6-6)可知:

$$\delta = E(\Delta L_{it}^1 \mid du = 1) - E(\Delta L_{it}^0 \mid du = 0) = \alpha_2 + \delta - \alpha_2 = \delta \quad (6-8)$$

式(6-8)反映出交互项 $du \times dt$ 的系数 δ 即奶牛保险政策对奶牛死亡损失的处理效应,度量了奶牛保险政策实施的实际减损效果。

（二）倾向得分匹配倍差法

在运用上述倍差法进行实证分析时存在两个难点：一是倍差法应用的假设前提是 $E(\Delta L_{it}^0 | du_{it} = 1) = E(\Delta L_{it}^0 | du_{it} = 0)$，即处理组与对照组除在是否参加奶牛保险方面存在差异外，在其他方面应尽可能地具有相似性，如果二者差异较大，则应用上述倍差法进行回归分析时将会导致估计结果的有偏；二是如果政策虚拟变量 du_{it} 具有内生性，即受访养殖户参保与否不是随机决定的，而是可能与影响养殖损失 L_{it} 的其他遗漏变量相关（此遗漏变量为模型误差项 ε_{it} 的一部分），那么模型将会产生选择性偏差问题，不能得到回归结果的一致估计。

为克服倍差法存在的不足，本部分首先使用倾向得分匹配的方法（PSM）为参保养殖户"找到最相似"的从未参保的养殖户，以减少模型的选择性偏差，增强处理组与对照组的可比性；再应用倍差法（DID）对上述经过匹配后的样本进行估计。此外，为减轻模型遗漏变量所引发的内生性问题，本部分将参考已有研究，在式（6-7）中合理添加一些控制变量以保证回归结果的稳健性。

具体地，应用的倾向得分匹配倍差法（DDPSM）主要按以下步骤展开：

第一步，建立 Logit 选择模型，计算给定样本特征 X_i 下，每一位奶牛养殖户成为处理组的概率 $p_i(x)$，即倾向得分值（PS 值）：

$$p_i(x) = P_r(du_i = 1 | X_i) = F[h(X_i)] \tag{6-9}$$

其中，du_i 为模型中的因变量，表示政策虚拟变量，其含义与前文一致，若 $du_i = 1$，则说明养殖户参加奶牛保险，若 $du_i = 0$，则说明养殖户未参加奶牛保险；X_i 为模型中的自变量，表示第 i 个养殖户的特征变量，主要用以评判处理组和对照组的相似度；$F(\cdot)$ 表示 Logistic 函数，$h(\cdot)$ 为线性函数。

第二步，根据计算出的 PS 值，对于处理组的每一个奶牛养殖户 i，从对照组中寻找与其 PS 值最相近的养殖户作为其"反事实"状态的参考。同时，在趋势评分匹配过程中要遵循以下两条匹配准则：一是处理组养殖户的 PS 值与对应的对照组养殖户的 PS 值要尽可能地接近；二是式（6-9）中各匹配变量在对照组和处理组之间不存在显著差异。

第三步，对经过倾向得分匹配后的处理组和对照组各样本养殖户，进行倍差法回归估计，相应的回归方程如式（6-10）所示。

$$L_{it} = \alpha_0 + \alpha_1 \times du_{it} + \alpha_2 \times dt_{it} + \delta \times du_{it} \times dt_{it} + \gamma \times cv_{it} + \varepsilon_{it} \qquad (6-10)$$

式中，cv_{it}表示控制变量，其他变量含义与前文一致。式（6-10）为本部分对奶牛保险减损效果进行评价分析的基准模型，δ的估计值度量了奶牛保险政策对养殖户奶牛死亡损失的影响。

四、数据及变量选择

（一）数据来源

1. 调查区域选择

本节选择内蒙古作为调研区域，内蒙古作为我国最大的奶牛养殖和乳制品生产区域，奶牛保险的发展一直处于全国前列。因此，无论在奶牛养殖还是奶牛保险发展方面，内蒙古在全国都具有较强代表性。

另外，本节主要应用 DID 和 DDPSM 模型实证检验奶牛保险政策对农户的减损效应，需要采集政策实施前后农户的样本数据。2014 年，内蒙古政府加大奶牛保险政策的推广力度，扩大了奶牛保险政策的开展区域①，因此，2014 年，内蒙古很多地区的奶牛养殖户属于首次参加中央财政补贴的奶牛保险政策。国家财政保费补贴的奶牛保险政策在内蒙古逐步开展这一特点，为本部分 DID 模型和 DDPSM 模型的应用构建了一个良好的"自然试验"。而本部分在具体调研地区的选择上，正是充分利用内蒙古奶牛保险政策逐步推进的特点，着重对 2014 年新开展奶牛保险政策的地区进行实地调查。

首先，根据自治区各盟市奶牛存栏数量和奶牛保险承保数量的变化情况，确定调研的盟市。综合考虑图 6-2 和图 6-3 的数据情况可知，内蒙古自治区呼和浩特市、包头市、呼伦贝尔市和兴安盟 4 个盟市，既是内蒙古自治区重要的奶牛

---

① 2013 年末，内蒙古自治区农业保险保费补贴领导小组办公室发布《2013 年内蒙古自治区农业保险保费补贴工作总结及 2014 年主要工作安排》，其中明确指出"将两年内未开展养殖业保险业务和 2013 年 8 月 31 日前未开展业务的旗县（少于 5000 头的），确定为 2014 年养殖业保险经办资格调整区域"。

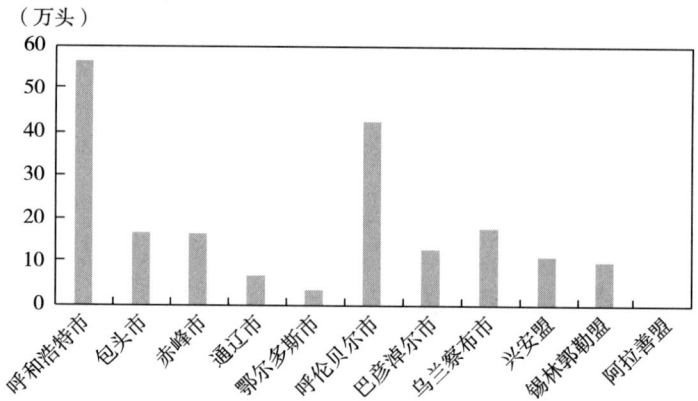

图 6-2 2014 年内蒙古自治区各盟市奶牛存栏数量

注：由于乌海市数据缺失，图中没有显示。
资料来源：内蒙古自治区奶业协会。

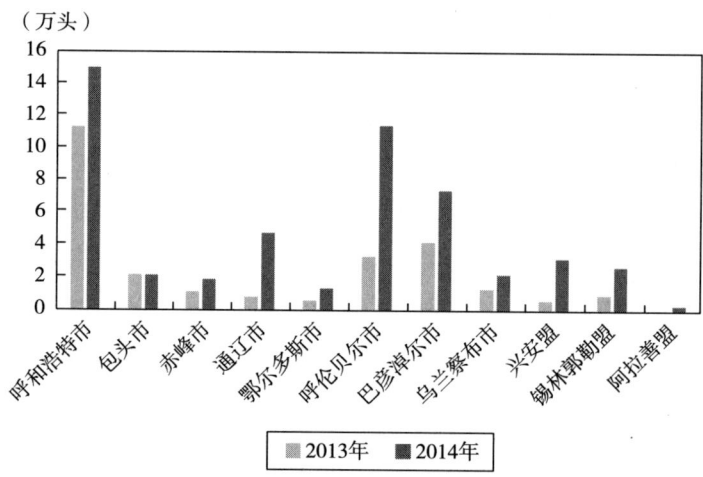

图 6-3 2013 年和 2014 年内蒙古自治区各盟市奶牛保险承保数量

注：由于乌海市数据缺失，图中没有显示。
资料来源：内蒙古自治区农业保险保费补贴领导小组。

养殖区域，又符合 DID 方法对"政策新开展实施"的实证应用需求①，因此，本次课题组最终选择的调研盟市为内蒙古西部区的呼和浩特市和包头市，东部区的

---

① 图 6-3 数据显示，相比于 2013 年，这四个区域的奶牛保险承保数量，在 2014 年有了较大幅度的增长，而短期内较大幅度的增长，说明这四个盟市在 2014 年扩大了奶牛保险政策的开展区域。并且，通过后期与当地农业保险领导小组的座谈及反馈情况，也证实了这一点。

呼伦贝尔市和兴安盟。

其次,在上述已经确定的四个盟市,根据与当地农业保险领导小组的座谈情况,选择2014年大幅度扩大奶牛保险承保数量的具体旗县(区),并在各个旗县(区)选择新开展奶牛保险政策的乡镇作为具体调查地区。

2. 抽样方法及调查内容

在上述已经确定的旗县或乡镇,随机抽取被调查的养殖户。具体地,在每个乡镇选取1~3种养殖模式①,在每种养殖模式下,根据饲养规模随机抽取一定数量的养殖户作为调查样本。

本次调查于2015年7~9月展开,共收集内蒙古自治区呼和浩特市、包头市、呼伦贝尔市和兴安盟4个盟市、10个旗县(区)、17个乡镇或园区、24个行政村、166位奶牛养殖户的样本数据。剔除重要指标缺失的样本,剩余有效样本157个,样本有效率为94.58%。其中,在2014年参加奶牛保险的受访养殖户有109户,未参加的有48户。在实地调研过程中,对受访养殖户2013~2014年连续2年(共314个样本)的奶牛养殖及奶牛保险购买情况进行了询问调查,问卷内容主要涉及受访养殖户的个人特征(如性别、年龄、受教育程度、饲养年限等)、养殖情况(贷款金额、养殖规模、牛奶销售价格等)、奶牛死亡及处理情况、对奶牛保险政策的认知和奶牛饲养风险防控措施及费用投入等。

(二)变量的选取及描述性统计

1. 变量的选取

本部分的研究目的在于实证检验奶牛保险政策对养殖户奶牛死亡损失的影响,根据已有经验研究和理论分析,结合样本养殖户的生产及问卷调查实际,选择奶牛死亡损失②为模型因变量,养殖户是否参保为模型主要自变量。同时,添

---

① 据此次调查结果显示,当前,内蒙古自治区的奶牛养殖共包括散户、养殖小区、奶联社或合作社、家庭牧场和农牧业公司5种养殖模式。

② 本部分所研究的养殖户奶牛养殖损失主要是指养殖户在奶牛养殖过程中因遭受自然灾害、意外事故、疫病或者疾病等事故所造成的奶牛直接死亡损失。公式表达为:奶牛养殖损失 = 成年奶牛死亡头数(头)×平均奶牛市场售价(元/头) - 奶牛保险购买总费用 + 奶牛保险总赔款。其中,奶牛保险购买总费用仅指养殖户自己支付的部分。同时,需要指出的是,由于死亡奶牛原则上需要进行无害化处理,因此这里不再对死亡奶牛的残值进行考虑。

加其他一些影响养殖户奶牛养殖死亡损失的可测变量，以保证模型应用的可忽略性假设得到满足，其中，主要包括以下三类：养殖户的个体特征（养殖户的性别、养殖年龄、养殖受教育年限和养殖年限）、养殖经营特征（成年奶牛数量和养殖人员数量）、养殖风险及防疫特征（是否有专业兽医和奶牛疫病检疫数量）。具体各变量的定义如表6-2所示。

表6-2　变量的定义与赋值

变量名称	代码	单位	测量方法
奶牛死亡损失	loss	万元	连续型变量，实际数据
养殖户是否参保	insu	—	二分类变量[①]（参保=1；未参保=0）
养殖户性别	gen	—	二分类变量（男性=1；女性=0）
养殖户年龄	age	岁	连续型变量，实际数据
养殖户受教育年限	edu	年	连续型变量，实际数据
养殖户奶牛养殖年限	exp	年	连续型变量，实际数据
成年奶牛数量[a]	sca	头	连续型变量，实际数据
养殖人员数量[b]	lab	人/头	连续型变量，实际数据
是否有专业兽医[c]	vet	—	二分类变量（有=1；无=0）
奶牛疫病检疫数量[d]	qua	项	连续型变量，实际数据

注：a 成年奶牛数量指养殖户所饲养的1~7岁的奶牛数量；b 养殖人员数量=家庭或养殖场养殖人员数量/奶牛养殖数量；c 是否有专业兽医人员是指养殖户所在的村、养殖场或养殖小区是否具有专业的兽医人员；d 疫病检疫数量是指政府免费向养殖户提供的奶牛疫病检疫数量。

2. 变量的描述性统计

表6-3列示了奶牛保险政策开展前后，处理组与对照组样本养殖户的奶牛死亡损失及其他特征变量情况。由表可知，奶牛保险政策开展前后，处理组（参

[①] 当前内蒙古自治区实施的奶牛保险政策虽然提供三种保障水平，但是，各地区的保险公司为了方便保费收取与赔付，在实际展业过程中只提供其中一种保障水平的奶牛保险产品，因此，奶牛养殖户在进行奶牛保险购买决策时只能选择是否购买，不能对保险的保障水平进行选择。

保养殖户）和对照组（未参保养殖户）的奶牛养殖死亡损失情况都得到了一定的改善，参保养殖户的奶牛死亡损失由 2013 年的 2.62 万元下降到 2014 年的 1.77 万元；未参保养殖户的奶牛死亡损失由 0.54 万元下降到 0.49 万元，说明奶牛保险政策开展前后，养殖户奶牛养殖损失的变化可能存在时间效应的影响，即上文所述的时间趋势引发的差异。另外，在奶牛保险政策开展前，处理组的奶牛死亡损失（2.62 万元）明显大于对照组的奶牛死亡损失（0.54 万元），说明参保养殖户和未参保养殖户之间的损失差异可能存在分组效应的影响，即上文所述的政策参与者与未参与者在政策开展之前本身存在的差异。同时，由其他控制变量的 t 检验结果可知，养殖户受教育年限和奶牛疫病检疫数量两个变量在 5% 显著水平上拒绝了处理组和对照组养殖户均值相等的原假设。上述样本数据特征反映出时间效应和分组效应的存在，进一步表明本书选择应用倍差模型和匹配倍差模型进行奶牛保险减损效果实证检验的必要性与合理性。

表 6-3 变量的描述性统计

变量	2013 年					2014 年				
	处理组		对照组		t 统计量	处理组		对照组		t 统计量
	均值	标准差	均值	标准差		均值	标准差	均值	标准差	
loss	2.62	1.079	0.54	0.195	-1.27	1.77	0.51	0.49	0.197	-1.65
gen	0.67	0.045	0.71	0.067	0.48	0.67	0.045	0.71	0.067	0.48
age	44.06	0.913	44.60	1.458	0.32	45.06	0.913	45.60	1.458	0.32
edu	8.21	0.299	7.00	0.528	-2.12**	8.21	0.299	7.00	0.528	-2.12**
exp	14.51	0.762	12.81	1.253	-1.20	15.50	0.764	13.79	1.251	-1.20
sca	35.61	16.951	22.54	7.001	-0.50	36.49	15.63	25.75	8.880	-0.44
lab	0.17	0.016	0.19	0.023	0.50	0.17	0.017	0.19	0.027	0.65
vet	0.26	0.042	0.23	0.061	-0.37	0.26	0.042	0.25	0.063	-0.09
qua	2.87	0.110	2.62	0.165	-1.24	3.00	0.103	2.54	0.179	-2.35**

注：** 表示 5% 的显著水平。

五、实证结果与稳健性检验

(一) 实证结果

1. 倍差模型估计

表 6-4 为基于倍差法对样本数据进行的初始检验,其中,方程(1)为不加任何控制变量的基准检验,方程(2)为加入了养殖户的个体特征、养殖经营特征、养殖风险及防疫特征等控制变量后的实证检验。由表 6-4 中方程(1)和方程(2)的回归结果可知,交互项 du×dt 的影响系数为负向,但是不具有统计显著性,说明内蒙古自治区当前实施的奶牛保险政策对降低养殖户的奶牛死亡损失不具有显著作用。但是,考虑到前文所提到的样本选择偏差及时间效应等问题的影响,DID 的估计结果可能是有偏的。为此,本研究进一步进行了下面的匹配倍差回归。

表 6-4 倍差模型估计结果

变量	(1)		(2)	
	系数	稳健标准误	系数	稳健标准误
du	2.080*	1.098	1.494**	0.648
dt	-0.050	0.276	-0.132	0.471
du×dt	-0.798	1.226	-0.768	0.897
gen	—	—	0.573	0.430
age	—	—	0.028	0.024
edu	—	—	0.125	0.147
exp	—	—	-0.033*	0.017
scl	—	—	0.039***	0.007
lab	—	—	-1.691	1.232
vet	—	—	-1.171**	0.587
qua	—	—	0.123	0.101

续表

变量	(1)		(2)	
	系数	稳健标准误	系数	稳健标准误
cons	0.542***	0.195	-2.163	1.939
N	314		314	
adj. R²	0.013		0.590	

注：*、**、*** 分别代表10%、5%、1%的显著性水平。

2. 匹配倍差模型估计

表6-5为对样本进行倾向得分匹配后的倍差模型回归结果。其中，方程（1）为应用核匹配方法（Kernel Matching）进行的倍差模型回归，方程（2）为应用半径匹配方法（Radius Matching）进行的倍差回归检验。由表6-5中方程（1）和方程（2）的回归结果可知，核心检验变量 du×dt 的影响系数为负，表明奶牛保险政策对奶牛死亡损失具有负向处理效应，但该变量并未通过显著性检验，说明当前自治区实施的奶牛保险政策尚难以显著降低参保养殖户的奶牛死亡损失。

表6-5 匹配倍差模型估计结果

变量	核匹配法		半径匹配法	
	系数	稳健标准误	系数	稳健标准误
du	1.353**	0.667	1.410**	0.717
dt	-0.141	0.410	-0.150	0.429
du×dt	-0.538	0.826	-0.591	0.863
gen	0.588	0.412	0.612	0.424
age	0.027	0.025	0.027	0.026
edu	0.132	0.159	0.144	0.171
exp	-0.030*	0.018	-0.030	0.018
scl	0.031*	0.016	0.031*	0.016
lab	-2.111*	1.184	-2.199*	1.212
vet	-1.105*	0.571	-1.118*	0.574
qua	0.118	0.095	0.118	0.097
cons	-1.952	2.358	-2.064	2.516
N	307		299	
adj. R²	0.097		0.099	

注：*、** 分别代表10%、5%的显著性水平。

关于其他控制变量。养殖户的养殖年限对奶牛死亡损失的影响为负，并且在10%的水平上显著，说明养殖户从事奶牛养殖的年限越长，奶牛养殖的死亡损失越低。可能的原因是：养殖户的养殖年限越长，养殖经验越丰富，其所饲养的奶牛出现死亡的可能性越低；养殖户饲养的成年奶牛数量对奶牛死亡损失的影响显著为正，因为本部分探讨的奶牛死亡损失为成年奶牛死亡引发的直接损失，因此，成年奶牛饲养数量越多，发生的死亡损失的可能越大；养殖人员数量对奶牛死亡损失的影响显著为负，说明每头奶牛所配给的养殖人员越多，养殖户所饲养的奶牛出现死亡的概率越小。是否具有专业兽医人员对奶牛死亡损失的影响显著为负，说明养殖区域周边拥有专业的畜牧兽医人员，对减少奶牛死亡、降低养殖户奶牛养殖损失具有重要作用。这与中国目前加强基层畜牧防疫机构建设、加大专业畜牧兽医人员投入的政策措施相一致。

（二）稳健性检验

为检验上述匹配倍差模型回归结果的可靠性，本部分进一步做如下稳健性检验，以增强基本结论的可信度。

1. 模型匹配变量平衡性检验

为验证匹配后的对照组样本是否更符合处理组的"反事实效应"需求，本部分对上述匹配倍差模型中应用到的各匹配变量进行了平衡性检验。

由表6-6中各匹配变量的平衡性检验可知，倾向得分匹配后（PSM）后所有变量的标准化偏差（%bias）均小于10%；并且，由变量的t检验统计值可知，匹配前养殖受教育年限、养殖产奶牛养殖年限和奶牛疫病检疫数量三个变量统计显著，匹配后不再统计显著，即不能拒绝处理组与对照组无系统差异的原假设，说明匹配后处理组与对照组样本特性比较相似。对比匹配前的结果，大多数协变量的标准偏误绝对值均大幅度减小，表明匹配后处理组与对照组的样本均值更加接近。总之，经过倾向得分匹配后，基本消除了处理组与对照组样本之间的个体特征差异，增强了两组样本的可比性，保证了倍差模型回归结果的可靠性。

表6-6 匹配变量平衡性检验

变量	样本	均值		标准偏误（%）	标准偏误绝对值减少（%）	t检验	
		处理组	对照组			t	P>|t|
性别	匹配前	0.670	0.708	-8.3	-8.1	-0.67	0.500
	匹配后	0.670	0.628	9.0		0.90	0.369
年龄	匹配前	44.564	45.104	-5.5	55.5	-0.45	0.650
	匹配后	44.717	44.477	2.5		0.25	0.802
受教育年限	匹配前	8.211	7.000	35.7	88.3	3.01	0.003***
	匹配后	8.076	7.934	4.2		0.45	0.651
养殖年限	匹配前	15.005	13.302	20.5	62.1	1.70	0.090*
	匹配后	14.858	14.213	7.8		0.83	0.406
成年奶牛数量	匹配前	36.046	24.146	9.4	51.6	0.67	0.503
	匹配后	18.925	24.685	-4.6		-1.38	0.167
养殖人员数量	匹配前	0.171	0.188	-10.0	72.2	-0.82	0.414
	匹配后	0.174	0.178	-2.8		-0.29	0.772
是否有专业兽医	匹配前	0.257	0.240	4.0	-75.8	0.32	0.746
	匹配后	0.245	0.276	-7.0		-0.71	0.477
奶牛疫病检疫	匹配前	2.936	2.583	30.7	98.8	2.54	0.012**
	匹配后	2.915	2.911	0.4		0.04	0.969

注：此处汇报的是核匹配后的匹配变量平衡性检验结果；*、**、***分别代表10%、5%、1%统计显著性水平。

2. 不同养殖规模下奶牛保险政策减损效果检验

上述倍差模型和匹配倍差模型估计结果显示，奶牛保险政策对养殖户奶牛死亡损失的影响并不显著，但是，不同养殖规模下，养殖户的奶牛饲养条件与管理水平往往有所不同，奶牛保险政策对不同养殖规模下的奶牛养殖户产生了怎样的减损作用？为了进一步控制样本养殖规模及其他方面的差异，保证各组样本的同质性，本书按不同奶牛养殖规模对样本养殖户进行了分组，以进一步检验模型估计结果的稳健性。其中，小于等于10头的被定义为散户组，大于10头而小于等于50头的为小规模养殖户，大于50头的为中规模及以上的养殖户①。

---

① 此处对养殖规模的界定主要参考《全国农产品成本收益资料汇编》中对奶牛养殖规模的分类标准。

表6-7不同养殖规模的匹配倍差估计结果显示，奶牛保险政策对不同规模养殖户实际产生的减损影响仍不显著，与上文两种模型估计所得结论一致，反映出本书模型估计结果是稳健和可靠的。

表6-7 不同养殖规模的匹配倍差估计结果

变量	散户	小规模	中规模及以上
du	0.190* (0.109)	0.254 (0.336)	1.478 (8.225)
dt	0.411** (0.185)	−0.400 (0.354)	9.329 (9.559)
du × dt	−0.150 (0.223)	0.387 (0.480)	−10.702 (9.746)
cv	yes	yes	yes
N	92	189	26
adj. R^2	0.125	0.123	0.654

注：括号内为稳健型标准差；cv代表模型中的其他控制变量；*、**分别代表10%、5%统计显著性水平。

六、讨论

理论上，政府保费补贴支持的奶牛保险政策具有降低参保养殖户灾害损失的作用，但基于实地调研的定量分析发现，奶牛保险的减损作用并不显著。理论与实证结论之间的冲突反映出内蒙古当前实施的奶牛保险政策在产品及条款等制度设计方面还存在很多不足。奶牛保险制度设计与奶牛养殖实际之间的不匹配是造成奶牛保险政策实际减损作用不显著的重要原因。具体分析如下：

（1）养殖户奶牛死亡率低，奶牛死亡损失对养殖户的影响较小。由于当前奶牛疫病防疫、预警系统的不断完善，饲养管理环节的不断规范，养殖技术与养殖环境的不断改进，在现代养殖过程中，奶牛死亡损失已不再是当前养殖户面临

的主要风险,因此,只针对奶牛死亡进行赔付的单一保险险种所发挥的风险防范作用有限。奶牛死亡率低的具体表现如下:

1)在当前饲养条件下,奶牛死亡现象的发生并不普遍。表6-8为以户计算的奶牛死亡事件发生频数。由表6-8可知,在本次受访的157位养殖户中,2013年发生奶牛死亡事件的有43户,占27.39%;而其余72.61%的养殖户都未曾发生奶牛死亡。与2013年情况类似,近2/3的受访养殖户在2014年未发生奶牛死亡。并且,在本次受访的养殖户中,连续两年(2013年和2014年)都未发生奶牛死亡的比例也高达49.04%。

表6-8 2013年和2014年发生奶牛死亡事件的养殖户数量

奶牛发生死亡情况		发生	未发生	合计
2013年	数量(户)	43	114	157
	占比(%)	27.39	72.61	100
2014年	数量(户)	58	99	157
	占比(%)	36.94	63.06	100

资料来源:奶牛养殖户调查数据。

2)在奶牛养殖过程中,即使发生奶牛死亡事件,奶牛死亡率[①]也普遍较低,死亡数量普遍不高,奶牛死亡带来的直接损失较小。

图6-4分别列示了奶牛死亡相对值(死亡率)和绝对值(死亡数量)的分布情况。由图6-4(a)中奶牛死亡率的分布可知,2013年和2014年,受访养殖户的奶牛死亡率主要集中于3%以下,分别占74.52%和68.79%,这一点再次说明在当前饲养条件下,奶牛养殖过程中很少发生奶牛死亡。并且,即使发生奶牛死亡,死亡数量也普遍较小,对养殖户生产经营造成的影响有限[②]。由图6-4(b)中奶牛死亡的绝对数量分布可知,在发生奶牛死亡的养殖户中,2013年

---

① 奶牛死亡率=家庭或养殖场奶牛死亡数量/奶牛养殖总数量。

② 当然,本次调研数据显示2013年和2014年奶牛死亡数量不高,除得益于当前饲养技术、防疫水平的不断提高,也得益于近年并没有发生大的自然灾害或重大疫情,因此,在突发事件(自然灾害或重大疫情)很少发生的情况下,奶牛死亡造成的损失对养殖户生产经营产生影响逐渐在变小。而相对于奶牛死亡损失,当前养殖户更关心的是市场风险带来的损失,如奶价不断走低、饲料价格不断上涨、拒奶情况严重等。

41.86%的养殖户只出现1头奶牛死亡,23.26%的养殖户出现2头奶牛死亡,出现3头及以上的养殖户占34.88%;而2014年奶牛死亡的头数更为集中,出现1头奶牛死亡的养殖户占65.52%,出现2头奶牛死亡的占比为13.79%,出现3头及以上的占比为20.69%。

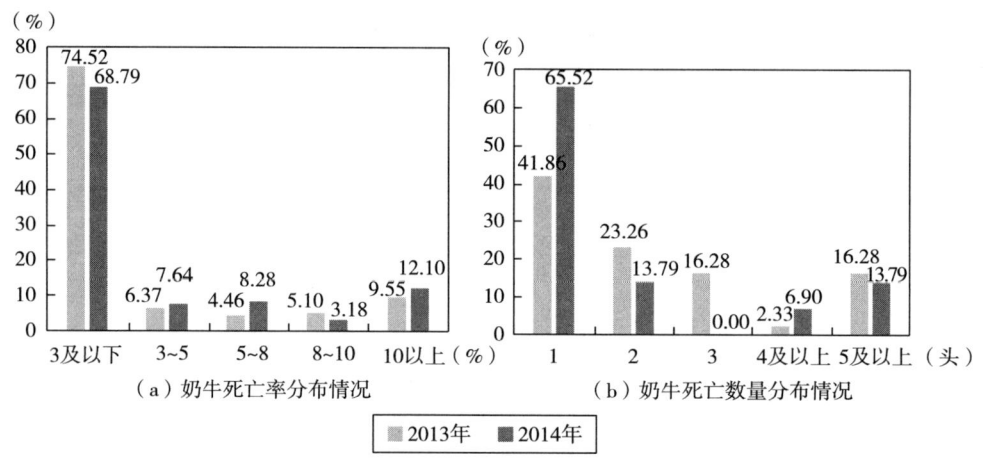

图6-4 2013~2014年奶牛死亡率与死亡数量分布情况

(2)奶牛保险涉及的死亡责任范围较小,保险理赔条件设置较为苛刻。当前,内蒙古自治区实施的奶牛保险的保险责任范围是保险合同约定的"重大病害、自然灾害和意外事故"所导致的投保奶牛直接死亡,并非所有非人为因素造成的奶牛死亡,可以说当前内蒙古实施的奶牛保险也只是"有限责任"的奶牛死亡保险。而实际养殖过程中常发的一些引起奶牛死亡的疾病(如难产、乳房炎等)并没有纳入当前奶牛保险的风险保障范畴。同时,当灾害发生,投保人向承保人请求保险赔偿时,较为苛刻的保险理赔条件设置也让很多养殖户望而却步。如在内蒙古地区,投保养殖户在请求保险赔偿时,按规定养殖户应提交保险单正本、损失清单、政府畜牧防疫监督管理机构出具的真实合法的诊断证明、死亡原因证明和防疫记录等证明材料。

因此,对于参保养殖户,即使其所养殖的奶牛在保险期间发生非人为因素造成的死亡,但由于死亡原因不属于保险责任范围或理赔材料不符合保险约定,养殖户也不一定会获得保险赔付。尤其在 2013 年《农业保险条例》实施后,"据实赔付"的要求与规定越发明确,如果严格按照当前奶牛保险条款规定对养殖户进行理赔,在很大程度上会降低参保养殖户获得保险理赔的概率,进而影响奶牛保险减损作用的发挥。

由图 6-5 可知,对于在 2014 年首次参加奶牛保险的 109 位养殖户,其中,发生奶牛死亡的有 48 户,占总参保养殖户数的 44.04%;而在上述发生奶牛死亡的参保养殖户中,获得奶牛保险赔偿的有 31 户(其中,6 户只是部分死亡奶牛获得赔偿),另外 35.42%(17 户)发生过奶牛死亡的养殖户,虽然参加了奶牛保险,但是由于不满足保险责任范围要求,最终并没有获得奶牛保险任何赔偿。

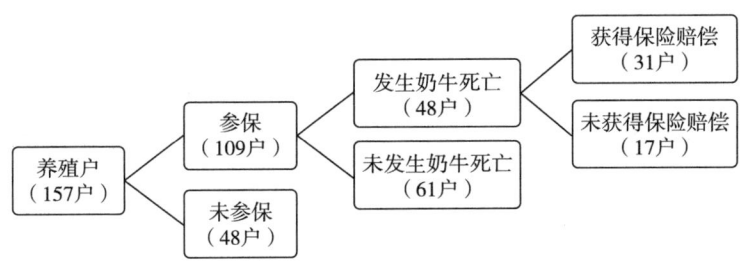

图 6-5 参保养殖户获得奶牛保险赔偿情况的说明

(3) 奶牛保险赔付金额低,不足以弥补养殖户的奶牛死亡损失。农业保险的灾后补偿金额是影响其减损作用发挥的重要方面。但是,正如庹国柱和王国军(2015)所说:"中国目前的农业保险项目,无论从哪个意义上讲,提供的保障水平都还太低"。而较低的保障水平或保险赔付必然会在很大程度上限制农业保险减损效果的发挥。因此,奶牛保险较低的风险保障水平,也是导致其减损作用不显著的重要原因。

由表 6-9 成年奶牛市场价格统计可知,2013 年和 2014 年内蒙古自治区成年奶牛市场价格较高,其中,2013 年成年奶牛市场价格的平均值为 14506.50 元/头,2014 年为 14132.61 元/头,远高于自治区 2014 年和 2013 年的奶牛保险保险赔偿金额 6000 元/头。

表6-9 成年奶牛市场价格统计

成年奶牛市场价格	总数	均值	标准差	最小值	最大值
2013年	157	14506.50	2903.638	6000	20000
2014年	157	14132.61	2791.998	5000	20000

资料来源：奶牛养殖调查数据。

表6-10对2014年受访养殖户获得的奶牛保险赔偿金额与成年奶牛市场价格之间的差额情况进行了统计。由表可知，2014年31户获得奶牛保险赔偿的养殖户中，其所获得的保险赔付金额与其所饲养的成年奶牛市场价格之间普遍存在着较大的差距，二者之间差距最大者可达15000元，最小的为3000元，平均差额近9000元。

表6-10 奶牛保险赔付金额与成年奶牛市场价格的差额

差额	总数	均值	标准差	最小值	最大值
2014年	31	8919.36	3019.65	3000	15000

资料来源：奶牛养殖户调查数据。

总之，在当前奶牛养殖很少发生死亡，即使发生死亡也不一定会获得保险赔付，即使获得赔付也不足以弥补奶牛死亡损失的情况下，奶牛保险产生的实际减损效果不显著也在情理中。

七、本章小结

本章首先从风险管理与保险原理的角度，对奶牛保险是否具有减轻养殖户损失的作用进行理论分析与探讨，理论分析表明，政府财政支持的奶牛保险政策具有降低和分散养殖户奶牛养殖死亡损失的作用；但奶牛保险政策的实际减损效果如何？其次利用奶牛保险政策在内蒙古自治区逐步开展这一特点，构建实证设计所需的"自然试验"，基于微观调查数据，应用倍差法（DID）和倾向得分匹配倍差法（DDPSM），对奶牛保险的实际减损效果进行进一步的实证检验。实证结果发现，奶牛保险政策对养殖户奶牛死亡损失具有负向处理效应，但影响作用并不显著，说明当前政府财政支持的奶牛保险政策尚难以显著降低参保养殖户的生产损失。最后结合奶牛保险发展及奶牛养殖实际，对上述理论与实证结果之间的冲突做进一步的原因分析，发现单一的保险险种、有限的奶牛死亡责任范围、苛刻的理赔条件和较低的保险赔付水平，是造成奶牛保险政策实际减损作用不显著的主要原因。

本章的研究结论对充分认识中国农业保险的减损效果，完善农业保险的风险分散机制，促进农业保险对农业生产的支持作用具有重要的启示意义。具体地，各级政府和保险经办机构应结合农业生产实际和农户需求，不断完善农业保险产品及与制度设计。短期内，可以在不改变当前农业保险"保成本"这一特点的前提下，通过扩大农业保险的保险责任范围、提高农业保险的风险保障水平和制定科学合理的理赔措施等方法来进一步提高农业保险的减损效果。长期内，中国农业保险的健康发展，需要不断拓宽农业保险的服务领域，加强产品创新，逐渐将农产品生产的经济风险纳入农业保险的风险防范范畴，调整现在的"保成本"为"保价格"或"保收入"。

第七章 奶牛保险对养殖户养殖规模决策行为的影响

国家在制定农业政策或调控措施时需要考虑和兼顾政策对农户行为的影响（张林秀，1996）。2008年，财政部出台的《中央财政养殖业保险保费补贴管理办法》中明确指出"为调动广大农户的养殖积极性，促进养殖业的持续健康发展，国家支持在全国范围内建立养殖业保险制度"。当前，内蒙古自治区实施的奶牛保险政策主要针对重大疫情及自然灾害造成的损失进行保险赔偿。短期内，由于奶牛保险制度设计存在的不足，并且在没有重大疫情及自然灾害发生的情况下，奶牛保险政策所发挥的客观直接减损作用可能不明显。但奶牛保险作为国家目前稳定实施的一项支农惠农政策，在改变奶牛养殖户面对"重大疫情及自然灾害"的风险暴露状态、消除养殖户的巨灾风险心理恐惧、稳定养殖户产出预期的同时，向养殖者发出了国家重视和鼓励奶牛养殖的信号，增强了养殖者从事奶牛养殖的信心。因此，奶牛保险政策的实施可能会对养殖户的奶牛养殖规模决策行为产生影响。

政府保费补贴的奶牛保险政策已在中国开展多年，随着奶牛保险制度的逐步推进，奶牛保险政策对养殖户的生产行为产生了怎样的影响？养殖户对奶牛保险政策是如何"响应"的？奶牛保险政策的实施是否会对养殖户的奶牛养殖行为产生激励作用？基于对上述问题的探讨，本章在理论分析的基础上，通过内蒙古奶牛养殖户的实地调研数据，利用规范的计量实证方法，分析与检验奶牛保险政策是否会影响养殖户的养殖决策行为，是否会促进养殖户扩大奶牛养殖规模。

一、理论分析

从农户行为理论的发展与演变可以看出,众多学者(舒尔茨,1964;Popkin,1979)都将农户视为理性的"经济人",认为农户经济行为决策的目标是实现自身或家庭经济利益的最大化,同样帕累托最优原则也适用于农户生产要素的配置行为。因此,农户的生产决策行为是理性的,一旦具备可改进的外部条件,农户就会自觉地表现出一种"进取精神",并合理使用、配置自身所掌握的有限资源,实现生产决策行为的收益最大化。尤其伴随中国市场经济体制的不断完善,生产要素的市场化配置程度不断加强,农户或养殖者当前可从事的经济活动越来越多样化,传统应用于农业或畜牧业生产的劳动、资本等生产要素也可以自主地配置到其他产业领域,同样其他产业领域的生产要素也可以流动到农业或畜牧业生产领域①。但是,在一定时期内,农户或养殖者拥有的生产资源(劳动力、土地和资本等)总量是一定的,在农户或养殖者从事不同经济活动时,不同生产资源之间是相互竞争的。例如,当养殖者意识到将自身所拥有的劳动、资本等要素配置到其他经济活动的预期收益大于投入到畜牧业生产上的收益时,追求收益最大化的养殖者就会放弃畜牧业生产而转向其他经济活动;反之,则会加大畜牧业生产投入,扩大养殖规模。

作为经济理性的投资者,假定养殖者可以从事的经济活动的种类为 T_i($i=1,2,3,\cdots,n$),每种经济活动的生产规模大小为 x_i,每种经济活动产出品的市场价格为 P_i,在每种经济活动 i 中生产一单位产品需要投入的各项资源(如劳动力、土地和资本等)大小为 θ_i,每种经济活动的经营风险为 l_i,u_i 为影响经济

---

① 这一现象在畜牧业生产中更明显,因为与种植业投入成本较低不同,畜牧业生产具有投资大的特点,生产过程需要占用大量资金、劳动力等资源,属于农业中的"重工业"(吴宗学等,2012)。尤其在当前规模化、专业化发展趋势明显的背景下,畜牧业生产更像是一种投资行为,理性的投资者在有限资源约束下,面对多样化的生产经营选择会根据不同经济活动的成本与收益以及政府扶持性政策等外部经济信号做出反应或决策。

活动 i 收益的其他变量（如养殖者的文化程度、非农就业市场环境等）。

于是，每种经济活动 i 的收益函数可以表示为：

$$R_i = R(P_i, \theta_i, l_i, x_i, u_i) \tag{7-1}$$

式中，$R(P, \theta, l, x, u)$ 对 x 一阶偏导数和二阶偏导数均存在，并且满足 $R'(x) > 0$，$R''(x) < 0$，意味着随着每种经济活动经营规模的不断扩大，由该经济活动产生的收益会逐渐增大，但是提高经营规模的边际效益是递减的；而 $R(P, \theta, l, x, u)$ 对风险损失 l 的一阶偏导数为负，l 越大表示经营的风险损失越大，收益越小。

则养殖者从事不同经济活动所产生的总收益可以表示为：

$$R = R_1(P_1, \theta_1, l_1, x_1, u_1) + R_2(P_2, \theta_2, l_2, x_2, u_2) + \cdots + R_n(P_n, \theta_n, l_n, x_n, u_n) \tag{7-2}$$

给定养殖者所拥有的资源总量为 θ，可以得出养殖者的资源约束条件为：

$$\theta = x_1\theta_1 + x_2\theta_2 + \cdots + x_n\theta_n \tag{7-3}$$

此时，养殖者面临的决策是在既定的资源约束下，确定各种经济活动的最优开展规模，以实现收益的最大化。为解决这一问题建立如下拉格朗日方程：

$$L = R_1(P_1, \theta_1, l_1, x_1, u_1) + R_2(P_2, \theta_2, l_2, x_2, u_2) + \cdots + R_n(P_n, \theta_n, l_n, x_n, u_n) + \lambda[\theta - (x_1\theta_1 + x_2\theta_2 + \cdots + x_n\theta_n)] \tag{7-4}$$

式（7-4）中 λ 为拉格朗日乘子。

可得养殖者生产决策收益最大化的一阶条件为：

$$\frac{\partial L}{\partial x_1} = \frac{\partial R_1}{\partial x_1} - \lambda\theta_1 = 0, \quad \frac{\partial L}{\partial x_2} = \frac{\partial R_2}{\partial x_2} - \lambda\theta_2 = 0, \quad \cdots, \quad \frac{\partial L}{\partial x_n} = \frac{\partial R_n}{\partial x_n} - \lambda\theta_n = 0 \tag{7-5}$$

将式（7-5）中各等式简单整理后可得：

$$\frac{\partial R_1}{\partial x_1} : \frac{\partial R_2}{\partial x_2} : \cdots : \frac{\partial R_n}{\partial x_n} = \theta_1 : \theta_2 : \cdots : \theta_n \tag{7-6}$$

式（7-6）表明，在有限资源约束下，养殖者作为理性的投资者，为实现投资决策收益的最大化，其不同经济活动的生产决策应满足以下条件：不同经济活动的边际收益之比与投入的边际成本之比相等。因此，当上述不同经济活动的边际收益与边际成本之间的均衡条件被打破后，经济理性的养殖者就会根据不同经济活动的成本、收益及扶持性政策等外部信息的变化，重新调整与配置自身所拥有的资源,扩大更具生产优势的经济行为,减少或弱化其他经济行为。

然而,奶牛保险保费补贴政策的实施会对养殖者的生产决策行为产生怎样的影响?为简化起见,假定养殖者从事的经济活动分为两种:奶牛养殖和非奶牛养殖活动,其中奶牛养殖是指各种模式的奶牛养殖,包括传统奶牛养殖行为和大规模现代化奶牛养殖行为;非奶牛养殖是指除奶牛养殖以外的其他经济活动,包括粮食作物或经济作物的种植行为,其他牲畜养殖行为,外出打工行为等。由前文的分析可知,在没有实施奶牛保险的状态下,追求生产经营收益最大化的理性养殖者对两种经济活动的生产决策应当满足下列均衡条件:

$$\frac{\partial R_1}{\partial x_1} : \frac{\partial R_2}{\partial x_2} = \theta_1 : \theta_2 \tag{7-7}$$

奶牛保险政策的实施,一方面,在很大程度上改变了养殖户奶牛养殖行为的风险状态,即相对于其他处于风险暴露状态的经济活动,此时奶牛养殖行为的经营风险相对较低。并且,由上述经济活动的收益函数表达式(7-1)可知,奶牛养殖行为经营风险的降低,将会增加奶牛养殖的生产收益。另一方面,由于保险的"灾后补偿"功能,养殖者的奶牛养殖行为得到了有效的风险保障与防护,减少了损失波动对养殖者收益带来的不确定影响,使养殖者对奶牛养殖行为的生产收益形成了稳定的、合理的预期。同时,奶牛保险作为一项国家支持奶牛养殖业发展的惠农政策,政府每年都向符合条件的参保者提供大量的保费补贴,奶牛保险政策的实施向养殖者发出了国家重视和鼓励奶牛养殖的信号,增强了养殖者奶牛养殖的信心。因此,在其他生产条件(产品价格、要素价格和技术水平等)不发生改变的前提下,奶牛保险政策的实施,将使奶牛养殖在生产上更具比较优势,进而会增大奶牛养殖与非奶牛养殖行为的边际收益比,最终导致原有两种经济活动的生产均衡状态被打破①,出现如下情况:

$$\frac{\partial R_1}{\partial x_1} : \frac{\partial R_2}{\partial x_2} > \theta_1 : \theta_2 \tag{7-8}$$

如图7-1所示,横轴表示奶牛养殖的生产规模,纵轴表示其他非奶牛养殖

---

① 奶牛保险的购买虽然需要养殖者支付一定保费,改变了奶牛养殖的边际成本,但是,由于中国政府每年都向符合条件的参保者提供大量的保费补贴,因此,奶牛养殖者支付的保费较少,这里认为购买保险产生的边际成本的变化小于边际收益的变化。

行为的生产投入。养殖者的生产决策可能曲线为 AB，表明在有限资源约束下，养殖者若增加奶牛养殖饲养数量，就必须减少其他非奶牛养殖行为的生产投入。在没有实施奶牛保险的情况下，两种经济活动的边际收益之比与边际成本之比相等［如式（7-7）所示］，假设该比值大小为 r，图 7-1 显示此时的生产均衡点为 C。奶牛保险保费补贴政策实施以后，降低了奶牛养殖的经营风险，提高了奶牛养殖的边际收益，奶牛养殖在生产上更具比较优势，两种经济活动的边际收益之比提高至 r+s，此时，生产均衡点将移动至 D。相对于均衡点 C 而言，奶牛保险政策实施以后，奶牛养殖规模 OF 大于之前的 OE，而非奶牛养殖投入 OK 小于之前的 OP。这表明，在其他条件不变的前提下，奶牛保险政策的实施会促使养殖者减少非奶牛养殖行为的供给，激励养殖者将更多的资源用于奶牛养殖，扩大奶牛养殖数量，促进奶牛养殖规模化发展。

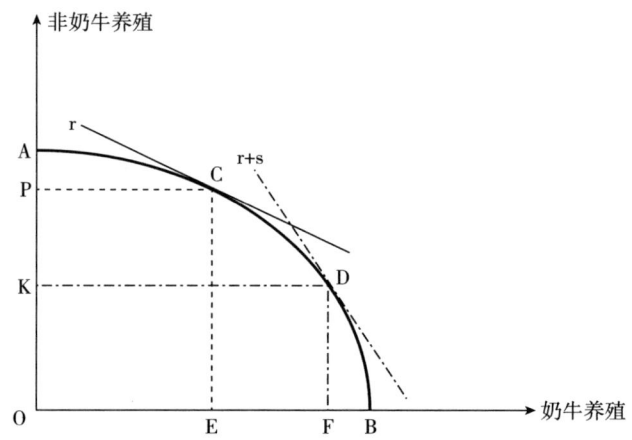

图 7-1 奶牛保险对养殖户奶牛养殖与非奶牛养殖行为的影响

二、计量分析方法

为识别奶牛保险政策对养殖户养殖决策行为的影响，本节采用普通最小二乘估计法（OLS）和工具变量两阶段最小二乘估计法（2SLS）进行实证分析，重点考察奶牛保险政策对养殖户奶牛养殖规模的影响程度。

（一）基准模型

本部分采用普通线性回归模型，考察奶牛保险政策对参保养殖户奶牛养殖规模的影响，如下：

$$S_i = X_i\beta_1 + I_i\beta_0 + \mu_i \tag{7-9}$$

式中，S_i 表示养殖户的奶牛养殖规模，X_i 是一系列影响养殖户奶牛养殖规模的控制变量，包括性别、年龄、受教育水平、牛奶市场售价等；I_i 为养殖户是否参加奶牛保险的二元虚拟变量（不参加为0，参加为1）；μ_i 为随机扰动项；β_0 是本研究重点关注的系数，即通过它的符号和显著性来判断奶牛保险政策的实施是否会促进养殖户扩大奶牛养殖规模。

（二）工具变量模型

在估计奶牛保险对养殖户奶牛养殖决策行为的影响时，关键解释变量"养殖户是否参加奶牛保险"的内生性问题不容忽视。出现内生性问题的原因主要有以下两种：一是遗漏变量（Omitted Variables）。影响奶牛养殖发展的因素众多，在实际建立模型过程中不可能将所有影响因素全部列出。在对奶牛养殖规模的影响因素进行实证分析时可能会遗漏一些不可观测，或者难以量化，但与养殖户的奶牛养殖规模决策行为有关的变量，如养殖户对奶业发展前景的预期、对灾害发生的预期等。在此种情况下，遗漏变量的影响会被归入新的扰动项中，如果该遗漏变量同时与模型中的其他解释变量（如养殖户的参保决策）相关，就会引起"遗漏变量偏差"（Omitted Variables Bias），导致模型中该变量的影响方向出现偏误。并且，这种影响方向的偏误和具体的遗漏变量有关，如果模型设定中遗漏了对被解释变量有负向影响，同时对解释变量有正向影响的因素，则会造成模型估计结果的低估。例如，对于一个预期会遭受风险，对风险发生持悲观态度的养殖户，其扩大奶牛养殖规模的概率往往较低，但参加奶牛保险倾向相对较高。可是，由于养殖户对风险发生的预期这一变量很难被观测与量化，因此遗漏该变量将会导致参保决策的估计系数向下偏误，从而低估奶牛保险对养殖户奶牛养殖规模决策行为的影响。二是养殖户参加奶牛保险与奶牛养殖规模之间的反向因果

（Revese Causality）关系。例如，养殖户奶牛养殖规模不断扩大会增大其奶牛保险的购买需求，奶牛养殖规模较大的养殖户可能更倾向于参加奶牛保险，而由反向因果关系产生的内生性问题，同样会导致模型估计结果的偏误。

因此，在研究奶牛保险政策对养殖户奶牛养殖规模的影响时，使用简单最小二乘法（OLS）进行回归估计，所得结果将是有偏和非一致的。为克服上述内生性问题所导致的最小二乘估计偏差，本章同时选择使用工具变量方法（IV）进行实证回归分析。并且，在模型设定过程中合理添加一些影响养殖户奶牛养殖规模决策的控制变量，以进一步减小遗漏变量问题的影响，保证回归结果的稳健性。在模型应用过程中，工具变量两阶段最小二乘估计法（2SLS）主要从以下两个阶段展开回归：

首先，使用 I_i 对工具变量 Z_i 回归，计算出 I_i 的预测值 $\hat{I}_i$，如下：

$$I_i = \pi_0 + \pi_1 Z_i + \varepsilon_i \tag{7-10}$$

其次，使用 I_i 的预测值（$\hat{I}_i$）代替 I_i，再使用 S_i 对 $\hat{I}_i$ 进行回归，得到 $\hat{I}_i$ 的估计系数，即为 β_0 的一致估计量，如下：

$$S_i = X_i \beta_1 + \beta_0 \hat{I}_i + \mu_i \tag{7-11}$$

式中，S_i、X_i、I_i 和 μ_i 所代表的含义与式（7-9）相同。这里同样通过系数 β_0 来判断养殖户参加奶牛保险后，是否会促进其扩大奶牛养殖规模。

具体地，选择养殖户是否参加新型农村社会养老保险（以下简称新农保）作为养殖户是否参加奶牛保险的工具变量，有效的工具变量必须同时具备两个性质：一是与关键解释变量相关，二是与随机扰动项无关。养殖户是否参加新农保较好地满足了这两个要求：一方面，内蒙古自治区实施的新农保政策采取政府组织与农牧民自愿相结合的原则，并在个人缴纳一定费用的基础上享受"集体补助和政府补贴"，新农保政策和农业保险政策同属于政府提供补贴的惠农政策，二者之间具有很多相似性，并且，选择参加新农保的养殖户更倾向于利用保险手段分散风险，因此可以预计养殖户是否参加新农保与是否参加奶牛保险之间存在高度相关性。另一方面，新农保的推广是在中央政府、自治区及各级地方政府的大力支持下进行的，在养殖户个人承担的保费负担不重的前提下（当前参加自治区新农保的农牧民，最低只需缴纳100元/年的保费），养殖户是否参加新农保在很大程度上得益于政府的推广力度，因此，可以预期养殖户是否参加新农保与该养殖户的奶牛养殖头数不直接相关。

三、数据及变量选择

(一) 数据来源

本节的研究数据源于课题组在 2015 年 7~9 月对内蒙古自治区呼和浩特市、包头市、呼伦贝尔市和兴安盟 4 个盟市奶牛养殖户进行的问卷调查。本次调研涉及的 4 个盟市主要是兼顾考虑奶牛存栏数量和养殖模式的情况下确定,调研样本的选取区域具有很强的代表性。调查采取实地走访的问卷调查方式,在每个旗县(区)抽取 1~3 个乡镇,在每个乡镇选取 1~3 种养殖模式(散户、养殖场或小区、合作社、大型牧场和牧业公司),在每种养殖模式下,根据饲养规模随机抽取一定数量的养殖户作为调查样本。

本次问卷调查共涵盖内蒙古自治区 4 个盟市、12 个旗县(市、区)、26 个乡镇或园区、46 个行政村;此次调研,共调查 264 位养殖户连续 2 年(2013 年和 2014 年)的奶牛养殖与奶牛保险购买情况,共收集 528 个样本数据。剔除相关重要指标缺失的样本,其中,2013 年剩余有效样本 250 个,2014 年剩余有效样本 251 个,样本有效率为 94.89%。问卷内容与上文研究所应用的问卷一致。

(二) 变量的选取及描述性统计

1. 变量的选取

(1) 被解释变量。自 20 世纪 80 年代,中国农村开始进行经济体制改革后,广大农牧民作为市场经济的微观参与者,其所表现出的生产决策行为日趋理性。在追求生产决策收益最大化原则指导下,农牧民会依据自身内在条件积极地对外部环境和政策信息等变化做出反应。农牧民的生产行为反应形成了国家惠农政策绩效的反应终端,成为认识并改进、完善国家农业补贴政策的重要参考因素。本部分为了评价奶牛保险保费补贴政策对调动养殖户养殖积极性的影响,选用养殖户的奶牛养殖规模（scal）作为模型中的被解释变量。具体地，养殖户的奶牛养殖规模是指其所饲养的成年奶牛和犊牛数量总和。

（2）关键解释变量。为考察奶牛保险政策对养殖户奶牛养殖规模的影响，选择养殖户是否参加奶牛保险（ins）作为模型中的关键解释变量。该变量为虚拟变量，参加奶牛保险赋值为1，未参加赋值为0。

（3）其他变量。正如前文分析所说，影响养殖户养殖规模的因素众多，为准确评估奶牛保险政策对养殖户奶牛养殖规模的影响，本书还控制了影响养殖户奶牛养殖规模的其他因素，以进一步减小遗漏变量问题的影响，具体包括：

1）养殖户的个体特征：包括养殖户的年龄（age）和受教育年限（edu）。年龄和受教育年限等指标是重要的人口统计学因素，这些因素可能会影响养殖户的生产决策行为（Mcpeak 和 Doss，2006）。

2）养殖户的家庭财富特征：包括养殖户是否有贷款（loa）和是否有其他非奶牛养殖收入（inc）。养殖户养殖规模的扩大需要有充足的资金作为保障，养殖户是否有贷款能够反映养殖户的资金筹措能力，相比于没有贷款的养殖户，拥有贷款者更倾向于扩大奶牛养殖规模；养殖户是否有其他非奶牛养殖收入是指养殖户是否拥有除奶牛养殖以外的其他经济收入，包括粮食作物或经济作物的种植收入、其他牲畜养殖收入、外出打工收入等。养殖户作为理性的经济人，非奶牛养殖收入情况将直接影响到养殖户的奶牛养殖行为。如果养殖户的家庭收入全部源于奶牛养殖行为，没有其他收入，则说明该养殖户对奶牛养殖行为的依赖程度较高，其继续扩大奶牛养殖规模的倾向较大。反之，可能会减小奶牛养殖头数或放弃奶牛养殖行为。

3）养殖特征：选取每头奶牛平均每天饲料投入（fod）作为反映受访养殖户不同养殖特征的变量。饲料是动物的食物，饲料的保质保量投入直接关系到动物的生长发育和生产效率（张永根，2011）。投入使用更高质量饲料的养殖户，更加注重规范、专业化养殖，其可持续经营、扩大养殖规模的倾向较大。

4）市场环境特征：选取牛奶平均市场售价（pri）和拒收牛奶次数（nom）作为养殖户所面临的奶业市场环境的反映。养殖户出售牛奶的市场价格越高，其通过奶牛养殖行为获得高收入的可能性越大，此种情况下，养殖户从事奶牛养殖、扩大奶牛养殖数量的倾向越高；而如果养殖户经常面临牛奶被拒收的情况，时常出现牛奶无地销售,则其从事奶牛养殖的积极性会越来越低,奶牛养殖规模可能会逐渐缩小。

5) 年度及区域特征变量:除以上控制变量外,还加入代表受访养殖户所在地区的区域虚拟变量(area)和代表受访年度的时间虚拟变量(year)。

各变量的定义与赋值如表7-1所示。

表7-1　变量的定义与赋值

变量名称	代码	单位	测量方法
奶牛养殖规模	scal	头	连续型变量,实际数据
养殖户是否参保	ins	—	二分类变量(参保=1;未参保=0)
养殖户年龄	age	岁	连续型变量,实际数据
受教育年限	edu	年	连续型变量,实际数据
是否有贷款	loa	—	二分类变量(有=1;无=0)
是否有其他收入[a]	inc	—	二分类变量(有=1;无=0)
每头奶牛饲料投入	fod	元/头·天	连续型变量,实际数据
牛奶平均市场售价	pri	元/公斤	连续型变量,实际数据
拒收牛奶次数	nom	次/年	连续型变量,实际数据
年度变量	year	—	二分类变量(1=2014,0=2013)
区域变量	area	—	二分类变量(1=内蒙古西部,0=内蒙古东部)

注:a 其他收入是指除奶牛养殖外的其他经济活动产生的收入,包括粮食作物或经济作物的种植收入、其他牲畜养殖收入、外出打工收入等。

2. 变量的描述性统计

表7-2为全样本、参保和未参保养殖户各变量的描述性统计。由表可知,在本次考察的501个全样本中,参加奶牛保险的养殖户有212户,占总样本的42.32%。在养殖规模方面,参保养殖户的平均奶牛养殖头数为292.71头,明显高于未参保养殖户的平均奶牛养殖头数(73.77头);在个体特征方面,参保养殖户的平均年龄略小于未参保养殖户,而参保养殖户的平均受教育年限略大于未参保养殖户;对于家庭财富特征,拥有贷款的参保养殖户占26%,明显高于未参保养殖户(13%);在养殖户是否具有其他收入这一指标上,二者的差距不大,参保与未参保养殖户的平均值分别为0.50和0.48;在养殖特征方面,参保

养殖户的平均饲料投入为 32.70 元/头·天，未参保养殖户的平均饲料投入为 30.73 元/头·天，参保养殖户的平均饲料投入大于未参保养殖户；在市场环境特征方面，参保养殖户面临的平均牛奶市场售价为 2.97 元/公斤，未参保养殖户的平均牛奶市场售价为 2.79 元/公斤，参保者的牛奶售价高于未参保者，发生的拒奶次数明显少于未参保者。总之，变量描述性统计显示，参保养殖户与未参保养殖户样本之间存在着较为明显的差异。

表 7-2 变量的描述性统计

变量	全部样本（501）				参保养殖户（212）				未参保养殖户（289）			
	均值	标准差	最小值	最大值	均值	标准差	最小值	最大值	均值	标准差	最小值	最大值
scal	166.42	906.01	1	11329	292.71	1230.83	2	11329	73.77	542.99	1	8900
age	45.22	10.12	21	66	44.47	10.61	22	66	45.78	9.74	21	66
edu	7.84	3.51	0	17	8.44	3.48	0	17	7.39	3.48	0	17
loa	0.19	0.39	0	1	0.26	0.44	0	1	0.13	0.34	0	1
inc	0.49	0.50	0	1	0.50	0.50	0	1	0.48	0.50	0	1
fod	31.56	15.25	4.5	100	32.70	16.55	4.5	82	30.73	14.19	5	100
pri	2.87	0.90	0.9	5.8	2.97	0.97	1	5.8	2.79	0.84	0.9	5.2
nom	3.43	7.22	0	60	2.66	4.85	0	30	3.99	8.52	0	60
year	0.50	0.50	0	1	0.75	0.43	0	1	0.31	0.47	0	1
area	0.33	0.47	0	1	0.36	0.48	0	1	0.30	0.46	0	1

资料来源：奶牛养殖户调查数据。

四、实证结果与分析

（一）初步分析

奶牛保险政策的直接实施对象为从事奶牛养殖的养殖户，奶牛养殖户对奶牛保险政策促进奶牛养殖生产投入是如何响应的？本书在实证分析前，对养殖户有关奶牛保险政策促进奶牛养殖行为的主观响应进行了简单初步分析。

本次调研数据显示（见图7-2），在2014年参加奶牛保险的163位受访养殖户中，有90位受访者明确表示"参加奶牛保险后更愿意从事奶牛养殖活动"，占参保养殖户总数的55.21%。众多养殖户表示，参加奶牛保险后大大消除了对发生重大灾害、疫情的顾虑，增强了其扩大奶牛养殖的信心；另外，44.79%的参保养殖户表示当前只针对奶牛死亡风险的奶牛保险政策，对其奶牛养殖规模决策行为的影响很小，建议拓宽奶牛保险的保险责任范围，推出对牛奶价格或奶牛养殖收入等市场风险进行保障的保险产品。由以上初步分析可知，奶牛保险政策的实施增强了养殖户从事奶牛养殖的主观积极性，有助于促进养殖户扩大奶牛养殖规模。但受限于当前奶牛保险制度设计的不足，一部分养殖户也明确表示，参加奶牛保险与否对其奶牛养殖规模决策行为尚不能产生影响。

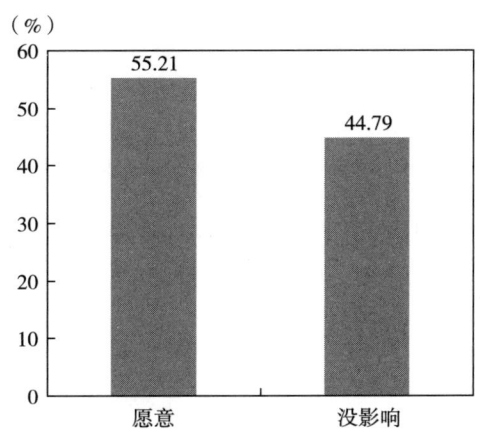

图7-2 养殖户参加奶牛保险后是否更愿意从事奶牛养殖活动

以上初步分析为认识奶牛保险政策与养殖户奶牛养殖规模决策行为之间的关系提供了较为直观的判断，但奶牛保险政策对养殖户奶牛养殖规模的影响到底如何？下面为准确估计奶牛保险政策对养殖户奶牛养殖规模决策行为的影响，将通过计量经济模型予以实证检验分析。

（二）实证结果

1. 工具变量合理性分析

本部分对工具变量的合理性进行了前期检验与分析。具体检验过程主要从以下两方面展开：第一，对工具变量的强度（Powerfulness）进行检验，主要通过衡量工具变量与内生解释量之间的相关性来实现；第二，对工具变量的有效性（Validity）进行检验，主要通过衡量工具变量与回归残差之间的相关性来实现。检验结果如下：

（1）工具变量与关键内生解释变量相关，即 $Corr(Iv, ins) \neq 0$。在本章所应用的 IV 模型中，只有一个内生解释变量，如果工具变量满足非弱工具变量条件，一般要求工具变量模型中的第一阶段回归 F 统计量大于 10①。从表 7-3 工具变量一阶段回归结果来看，F 统计量为 11.12，大于 10，说明模型所选择的工具变量强度较好，不存在弱工具变量问题。这一检验结论同时也被其他检验所证实②。

（2）工具变量与残差项不相关，即 $Corr(Iv, u) = 0$。这里参照 Wooldridge（2002）将第二阶段回归中的残差项作为被解释变量，通过对工具变量进行回归的方法，间接检验本章中所选择的工具变量的外生有效性。检验结果显示，在 10% 的显著水平下，工具变量没有通过显著统计检验，反映出本章所选择的工具变量与模型残差项之间没有明显的统计相关性，说明养殖户是否参加新农保是有效的外生变量。同样，为了稳健起见，把工具变量加入基础模型作为额外的控制变量，以养殖户的奶牛养殖规模作为被解释变量进行回归，结果显示，养殖户是否参加新农保对奶牛养殖规模的大小并没有产生直接的显著影响。这也从侧面印证了"工具变量的外生有效性"。

2. 模型估计结果

表 7-3 分别依照基准模型（OLS）和工具变量（IV）模型汇报了实证回归结果。模型的回归结果与分析如下：

（1）奶牛保险政策对养殖户的奶牛养殖规模具有显著正向影响。表 7-3 的 OLS 模型回归结果显示，在控制了一系列相关协变量后，参加奶牛保险与养殖户的奶牛养殖规模之间呈现显著的正向关系。但这尚不能理解为二者之间存在因果

---

① 在第一阶段回归中，$I_i = \pi_0 + \pi_1 Z_i + \varepsilon_i$，检验原假设"$H_0: \pi_1 = 0$"（即工具变量 IV 的系数为 0），一个经验规则，若此检验的 F 统计量大于 10，则可拒绝"存在弱工具变量的原假设"（见 Stock 等，2002）。

② 为稳健起见，本书同时使用对工具变量强弱不敏感的有限信息最大似然估计法（LIML）进行回归，估计结果与 2SLS 非常接近。这也从侧面证实了"不存在弱工具变量问题"。

关系，即并不能认为参加奶牛保险有助于促进养殖户扩大奶牛养殖规模。因为要使 OLS 模型的回归结果具有因果解释效应，必须保证参加奶牛保险这一解释变量的外生性，而由于模型遗漏变量等内生性问题的存在，通常这个条件很难满足。虽然 OLS 模型估计结果不能解释为参加奶牛保险与奶牛养殖规模之间的因果关系，但它有助于我们加强对二者之间因果关系的理解与推测（Angrist 和 Kruger，2011；马超等，2015）。

为缓解内生性问题，本书同时使用了工具变量模型实证检验养殖户参加奶牛保险与奶牛养殖规模之间到底有没有因果关系。表 7-3 的 IV 模型回归结果显示，奶牛保险政策对养殖户奶牛养殖规模的影响为正，并且具有统计显著性。同时，对比 OLS 模型回归结果可以发现，使用工具变量模型控制养殖户参保行为的内生性后，参加奶牛保险对奶牛养殖规模的影响效应大大增加。这反映出内生性问题确实存在，正如上文分析所说，养殖户对灾害发生的预期等不可观测的因素的存在，可能同时影响受访者的奶牛养殖决策和奶牛保险参保决策，遗漏这些变量将会低估奶牛保险对养殖户奶牛养殖规模决策行为的影响。因此，OLS 模型回归结果是非一致的，采用工具变量模型进行回归更加合理。

表 7-3 OLS 与 IV 模型估计结果

解释变量	被解释变量：奶牛养殖规模对数（lnscal）			
	最小二乘法回归（OLS）		工具变量法回归（IV）	
	系数	稳健标准误	系数	稳健标准误
养殖户是否参保（ins）	0.4694***	0.1076	1.2585*	0.7291
养殖户年龄（age）	-0.0201***	0.0047	-0.0190***	0.0049
受教育年限（edu）	0.0239	0.0147	0.0125	0.0183
是否有贷款（loa）	0.7431***	0.1686	0.5787**	0.2235
是否有其他收入（inc）	-0.6711***	0.0867	-0.6831***	0.0936
每头奶牛饲料投入（fod）	0.0114***	0.0042	0.0122***	0.0045
牛奶平均市场售价（pri）	0.2855***	0.0575	0.2416***	0.0696
拒收牛奶次数（nom）	-0.0164**	0.0077	-0.0115	0.0090
区域变量（area）	0.9030***	0.1348	0.9379***	0.1371

续表

解释变量	被解释变量：奶牛养殖规模对数（lnscal）			
	最小二乘法回归（OLS）		工具变量法回归（IV）	
	系数	稳健标准误	系数	稳健标准误
时间变量（year）	-0.0627	0.1060	-0.4133	0.3421
常数项（cons）	2.5578***	0.3053	2.5517***	0.3262
观测值（N）	501		501	
adj. R²	0.5363		0.4794	
一阶段结果	—		0.1386***	0.0416
一阶段F值	—		11.12	

注：lnscal = ln（scal）表示对养殖户饲养的奶牛头数取对数。OLS模型回归中的F值为35.25，P值为0.0000；IV模型回归中的Waldχ^2（10）值为326.23，P值为0.0000。*、**、***分别表示10%、5%、1%的显著水平。

（2）其他控制变量的影响分析。养殖户的年龄对养殖户奶牛养殖规模的扩大具有显著负向影响，并且在1%水平上显著，说明养殖户的年龄越大，扩大奶牛养殖规模的倾向越低。可能的原因是，年龄较大的养殖户受自身精力与能力的影响，其扩大生产的倾向会降低。

养殖户是否有贷款对养殖户养殖规模扩大具有显著影响，且影响方向为正，与上文理论预期一致。资金筹措能力强的养殖户，在决策是否扩大奶牛养殖规模时，受资金的约束与限制较小，相对于不能获得贷款的养殖户，拥有贷款者扩大奶牛养殖规模的可操作性更强。这一结论也从侧面反映出，农村金融信贷对农业生产发展的重要支持作用。

是否具有其他收入对养殖户奶牛养殖规模的影响为负向，且在1%的置信水平上显著，与上文预期一致。养殖户如果拥有除奶牛养殖以外的其他经济收入，说明其获取非奶牛养殖收入的难度较低。相对于只有奶牛养殖收入的养殖户，其对奶牛养殖行为的依赖程度较低，在其他收入的影响下，作为理性的经济人，养殖户可能会减小奶牛养殖头数或放弃奶牛养殖行为。

每头奶牛的饲料投入对养殖户奶牛养殖规模具有显著正向影响，说明饲料投入越多的养殖户，在奶牛保险政策激励下，扩大奶牛养殖规模的动机越强。

牛奶平均市场售价是影响养殖户奶牛养殖规模扩大的重要因素，且影响方向为正。在1%的置信水平下，牛奶市场销售价格的提高能够显著促进养殖户奶牛养殖规模的扩大，与上文理论预期一致。说明良好的奶业市场发展环境是促进养殖户从事奶牛养殖行为、扩大奶牛养殖规模的重要因素。

从其他变量系数的 t 值显著性水平来看，养殖户的受教育年限和发生的拒收牛奶情况等对养殖户奶牛养殖规模的影响并不显著，说明养殖户的奶牛养殖规模决策行为更多的是受其他因素的影响。

五、讨论

本章在理论分析的基础上，基于对内蒙古奶牛养殖户的微观调研数据，采用普通最小二乘估计法（OLS）和工具变量两阶段最小二乘估计法（2SLS），实证检验奶牛保险政策是否会促进养殖户采取扩大奶牛养殖规模的行为。理论分析表明，在其他条件不发生改变的前提下，奶牛保险政策的实施会激励养殖户将更多的资源用于奶牛养殖，扩大奶牛养殖数量；同样，与理论分析一致，实证结果也显示：奶牛保险政策对养殖户奶牛养殖规模具有显著正向影响。

Hazell（1992）指出相对于其他农业生产行为，农业保险能够增加承保品种生产行为的边际报酬，因此，农业生产经营者就有动机改变自己的农业生产结构，增加被承保品种的生产要素投入，扩大农业生产规模。奶牛保险政策的实施主要从以下两方面影响养殖户的奶牛养殖规模：

第一，奶牛保险政策通过降低养殖户的奶牛养殖风险预期，提高养殖户奶牛养殖投资预期收益，实现奶牛保险政策对奶牛养殖生产要素投入的促进，进而提高奶牛养殖户的生产积极性，影响其生产行为。

行为目标是对行为最好的预见（Ajzen 和 Madden，1986），人们的行为会受其预期目标影响，并形成自我激励（Binswanger，1980）。奶牛养殖户通过参加政策性奶牛保险，不仅可以利用保险手段实现对不确定性奶牛养殖风险的转移，降低养殖户的奶牛养殖风险预期，提高养殖户奶牛养殖投资预期收益，而且作为一项国家支持奶牛养殖业发展的惠农政策，奶牛保险政策的实施向养殖者发出了国家重视和鼓励奶牛养殖的信号,增强了养殖者奶牛养殖的信心。正如本次调研数据显示,62.76%的参保养殖户认为奶牛保险降低灾害损失的作用"比较大"或"非常大",而55.21%的参保养殖户表示"参加奶牛保险后更愿意从事奶牛养殖活动"。因此,奶牛保险政策的开展能够促使养殖经营主体增加对奶牛养殖生产要素的合理投入,激发养殖户从事奶牛养殖的积极性,增大奶牛养殖行为的供给,扩大奶牛养殖规模。

第二,奶牛保险政策的实施提高了政府抗灾救济资源的配置效率,提升了养殖户灾后迅速恢复再生产的能力,有利于促进奶牛养殖业的良性循环发展。

在未开展奶牛保险政策前,养殖户在遭遇灾害损失时大多通过动用储蓄进行自救,或依靠社会救助、政府救济和商业性农业保险等方式进行恢复再生产。然而受自身收入水平的限制,养殖户的自救能力非常有限;而社会救助往往又具有较大的不确定性;商业性农业保险由于保费过高和覆盖面不足等问题的制约,目前尚不能成为养殖户有效的风险管理工具(冯登艳等,2009);而政府的灾害救济大多只有在大灾发生时才会启动,对于灾害损失较小且分布较为分散的养殖户,其所发挥的灾害救济能力还相当有限。

政策性奶牛保险实施后,政府可以在世贸组织规则允许的范围内,通过实行低费率、高补贴的保险手段或再保险机制,将部分灾后救助资金转变为事前参保资助或保险投入补贴,这样不仅可以调动中央及地方政府、保险公司和养殖户等多方主体直接参与奶牛养殖各个环节的风险管理,提高各主体尤其是养殖户的风险管理意识,引导其科学管理农业风险;而且还可以动员和集结多方力量提升参保养殖户抵御自然灾害的能力,规避农业风险(包括大范围的巨灾风险,同时也包括小面积的灾害损失)对养殖户和奶业的影响。可以说,奶牛保险政策的实施实现了将一家一户小范围、较小程度的农业风险损失纳入政府主导的灾害救济范畴,有效地提高了政府及社会抗灾救济资源的配置效率。因此,奶牛保险政策营造的良好的奶牛养殖风险分散及灾害救济环境,在提高养殖户灾后迅速恢复再生产能力的同时,提高了政府抗灾救济资源的配置效率,从而有利于促进奶牛养殖业发展和养殖户的奶牛养殖投入进入良性的循环发展中。

六、本章小结

养殖业保险政策开展之初,财政部出台的《中央财政养殖业保险保费补贴管理办法》就已经明确指出"为调动广大农户的养殖积极性,促进养殖业的持续健康发展,国家支持在全国范围内建立养殖业保险制度"。而当前奶牛保险政策已开展多年,奶牛保险政策的实施是否能够提高养殖户的奶牛养殖积极性?为识别奶牛保险政策对养殖户奶牛养殖决策行为的影响,本章主要从以下几方面展开分析:

首先,对奶牛保险政策与养殖户奶牛养殖规模决策行为之间的关系进行了前期理论分析,理论分析结果表明,奶牛保险政策的实施增大了奶牛养殖在生产上的比较优势,有助于激励养殖户加大奶牛养殖资源投入,实现对奶牛养殖规模化发展的促进作用。

其次,基于实地调研情况,对养殖户有关奶牛保险政策促进奶牛养殖行为的主观响应进行了简单初步分析。初步分析结果显示,55.21%的参保养殖户表示"参加奶牛保险后更愿意从事奶牛养殖活动",可见,奶牛保险政策已经在一定程度上起到提高养殖户从事奶牛养殖积极性的作用。

最后,为准确估计奶牛保险政策对养殖户奶牛养殖规模决策行为的影响,进一步应用普通线性回归模型和工具变量模型,实证检验奶牛保险政策的实施是否会对养殖户的奶牛养殖规模决策行为产生促进作用。模型估计结果显示,奶牛保险政策对养殖户奶牛养殖规模的扩大具有显著正向影响。另外,在其他影响因素中,养殖户是否存在贷款、每头奶牛的饲料投入和牛奶平均市场售价对养殖户奶牛养殖规模的扩大具有正向显著影响;而养殖户的年龄和是否有其他收入对养殖户奶牛养殖规模的扩大产生了显著负向影响。

第八章 奶牛保险对养殖户风险防控行为的影响

养殖户的风险防控行为是养殖户生产行为的又一重要表现。养殖户在参加奶牛保险后，考虑保险的经济补偿功能，其风险防控行为可能会发生以下变化：一是保险能够对参保奶牛进行灾后补偿，由于道德风险因素的存在，随着保险保障水平的提高，养殖户对奶牛养殖的防疫努力程度可能会下降，从而降低风险防控投入；二是保险实行奶牛死亡风险保障模式，养殖户对奶牛养殖风险防控的努力程度会考虑奶牛保险的补偿水平，当保险保障水平不高或达不到其生产风险分散预期时，养殖户一般不会降低疫病风险防控投入。

本章在前文有关奶牛保险政策对养殖户奶牛养殖规模决策行为的影响分析后，在理论分析的基础上，基于微观养殖户调研数据，应用计量经济模型实证检验与分析奶牛保险政策对养殖户饲养风险防控行为的影响。

一、理论分析

作为一种生物生产过程，奶牛养殖可能会受到自然灾害和疫病风险的侵袭。现实中，经济理性的奶牛养殖户会采取多种风险规避措施进行损失控制，并根据不同措施的投入成本与减损效果进行最优化选择。奶牛保险作为一种风险管理工具，通过保险的风险分散和经济损失分担机制，为奶牛养殖户提供风险保障。并且，由于保险的损失支付功能，投保养殖户在决定最优风险防疫要素投入时，会根据要素投入的边际减损作用和保险措施带来的影响，调整风险防疫要素投入，进而改变其养殖过程中的风险防控行为。

国内目前实施的奶牛保险是一种死亡保险，保险标的为由于重大病害、自然灾害和意外事故导致死亡的成年奶牛，因此，这里将损失（L）定义为奶牛死亡损失，公式表达为：

$$L = PD$$

式中，P 为成年奶牛平均市场售价，D 为成年奶牛死亡头数。奶牛平均市场售价 P 是一个外生变量，不受养殖户控制；而成年奶牛死亡头数 $D = f(x, \varepsilon, r, \varphi)$，取决于下列因素：养殖户可观察的风险防控要素投入 x，包括消毒剂、清洗剂、兽药和疫苗投入等；不可观察的风险防控投入 ε（如养殖户对奶牛的照料程度）；随机风险状态 r，包括各种疫情、自然灾害（如地震、洪水、冻灾等）和意外事故（如火灾、爆炸、建筑物倒塌等）；变量 φ 代表养殖户的奶牛饲养能力等观察不到的区别。

于是，奶牛死亡损失函数可以写成如下：

$$L = Pf(x, \varepsilon, r, \varphi) \tag{8-1}$$

式中，$f(x, \varepsilon, r, \varphi)$ 是 x 的单调递减函数和凸函数，意味着养殖户提高风险防控要素投入会减少奶牛死亡损失，但是提高防控要素投入的边际效益是递减的；$f(x, \varepsilon, r, \varphi)$ 对 r 的一阶偏导数为正，r 越大表示遭受灾害的侵袭越严重，奶牛死亡头数越多。

假定可观察的风险防控要素投入品的价格向量为 ω，则养殖户可观察的要素投入成本为：$C = \omega x$。

在没有奶牛保险的情况下，养殖户进行防疫要素投入决策的依据是选择合适的 x 实现最小的风险防控要素投入成本（C）和最低的奶牛死亡损失（L），此时，养殖户的风险防控要素投入决策便可以理解为一个最优化问题，需要满足：

$$\min[L(x) + \omega x] \tag{8-2}$$

上述最小值问题如果在 $x \geq 0$ 得解，必须满足一阶必要条件：

$$-\frac{\partial L}{\partial x} = \omega \tag{8-3}$$

由于奶牛死亡损失函数是风险防控要素投入的单调递减函数，即 $\frac{\partial L}{\partial x} < 0$，这里在不影响经济学意义的前提下，可以将式（8-3）变换为如下形式：

$$\left|\frac{\partial L}{\partial x}\right| = \omega \tag{8-4}$$

其中，

$$\frac{\partial L}{\partial x} = P \frac{\partial f(x, \varepsilon, r, \varphi)}{\partial x} \tag{8-5}$$

式（8-4）表明养殖户奶牛死亡损失最小化的要素投入决策是各要素的边际减损效益等于要素自身的价格。当风险防控要素的边际减损效益或要素的投入成本发生改变时，养殖户的最佳风险防控要素投入也将发生改变，经济理性的养殖户将重新调整防控要素的投入量以获取最佳的减损效益。

下面考虑存在奶牛保险的情况下，养殖户的最优决策。在有奶牛保险的情况下，损失应该修正为 L^*，满足：

$$L^* = \begin{cases} PD + \rho & D < D^* \\ PD - P_i(D - D^*) + \rho & D \geq D^* \end{cases} \tag{8-6}$$

式中，D^* 是风险状态超过保险责任范围时的奶牛死亡头数临界值，实际死亡头数高于此数值时进行赔付；反之，不进行赔付①。P_i 是每头死亡奶牛的保险赔付金额，ρ 是养殖户所缴纳的总保险费用。

此时，风险防控要素投入量 x 的边际减损效益变为：

$$\frac{\partial L^*}{\partial x} = \begin{cases} P \dfrac{\partial f(x, \varepsilon, r, \varphi)}{\partial x} & D < D^* \\ (P - P_i) \dfrac{\partial f(x, \varepsilon, r, \varphi)}{\partial x} & D \geq D^* \end{cases} \tag{8-7}$$

对比式（8-5）和式（8-7）可知，在存在奶牛保险的情况下，由于保险的损失支付功能，参保后养殖户投入的风险防控要素的边际减损效益将出现下

---

① 中国目前实施的奶牛保险政策主要针对保险责任范围内（重大病害、自然灾害和意外事故）的成年奶牛死亡进行赔付，符合保险责任范围规定的死亡奶牛获得赔付；反之，不赔付。这里做了一个假设，即用触发责任范围内风险事故发生时的奶牛死亡头数作为临界值，借此衡量参保养殖户是否能够获得保险赔付。

降,即

$$\left|\frac{\partial L^*}{\partial x}\right| \leqslant \left|\frac{\partial L}{\partial x}\right| \tag{8-8}$$

将式(8-8)代入一阶条件式(8-4),不难得出在存在奶牛保险的情况下养殖户投入的风险防控要素的边际减损效益小于要素自身的价格,即

$$\left|\frac{\partial L^*}{\partial x}\right| \leqslant \omega \tag{8-9}$$

因此,理论上认为在其他条件不发生改变的情况下,经济理性的参保养殖户将会减少风险防控要素投入量,以满足在有限资源条件下的最佳减损效益。

但是,需要指出的是,在上述分析中,通过对比有奶牛保险[式(8-7)]和无奶牛保险[式(8-5)]的情况下,风险防控要素投入的边际减损效益,可以发现养殖户只有在确定奶牛保险能够弥补奶牛死亡损失的情况下,即 $D \geqslant D^*$ 发生概率较大(或者可以说保险责任范围内的奶牛死亡事件发生概率较大,能够触发保险赔偿)时,才会减少风险防控要素的投入量。但由前文有关奶牛保险政策客观减损效果的实证检验可知,当前奶牛保险政策对减少养殖户奶牛养殖损失的影响并不明显,因此,奶牛保险政策的实施会不会如上述理论分析所指出的那样,降低养殖户的风险防控要素投入还有待进一步实证检验。

二、计量分析方法

为验证奶牛保险政策对养殖户风险防控行为①的影响,本节参照 Smith 和 Goodwin(1996)与钟甫宁等(2002)有关农业保险与农用化学要素投入的实证研究,选择应用 Treatment Effect Model(TEM)进行实证检验与分析。

参加奶牛保险的养殖户与未参保养殖户的风险防控要素投入之间存在差别,原因是多方面的,并不一定源于参保与未参保之间的差别,这种差距也有可能源

---

① 现实中,养殖户的风险防控行为主要体现在疫病风险防控要素投入方面,本书所研究的风险防控要素投入主要包括消毒剂、清洗剂、疫苗、兽药、疾病检疫和环境治污投入。

于参保与未参保养殖户之间内在能力与素质的不同。同时，由于那些风险防控要素投入较高、风险意识较强的养殖户购买奶牛保险的概率较高。因此，只是简单地用分组的子样本去估计各变量对养殖户风险防控要素投入的影响，不消除内生性现象，将产生选择性偏差问题，不能准确估计奶牛保险对养殖户风险防控要素投入的边际效应。

养殖户的风险防控投入行为与养殖户的奶牛保险参保行为之间可能相互影响，存在内生性问题。因此，为消除由内生性导致的选择性偏差，本书对养殖户的风险防控投入决策与保险决策进行联合估计，即采用 Treatment Effect Model 两步估计的方法来控制这一问题。该模型的公式表达如下：

$$y_i = \alpha X_i + \beta z_i + \varepsilon_i \tag{8-10}$$

$$z_i^* = \gamma \omega_i + u_i \tag{8-11}$$

式中，z_i 表示内生性选择变量"参加奶牛保险与否"，该变量由式（8-11）中的潜变量 z_i^* 的取值确定；y_i 表示第 i 个养殖户的风险防控要素投入，X_i 是由影响养殖户风险防控要素投入的其他变量组成的向量组，用以减轻模型遗漏变量所引发的内生性问题；ε_i 表示均值为 0 的随机变量。

内生性选择变量 z_i "参加奶牛保险与否"的取值规则如下：

$$z_i = \begin{cases} 1, & \text{当 } z_i^* > 0 \text{ 时} \\ 0, & \text{当 } z_i^* \leq 0 \text{ 时} \end{cases} \tag{8-12}$$

潜变量 z_i^* 的值由如下随机效应函数之差确定：

$$z_i^* = u(1; x) - u(0; x) \tag{8-13}$$

式中，$u(1; x)$ 表示养殖户参加奶牛保险所获得的效用；$u(0; x)$ 表示养殖户不参加奶牛保险所获得的效用；1 与 0 分别对应参加与不参加奶牛保险的决策；效用方程中的 x 为养殖户个体特征变量和其他可能影响养殖户参加奶牛保险的变量。因此，当 z_i 取值为 1 时，表示养殖户选择参加奶牛保险（即养殖户选择参加奶牛保险所取得的效用大于养殖户选择不参加奶牛保险的效用）；反之，当 z_i 取值为 0 时，表示养殖户参加奶牛保险的效用小于或等于其不参加奶牛保险的效用。

在模型具体应用过程中，主要按以下两阶段展开：

第一阶段，建立养殖户参加奶牛保险的决策方程。

首先，利用 Probit 模型估计养殖户参加奶牛保险的影响因素。

$$P(z_i = 1 \mid x_1, x_2, \cdots, x_i) = \Phi(\beta_0 + \beta_1 x_1 + \beta_2 x_2 + \cdots + \beta_i x_i) \tag{8-14}$$

式中，$\Phi(x)$ 为标准正态累积分布函数，z_i 表示奶牛养殖者是否参加奶牛保险（未参加 = 0，参加 = 1）；x_i（$i = 1, 2, \cdots, n$）表示第 i 种影响样本养殖户参加奶牛保险的因素；β_i 为回归系数，β_0 为常数项。

其次，在式（8-14）Probit 回归的基础上，再计算生成 Mills 逆转比率（λ），以得出自选择偏差的估计值，即

$$\lambda_i = \begin{cases} \phi(\hat{\beta} x_i) / \Phi(\hat{\beta} x_i), & z_i = 1 \\ -\phi(\hat{\beta} x_i) / \{1 - \Phi(\hat{\beta} x_i)\}, & z_i = 0 \end{cases} \tag{8-15}$$

式中，$\phi(x)$ 为标准正态分布密度函数，$\Phi(x)$ 为标准正态累积分布函数，$\hat{\beta}$ 为式（8-14）中回归系数 β 的估计值。

第二阶段，将 Mills 逆转比率（λ）作为一个选择性偏差修正项，以自变量的形式引入养殖的户风险防控要素投入方程［式（8-10）］，以 OLS 估计得到无偏的系数估计值，即

$$y_i = \beta z_i + \rho \sigma \lambda_i + \alpha X_i + \varepsilon_i \tag{8-16}$$

式中，z_i 是对养殖户参加奶牛保险与否的预测值，λ_i 用以估计内生性选择偏差的存在与否，此外，为减轻模型遗漏变量所引发的内生性问题，参考已有研究，在式（8-16）中合理添加控制变量 X_i（X_i 表示影响养殖户风险防控要素投入的其他变量构成的向量组）以保证回归结果的稳健性，ε_i 为误差项。

三、数据及变量选择

（一）数据来源

本节所使用的数据与第七章实证研究所应用的数据来源一致，即源于对内蒙古自治区 264 位养殖户连续 2 年（2013 年和 2014 年）的奶牛养殖与奶牛保险购

买情况进行的实地调查,共收集 528 个样本数据,剔除相关重要指标缺失的样本,其中,2013 年剩余有效样本 249 个,2014 年剩余有效样本 251 个,共剩余 500 个样本,样本有效率为 94.70%。在本次收集的 500 个样本中,参加奶牛保险的样本养殖户有 215 户,占总调查样本的 43%;未参加的有 285 户,占 57%,参保养殖户数量略低于未参保养殖户。调研问卷内容与第七章介绍一致。

(二) 变量的选取与说明

1. 第一阶段变量的选取与说明

在第一阶段,应用 Probit 模型估计影响养殖户参加奶牛保险的主要因素。此阶段,Probit 回归模型中的因变量为养殖户是否参加奶牛保险。在自变量的选取上,借鉴国内学者对农户参加农业保险的意愿(宁满秀,2006)和对牲畜保险参与率(张跃华和杨菲菲,2012)研究成果的基础上,结合样本养殖户的生产特征和问卷调查实际,选择养殖户的个体特征(包括养殖户的年龄和受教育程度)、养殖经营特征(养殖户的奶牛养殖年限和是否有贷款)、饲养风险特征(奶牛死亡比率①)、奶牛保险政策认知特征(养殖户对奶牛保险政策的了解程度)、其他保险购买特征(养殖户购买其他保险的数量②)、年度特征和区域特征这 7 个方面,9 个因素为控制变量。

此阶段,各变量的预期影响分析如下:

(1) 养殖户的个体特征:包括养殖户的年龄和受教育年限。奶牛保险作为一种以保险手段进行风险分散的新型惠农政策,养殖户的个人特征会影响其对奶牛保险政策的认知与判断,进而影响养殖户的奶牛保险参与情况。年龄较小、文化程度较高的养殖户,相对更容易理解与接受奶牛保险这种新鲜事物,因此,假设养殖户的年龄与保险参与呈负向关系,养殖户的受教育年限与保险参与呈正向关系。

(2) 养殖户的养殖经营特征:包括养殖户的奶牛养殖年限和是否有贷款。养殖户养殖年限越长,饲养经验越丰富,奶牛死亡事件的发生相对较少(张旭

---

① 主要指养殖户一年中出现奶牛死亡的头数占总饲养头数的比例。
② 购买其他保险数量是指养殖户购买的除奶牛保险以外的其他保险数量,包括新新型农村合作医疗、新型农村社会养老保险、财产保险(房屋、设备)、商业人身保险等其他保险。

光，2013），理论上预测养殖年限对养殖户奶牛保险参与的影响为负。而在奶牛养殖过程中，有贷款的养殖户，相对于无贷款者所承担的风险更大（张跃华和杨菲菲，2012），为积极管理生产风险，有贷款的养殖户更倾向于购买保险。

（3）养殖户的饲养风险特征：当前自治区实施的奶牛保险政策是一种奶牛死亡保险产品，这里用受访养殖户的奶牛死亡比率度量各养殖户的饲养风险情况，理论上预期奶牛死亡比率较高的养殖户，其参加奶牛保险的概率相对较高。

（4）奶牛保险政策认知特征：奶牛保险是一项享受国家财政补贴的惠农政策，养殖户对奶牛保险政策的理解越多，其越有可能参加奶牛保险。

（5）其他保险购买特征：用购买其他保险产品的数量度量受访养殖户对保险这种风险管理工具的认可程度。购买其他保险的数量越多的养殖户，说明越易于使用保险手段进行风险分散，故预计其购买奶牛保险的倾向较高。

（6）年度特征：主要用以控制调查年度对养殖户奶牛保险参与的影响，作用方向不确定。

（7）区域特征：主要用以控制调查地区对养殖户的影响，作用方向不确定。

2. 第二阶段变量的选取与说明

第二阶段主要分析参加奶牛保险对养殖户风险防控要素投入行为的影响。此阶段模型中的因变量为养殖户的风险防控要素投入。本书所涉及的风险防控要素包括消毒剂、清洗剂、疫苗、兽药、疾病检疫和环境治污处理等预防及治疗物质要素。考虑上述风险防控要素类型繁多，计量单位不一，为了统一单位，在实地调研过程中，将上述物质以风险防控要素支出（元/头·年）的形式进行统计。同时，在本模型第二阶段的变量设定中，参考林光华和汪斯洁（2013）有关家禽保险对养殖者疫病防控投入的影响研究，在第二阶段要素投入回归方程中剔除第一阶段中与参保决策行为相关的"奶牛保险了解程度"和"购买其他保险的数量"两个变量，增加了与风险防控投入相关的"奶牛是否分群饲养"和"每头奶牛的饲料投入"两个变量，其余变量不变。

此阶段，各变量的预期影响分析如下：

（1）养殖户的个体特征：包括养殖户的年龄和受教育年限。年龄和受教育年限等变量是重要的人口统计指标，养殖户的年龄越大，越惧怕风险，文化程度越高，越重视风险防控，因此，预计养殖户的年龄、受教育年限与养殖风险防控投入呈正向关系。

（2）养殖户的养殖经营特征：包括养殖户的奶牛养殖年限和是否有贷款。养殖户养殖年限越长，饲养经验越丰富，依照以往的经验和习惯进行风险管理的倾向越大，理论上预测养殖年限对养殖户风险防控投入的影响为负；相对于没有贷款的养殖户，获得养殖贷款者所拥有的可用资金较为充裕，进行饲养环境、风险管理水平等改善性投入的可能性较高，因而，推断获得贷款的养殖户更倾向于增加养殖风险防控要素投入。

（3）养殖户的饲养风险特征：养殖过程中奶牛死亡比率较高的养殖户所面临的饲养风险较高，因此，为降低养殖风险，奶牛死亡比率较高的养殖户更有可能加大风险防控要素投入。

（4）奶牛是否分群饲养：选取是否分群饲养作为反映不同养殖户奶牛养殖方式的变量。按不同年龄阶段将奶牛进行分群饲养，有利于养殖户有差别地进行奶牛饲养与风险管理，降低奶牛疫病的传播，减少饲养风险的发生，因此，理论上预期奶牛分群饲养的养殖方式，可能会对养殖户的风险防控要素投入产生替代，进而减少风险防控要素的使用。

（5）每头奶牛饲料投入：养殖户在奶牛饲料方面的投入越多，奶牛的营养越全面、抵抗疫病等风险的能力越强，因此，较高的饲料投入可能会降低养殖户的风险防控要素投入；另外，奶牛饲料投入较多的养殖户，为了减少饲料投入损失，降低奶牛疫病等风险的发生，保证生产收益，也可能会加大奶牛养殖风险防控要素的投入及使用。在理论分析中，难以判断养殖户的奶牛饲料投入对其风险防控要素投入的影响。

（6）年度特征：主要用以控制调查年度对养殖户风险防控要素投入的影响，作用方向不确定。

（7）区域特征：主要用以控制调查地区对养殖户风险防控要素投入的影响，作用方向不确定。

两阶段估计中各变量的描述性统计如表 8-1 所示。

表 8-1 变量说明及统计描述

变量	变量说明	平均值	标准差	最小值	最大值
风险防控投入对数	原始数据单位：元/头·年	5.09	1.32	0.87	9.81
参加奶牛保险	参加=1，不参加=0	0.43	0.50	0	1
养殖户的年龄	单位：岁	45.06	10.13	21	66
养殖户的受教育年限	单位：年	7.90	3.51	0	17
养殖户的奶牛养殖年限	单位：年	14.91	8.43	1	45
养殖户是否有贷款	1=有，0=无	0.19	0.39	0	1
奶牛死亡比率	单位：百分比	2.92	5.81	0	50
是否分群饲养	是=1，否=0	0.51	0.50	0	1
每头奶牛饲料投入	单位：元/头·天	31.62	15.43	4.5	100
购买其他保险数量	单位：个	2.06	1.18	0	6
保险的了解程度①	根本不了解=1；不太了解=2；一般了解=3；比较了解=4；非常了解=5	2.53	1.58	1	5
年度变量	1=2014，0=2013	0.50	0.50	0	1
区域变量	1=内蒙古西部，0=内蒙古东部	0.33	0.47	0	1

资料来源：奶牛养殖户调查数据。

四、实证结果与分析

（一）初步分析

在实证分析前，先对风险防控要素投入与奶牛保险的简单相关关系进行一些初步分析，以期得到一些较为直观性的认识与判断。

---

① 关于养殖户对奶牛保险政策的了解程度，本书通过养殖户是否知晓保险金额、保险责任、免责条款、查勘定损和理赔条款五项内容构建养殖户对奶牛保险政策的认知变量。如果养殖户一项也不知道或者仅知晓其中一项，则其对奶牛保险政策的认知状况为"根本不了解"；若知晓其中两项，则其认知状况为"不太了解"；若知晓其中三项，则其认知状况为"一般了解"；若知晓其中四项，则其认知状况为"比较了解"；若知晓其中五项，则其认知状况为"非常了解"。

表 8-2 比较了参加奶牛保险与未参加奶牛保险的养殖户平均风险防控要素投入情况。数据显示：2013 年，参加奶牛保险的养殖户平均风险防控要素投入为 477.74 元/头·年，未参加奶牛保险的养殖户的防控要素投入为 403.95 元/头·年，参加奶牛保险养殖户的风险防控要素投入略大于未参加者；2014 年，养殖户风险防控要素投入与奶牛保险参与情况之间则呈现相反的关系，参加奶牛保险的养殖户平均风险防控要素投入为 318.02 元/头·年，未参加奶牛保险的养殖户的防控要素投入为 356.20 元/头·年，参加奶牛保险养殖户的风险防控要素投入略小于未参加者。以上简单的相关分析反映出，养殖户的风险防控要素投入与养殖户的奶牛保险参与之间并没有表现出一致的相关关系。但简单的比较分析，并没有控制奶牛养殖户的经营特征、风险特征等因素的影响，其结论还有待进一步检验。为准确估计奶牛保险政策对养殖户风险防控要素投入的影响，下面将通过计量实证模型予以检验分析。

表 8-2　风险防控要素投入与奶牛保险的简单相关关系

风险防控要素投入	参保养殖户	未参保养殖户
2013 年	477.74	403.95
2014 年	318.02	356.20

资料来源：奶牛养殖户调查数据。

（二）实证结果

本部分的研究重点在于实证检验奶牛保险政策对养殖户风险防控要素投入行为的影响。具体地，按是否考虑选择性偏误校正，分别对养殖户的防控要素投入及各影响因素进行了 OLS 模型和 Treatment-effect 模型两阶段回归分析，结果如表 8-3 所示。

1. 不考虑选择性偏误校正的 OLS 模型回归结果

由表 8-3 的 OLS 模型回归结果可见，奶牛保险政策对养殖户的风险防控要素投入并没有产生显著的影响，表明在当前奶牛保险政策下，养殖户参加奶牛保险后不会显著降低其风险防控投入，不存在减少风险防控要素投入的道德风险问题。

表 8-3　OLS 与 TEM 模型估计结果

变量	OLS 模型 投入方程		Treatment-effect 模型 投入方程		保险方程	
	系数	标准误	系数	标准误	系数	标准误
参加奶牛保险	-0.0310	0.1210	0.4691	0.3167	—	—
养殖户年龄	0.0045	0.0061	0.0062	0.0062	-0.0034	0.0077
受教育年限	-0.0518***	0.0164	-0.0600***	0.0171	0.0193	0.0211
养殖年限	-0.0138**	0.0069	-0.0156**	0.0070	0.0014	0.0090
是否有贷款	0.2089	0.1594	0.0981	0.1728	0.4405**	0.1942
奶牛死亡比率	0.0245***	0.0090	0.0226**	0.0091	0.0077	0.0119
是否分群饲养	-0.3974***	0.1127	-0.4083***	0.1113	—	—
每头奶牛饲料投入	0.0260***	0.0044	0.0258***	0.0044	—	—
购买其他保险数量	—	—	—	—	0.1368**	0.0594
保险的了解程度	—	—	—	—	0.3237***	0.0466
年度变量	-0.0203	0.1161	-0.2362	0.1720	1.4209***	0.1390
区域变量	0.5744***	0.1461	0.5955***	0.1469	0.0192	0.1613
常数项	4.6048***	0.3424	4.5412***	0.3461	-2.1791***	0.4405
λ			-0.3399*	0.1979		
Adj. R²	0.2279		—			
Wald chi2	—		268.18***			
观察值	500		500			

注：*、**、*** 分别表示 10%、5%、1% 显著水平。

在其他特征变量的影响上，奶牛死亡率和每头奶牛的饲料投入对养殖户的风险防控要素投入具有正向影响，并且在 1% 的置信水平上通过了显著性检验；养殖户的受教育年限、养殖年限和是否分群饲养对养殖户的风险防控要素投入具有显著负向影响。

2. 考虑选择性偏误校正的 TEM 模型回归结果

本部分在考虑选择性偏误校正后，进一步采用 TEM 两阶段回归法实证检验与分析奶牛保险政策对养殖户风险防控要素投入的影响。

（1）关于选择性偏误的存在问题。表 8-3 的 Treatment-effect 模型回归结果显示，检验模型第一阶段外生性的 λ 系数为 -0.3399，P 值为 0.086；两方程独立性 Wald 检验的卡方值为 268.18，P 值为 0.0000，都拒绝了保险决策与风险防控投入决定方程无相关性的假定，说明养殖户的奶牛保险参与决策确实存在较显著的选择性偏误问题，验证了本书实证模型中考虑选择性偏误校正的必要性。

（2）校正选择性偏误后的风险防控投入问题。由表 8-3 中 Treatment-effect 模型投入方程（第二阶段）的回归结果可知，奶牛保险政策对养殖户风险防控要素投入的影响并不显著，表明当前奶牛保险政策的实施并不会对养殖户的风险防控资本要素投入产生明显影响。养殖户参加奶牛保险后，并没有出现消极进行风险防控，减少养殖风险防控物质资本投入的道德风险问题。

在其他影响因素中，养殖户的受教育年限、奶牛养殖年限、奶牛死亡比率、是否分群饲养、每头奶牛饲料投入和区域特征变量是影响养殖户风险防控要素投入的显著因素。

养殖户的受教育年限对养殖户风险防控要素投入的影响为负向，与预期方向相反，可能的原因是文化程度较高的养殖者比较重视科学的生产管理，除基本的风险防控要素投入，在奶牛饲养设备、专业养殖人员及技能培训等方面的投入也相对较多，因而全面科学的奶牛养殖投入会降低奶牛疫病等风险的发生，进而可能会在一定程度上减少风险预防及疫病治疗等物质要素的使用。

养殖户的奶牛养殖年限对养殖户风险防控要素投入的影响为负向，与预期方向一致，说明养殖户的奶牛养殖经验越丰富，越会减少风险防控要素的使用。

奶牛死亡比率对养殖户的风险防控要素投入具有显著正向影响，与前文假设一致，说明较高的奶牛死亡比率会增大养殖户的风险防控要素投入。

与未进行分群饲养的养殖户相比，分群饲养奶牛的养殖户对风险防控要素的投入及使用相对较少，说明良好的饲养方式及饲养习惯可能会对养殖户风险防控要素的使用产生替代作用。

奶牛饲料投入这一变量对养殖户的风险防控要素投入产生了显著的正向影响，说明养殖户为减少饲料投入损失，保证奶牛养殖收益，会采取控制生产风险，加大奶牛养殖风险防控投入的行为。

区域特征变量回归结果显示，与内蒙古东部地区相比，西部地区奶牛养殖户对风险防控要素投入具有显著的正向影响,反映出当前内蒙古西部地区的奶牛养殖户更加重视奶牛养殖过程中的风险防控要素投入。

(3)关于奶牛保险的参与决策问题。由表8-3中Treatment-effect模型保险方程(第一阶段)的回归结果可知,养殖户是否有贷款、购买其他保险的数量以及对奶牛保险政策的了解程度是影响养殖户奶牛保险参与决策的显著因素,并且,各影响因素的作用方向为正。

养殖户是否有贷款在5%的置信水平上显著,影响方向为正,与前面的预期假设一致,说明在养殖过程中存在贷款的养殖户更倾向于参加奶牛保险。

购买其他保险的数量对养殖户参保决策的影响为正,且在5%的置信水平上显著。购买其他保险的数量越多,说明养殖户越害怕风险的发生,同时,购买其他保险数量较多的养殖户往往具有较强的保险意识,因此,相对于没有购买过其他保险或购买数量较少的养殖户,购买保险数量较多者更倾向于通过奶牛保险手段进行奶牛养殖风险分散。

养殖户对奶牛保险的了解程度在1%的置信水平下显著,是影响养殖户参保决策的重要因素。奶牛保险既是一种保险产品,同时也是一项享受政府保费补贴的惠农政策。加强奶牛保险政策的宣传,可以有效提高养殖户的奶牛保险参与积极性。

需要着重指出的是,"奶牛死亡比率"这一变量并没有成为影响养殖户参保决策的显著因素。分析原因可知,养殖户在进行参保决策时,考虑到养殖过程中较低的奶牛死亡率和奶牛保险较为苛刻的保险责任范围,可能会降低其对奶牛保险的需求。这也从侧面反映出当前内蒙古自治区实施的奶牛保险政策在保险产品及保险责任范围设计方面尚不能满足养殖户的实际需求。

(三)稳健性检验

为检验上述模型实证结果的稳健性,进一步应用联立方程极大似然法(MLE)进行稳健性检验。具体结果如表8-4所示。

极大似然法中两方程独立性检验的卡方值为3.09,P值为0.0788,同样拒绝了保险决策方程与风险防控投入决定方程无相关性的假定,说明养殖户在奶牛保险参与决策方面存在选择性偏误问题。

表8-4 联立方程极大似然法估计结果

变量	极大似然估计法			
	投入方程		保险方程	
	系数	标准误	系数	标准误
参加奶牛保险	0.4563	0.2925	—	—
养殖户年龄	0.0062	0.0062	-0.0026	0.0077
受教育年限	-0.0598***	0.0171	0.0197	0.0210
养殖年限	-0.0156**	0.0070	0.0017	0.0090
是否有贷款	0.1002	0.1708	0.4373**	0.1940
奶牛死亡比率	0.0227**	0.0091	0.0089	0.0117
是否分群饲养	-0.4119***	0.1115	—	—
每头奶牛饲料投入	0.0259***	0.0044	—	—
购买其他保险数量	—	—	0.1279**	0.0584
保险的了解程度	—	—	0.3255***	0.0462
年度变量	-0.2306	0.1637	1.4173***	0.1384
区域变量	0.5946***	0.1467	0.0288	0.1603
常数项	4.5429***	0.3454	-2.2160***	0.4421
Wald chi2	158.74***			
观察值	500			

注：*、**、***分别表示10%、5%、1%显著水平。极大似然法中两方程独立性检验的卡方值为3.09，P值为0.0788。

同时，对比TEM两阶段回归和联立方程极大似然估计结果可知，两种实证方法所得各变量的影响系数与显著性较为接近，这也从侧面反映出本书模型实证结果是稳健与可靠的。

五、讨论

本章基于对内蒙古奶牛养殖户的实地调研数据，采用OLS和Treatment Effect Model两阶段回归的方法，实证检验奶牛保险政策对养殖户风险防控行为的影响。实证结果显示：奶牛保险政策的实施对养殖户的风险防控行为并没有产生显著的影响，即不存在减少风险防控要素投入的道德风险问题。

Horowitz 和 Lichtenberg（1994）与钟甫宁等（2002）以作物保险为例，指出农业保险与农户风险防控要素投入之间的关系主要取决于研究地区的农业生产环境、农业保险条款的性质（如保费、保障水平、保障范畴等）及承保保险标的类型。虽然，本章理论分析部分的结果表明，养殖户在参加奶牛保险后，考虑到保险的损失支付功能，可能会减少风险防控要素的投入量，即参保养殖户可能存在减少奶牛养殖风险防控投入的道德风险问题。以往学者的相关研究也有类似结论，如林光华和汪斯洁（2013）以家禽保险为例，应用联立方程组进行实证分析后认为，养殖户参加保险后存在降低疫病防控要素投入的行为。但是，本书实证结果有所不同，认为当前奶牛保险政策的实施并不会降低养殖户的风险防控投入，不存在消极进行风险防控的道德风险问题，究其原因主要与当前奶牛保险政策特点及奶牛养殖的生产性质有关。

第一，当前奶牛保险制度下，养殖户在参加奶牛保险后并不存在为获取保险赔付而降低奶牛饲养努力程度的行为。

在当前奶牛保险政策只针对"保险合同内约定的奶牛死亡事故"，以"低保障"的原则进行保险赔付的情况下，参保养殖户为获取保险赔付而降低奶牛饲养努力程度的可能性很小，这一点也在本次调研过程课题组同众多奶牛养殖户的实地访谈中得到了印证：

（1）为保障奶牛养殖收入的持续稳定获得，养殖户不会采取降低奶牛照料程度的行为。当前，伴随奶牛养殖专业化、规模化程度的不断加强，奶牛养殖对于大多数养殖户来说属于一种可为其持续带来经营性收入的产业，奶牛就是养殖户创造财富、赖以生存的重要工具。因此，为了最大化自己的养殖收入，作为"理性人"的奶牛养殖户会悉心照料其所饲养的奶牛，并设法降低奶牛养殖风险，提高奶牛的产奶数量与质量。故对于奶牛养殖户来说，单纯为获取有限的保险赔付而减少养殖风险防控投入，导致奶牛产奶量下降或奶牛死亡的行为不明智也不可取。

（2）奶牛保险赔付金额较低，不足以"诱导"奶牛养殖户降低风险防控要素投入，故意导致奶牛死亡。由本书第五章讨论部分的分析可知，当前内蒙古奶牛保险的风险保障水平与成年奶牛价值之间还存在较大差距，调研数据显示：2013年内蒙古自治区成年奶牛的市场平均价格为14506.50元/头，2014年为14132.61元/头，远远高于自治区2014年和2013年的奶牛保险保险赔偿金额（4000元/头、5000元/头、6000元/头）。可见，奶牛保险较低的保险赔付，尚不足以弥补养殖户的奶牛死亡直接损失。因此，奶牛养殖户不会为获取较低的保险赔付而"故意"降低风险防控要素投入，导致奶牛出现死亡。正如本章前文理论分析部分所强调的，养殖户只有在确定奶牛保险能够弥补奶牛死亡损失的情况下才会减少风险防控要素的投入量。而在奶牛市场价格较高，正常进行奶牛养殖生产即可获得较高回报的情况下，养殖户发生道德风险的概率会很小。

第二，奶牛保险政策对奶牛养殖风险管理的督促与示范作用，规范了参保养殖户的养殖经营行为，提高了参保养殖户的风险防范意识，有助于提升参保养殖户对风险防控要素投入的重视程度。主要表现如下：

（1）当前中国实施的奶牛保险政策具有"事前防范"与"灾后保险补偿"相结合的特点，所谓事前防范是指保险人向投保养殖户提供适当合理的风险提醒，发放消毒防疫药剂，规避灾情发生的行为。灾后保险补偿是指保险奶牛发生保险责任范围内的损失时，保险人按规定向投保人提供赔偿。短期内，奶牛保险政策有效的"事前防范"可以对参保养殖户的风险防范投入产生提醒与督促作用。

2014年，内蒙古自治区正式启动农业保险防灾减损行动，据《内蒙古自治区农业保险防灾减损资金管理暂行办法》和《关于农业保险防灾减损工作的事宜》会议纪要有关要求，农业保险经办机构需以省级分公司为核算单位计提防灾减损资金。具体地，如果当年农业保险保费收入金额在10亿元以上（含10亿元）的，按2.5%计提防灾减损资金；如果当年农业保险保费收入金额在10亿元以下的，按3%计提防灾减损资金。而计提的防灾减损资金主要用于购买防灾减损设备、灾情疫情监测预警设备等，并重点扶持产粮大县和畜牧大县。因此，农业保险防灾减损资金的计提及使用，有效地拓宽了农业保险的减损作用，促进了各地区对灾情、疫情等预警及防控系统的建立与完善，进而为参保农牧民提供及时有效的风险预警及防灾指导创造了良好的条件。

同时，农业保险经办机构为降低保险标的的灾害损失发生概率，每年也都会结合地区实际情况编制更微观的防灾减损规划和年度实施计划。以内蒙古自治区A公司兴安盟分公司为例，2014年兴安盟分公司制定并实施了如下防灾减损措施：一是建立被保险人防灾档案，掌握保险标的风险状况。对农业保险总保险额达到一定数额以上以及特别重要或特别危险的保险标的，逐户建立防灾档案。二是开展防灾防损安全检查。在灾害发生前，对农业保险承保标的所在环境进行防灾防损安全检查，及时发现危险隐患，并视情况向被保险人发送危险整改通知书，提出整改措施，并协助其进行有效的灾害及疫病预防。三是制定防灾预案。防灾预案是承保公司为防止保险事故发生，或当保险事故发生后对保险标的进行有效施救而预先制定的防灾防损工作方案。制定防灾预案是为了明确保险双方防灾防损工作的关系，明确各岗位的防灾职责，规范防灾防损工作程序，保证防灾防损工作有条不紊地进行，进而取得良好的社会效益和自身经济效益。四是签订防灾防损协议。为了落实保险双方的防灾防损责任，保险公司在展业承保时，对于防灾重点保户采取签订《防灾防损协议书》的方式，使保险双方防灾防损工作法律化，以促进被保险人强化防灾防损意识，切实落实防灾措施，减少社会财产的损失。

政策性奶牛保险经营者"事前防范"这一举措，不仅增强了保险经营者自身的偿付能力，而且通过其对奶牛养殖风险管理的督促及风险预防提醒，提高了参保养殖户的风险防范意识，进而有助于规范参保养殖户的养殖经营行为，甚至在一定程度上可能会促进参保养殖户加强奶牛养殖风险防控要素投入。

（2）长期内，奶牛保险政策有关养殖户承保条件的要求，将会对奶牛养殖户的养殖风险管理起到一定的示范作用，有助于规范养殖户的风险防范投入。

奶牛保险条款中对保险标的（以下统称保险奶牛）进行了明确规定，要求保险奶牛所在的"养殖场地及设施应符合卫生防疫规范"，并且，养殖户所饲养的奶牛须"经畜牧兽医部门验明无伤残，无保险责任范围内的疾病，饲养管理正常，按免疫程序接种并有记录，经保险人和畜牧管理部门验体合格"后方可参保。因此，奶牛保险政策的不断发展与推广，长期内会对养殖户的奶牛养殖风险管理产生一定的示范作用，进而不断规范参保养殖户的养殖经营行为，有利于改变传统粗放的奶牛养殖方式，并在一定程度上促进奶牛养殖业的标准化发展。

六、本章小结

当前我国正处于"振兴民族奶业"发展的重要时期,而作为风险管理的重要手段,奶牛保险对奶牛养殖风险防控的影响作用不容忽视。本章在理论分析的基础上基于微观养殖户调研数据,应用计量经济模型实证检验与分析奶牛保险政策对养殖户饲养风险防控行为的影响。

首先,理论分析结果表明,养殖户在参加奶牛保险后,考虑到保险的损失支付功能,可能会减少风险防控要素的投入量。其次,基于调研实际对养殖户的风险防控要素投入与奶牛保险参与之间的相关关系进行了初步分析。初步分析结果显示,养殖户的风险防控要素投入与养殖户的奶牛保险参与之间并没有表现出一致的相关关系。最后,为准确估计奶牛保险政策对养殖户风险防控要素投入的影响,进一步应用OLS模型和TEM模型两阶段回归方法,对上述问题进行了实证检验与分析。实证结果表明,奶牛保险政策对养殖户风险防控要素投入的影响并不显著,即养殖户参加奶牛保险后,并不存在消极进行风险防控,降低养殖风险防控物质资本投入的道德风险问题。同时,本书实证部分的稳健性检验也支持了此结论。

在理论与实证分析的同时,结合奶牛保险政策特点及奶牛养殖生产实际,对上述实证结果进行了深入的原因探讨,讨论结果如下:第一,当前只针对"保险合同内约定的奶牛死亡事故",以"低保障"的原则进行保险赔付的奶牛保险政策,不足以"诱导"奶牛养殖户为获取有限的保险赔付,而降低奶牛饲养努力程度,减少风险防控要素的投入。第二,奶牛保险政策"事前防范"的性质要求能够对养殖户的养殖风险管理起到提醒与督促作用,有助于规范参保养殖户的养殖经营行为,提高参保养殖户的风险防范意识;同时,长期内,奶牛保险政策的实施,通过对养殖户参保条件提出的限制,将会对奶牛养殖户的养殖风险管理起到一定的示范作用,有助于规范养殖户的风险防范投入。

第九章　美国奶牛保险的发展、运作及启示

近年来，中国奶牛保险政策在各级政府的大力支持下取得了快速发展，但在其发展过程中也暴露出很多问题：保险产品结构单一、保险责任范围不切实际、风险防范作用有限等。正如庹国柱和朱俊生（2014）所指出的："中国正在建立和完善适合中国农业发展实际的农业保险制度，许多问题正处于不断摸索与探讨之中"。而在对中国奶牛保险政策的发展、产品设计以及实施效果进行分析的同时，也有必要深入了解其他发达国家的奶牛保险制度是如何开展与实施的。美国作为世界上第一大农业保险市场，奶牛保险的经营与发展实践经验最值得参考与借鉴。虽然，美国当前推行的奶牛保险属于奶牛养殖收入保险，与中国目前开展的成本保险有所不同，但是通过深入了解美国奶牛保险的产品特点与运作方式，将会对中国奶牛保险产品创新和相关政策的制定具有重要的借鉴意义。

一、美国奶牛收入保险计划的产生与发展

美国农业保险开展得较早，最早的探索始于20世纪20年代。早期，美国农业保险计划的推广与实施主要集中于农作物保险方面，有关畜牧业保险产品的设计与开发相对较晚，直到2000年，美国颁布实施《农业风险防范法案》，该法案

进一步扩大农业保险保障范围，将保险承保对象从农作物扩展到畜牧产品①。2000 年新法案通过后，美国农业部风险管理局（RMA）经过一番商讨、论证后决定从畜牧产品价格和饲养成本出发，推出防范畜牧养殖市场风险的保险产品。于是在 2002 年，美国联邦农业保险公司（FCIC）先后推出两种畜牧养殖保险产品：畜牧价格保险（Livestock Risk Protection，LRP）和畜牧收入保险（Livestock Gross Margin，LGM）。其中，畜牧价格保险以投保牲畜所产生的畜产品价格作为承保与理赔的基础，当相关畜产品的保障价格低于实际价格时，畜牧养殖者可获得相应的保险赔偿。此种牲畜价格保险的最大特色是可以有效防范价格降低给养殖者带来的经济损失，在形式上类似芝加哥商品交易所提供的看跌期权。畜牧收入保险计划是在 LRP 的基础上进一步将饲料价格上涨造成的畜牧养殖损失纳入保障范围，以整个养殖场的收入（畜产品直接销售收入 - 饲料投入成本）作为承保与理赔基础，当畜牧养殖的"预期保障收入"低于实际收入时，保险公司赔付参保养殖者二者之间的差额。

在上述两种美国畜牧业保险计划中，畜牧价格保险计划并不包含奶牛保险产品，而畜牧收入保险计划则对奶牛养殖者提供了风险防护，故确切地说，美国奶牛保险其实是一种奶牛养殖收入保险。并且，最初的畜牧收入保险计划中也没有涉及奶牛保险产品，只提供生猪和肉牛两种保险产品，直到 2007 年美国联邦农作物保险公司才批准建立奶牛收入保险（LGM - Dairy）计划，因此可以这样理解，美国奶牛收入保险计划实际上是生猪和肉牛收入保险计划的延伸（Cabrera 等，2009）。2008 年 8 月，美国 LGM - Dairy 计划在美国威斯康星州和其他 30 个州正式启动，标志着美国奶牛收入保险产品正式诞生；2010 年 7 月，LGM - Dairy 计划已经推广至除夏威夷和阿拉斯加以外的美国其他 48 个州。

早期，由于养殖者对新开展的奶牛收入保险计划的认知存在不足，并且最初美国联邦政府也并没有对该计划提供保费补贴支持，因此，该计划实施之初，养殖者的参保积极性并不高，由表 9 - 1 可知，2009 年美国奶牛收入保险计划只销售保单 45 份，承保牛奶 40.17 万美担（1 美担等于 45.36 千克），共收取保费

---

① 在此之前，美国农业保险计划中几乎没有为畜牧养殖者提供任何风险保障，除了 1999 年美国推出的全农场收入保险（ARG）中将畜牧养殖风险包括在保险责任内。

28.72 万美元，占当年 LGM 计划（包括生猪和肉牛）总保费收入的 21.53%，赔款支出 71.80 万美元，简单赔付率高达 250%。2009 年较高的赔付率在一定程度上刺激了养殖户对该保险产品的需求，2010 年销售保单数量大幅度上升，承保牛奶重量增加 3.66 倍，保费收入增加至 78.16 万美元。2010 年 12 月，为了进一步促进奶牛收入保险计划的发展，美国政府开始向参加奶牛收入保险计划的养殖者提供保费补贴，随后，奶牛收入保险出现了较大规模的增长。2011 年，美国政府向奶牛收入保险计划提供 1073.57 万美元的保费补贴支持，极大地促进了该保险计划的发展，相对于 2009 年，2011 年出售保单数量增加 1367 份，上升至 1412 份，为养殖户提供风险保障 76964.45 万美元，保费总收入高达 2501.28 万美元，是 2009 年保费收入的 87 倍，在 LGM 计划总保费收入中占 96.14%，成为美国 LGM 保险计划中的主要保险产品。可见，政府保费补贴是促进美国奶牛收入保险计划迅速发展的重要因素，政府提供的保费补贴支持能有效刺激养殖户的保险需求。

表 9-1 美国奶牛收入保险计划发展情况

年份	售出保单（份）	承保牛奶重量（万美担）	风险保障金额（万美元）	保费金额（万美元）	补贴金额（万美元）	赔偿金额（万美元）	赔付率（%）	保费占 LGM 计划比例（%）
2009	45	40.17	471.59	28.72	0	71.80	250	21.53
2010	153	187.25	2491.50	78.16	0	28.06	36	41.25
2011	1412	4617.28	76964.45	2501.28	1073.57	6.47	0	96.14
2012	1770	4047.44	70399.99	1914.37	886.18	139.51	7	96.67
2013	1697	3417.89	66407.80	1687.32	765.63	266.59	16	95.14
2014	1616	2773.91	54636.63	1159.20	496.69	365.55	32	90.73
2015	2089	4872.13	88905.08	2233.10	1017.44	1671.66	75	95.98
2016	1637	1998.94	29964.09	715.34	312.75	871.86	122	88.05
2017	1622	1846.65	30345.36	653.27	293.34	495.12	76	79.08
2018	1070	2149.38	31908.84	613.12	252.73	540.94	88	89.51
2019	1232	807.61	12860.67	214.87	79.09	247.86	115	70.00
平均值	1304	2432.60	42305.16	1072.61	470.67	427.77	74	78.55

注：保费占 LGM 计划比例是指 LGM – Dairy 占 LGM 计划（还包括生猪和肉牛收入保险）总保费收入的比例。

资料来源：美国农业部风险管理局（RMA）。

然而，由于美国联邦政府逐年增大的财政支出，财政预算越发紧张，受限于美国政府提供的保费补贴资金，联邦农作物保险公司公布的承保能力有限，因此，在美国，有限的奶牛收入保险供给，还不能有效满足养殖户的巨大需求。本着"先到先得"的原则，每年推出的奶牛收入保险产品很快就会被养殖者抢售一空。例如，2011 年的奶牛收入保险销售计划在当年 3 月就已经销售结束。2012～2014 年，美国奶牛收入保险计划伴随着政府保费补贴金额的下降，出现了一定幅度的萎缩，2014 年政府保费补贴金额降至 496.69 万美元，当年出售保单 1616 份，承包牛奶 2773.91 万美担，比最高时（2011 年）低 1843.37 万美担。

2014 年，美国农业法案《食品、农场及就业法案》出台，取消了每年耗资近 50 亿美元、实施近 18 年的农业直接补贴项目，扩大了农业保险补贴额度和项目覆盖范围，突出了保险在美国农业生产风险防范中的作用①。相比于 2014 年，2015 年美国联邦政府明显提高了对奶牛收入保险计划的财政支持力度，保费补贴额度增加至 1017.44 万美元，显著扩大了奶牛保险产品的供给，奶牛收入保险计划承保的牛奶重量和保费收入得到了较大幅度的提升，LGM - Dairy 的保费占 LGM 计划总保费收入的比例高达 95.98%，承保规模再次达到峰值。可见，美国新农业法案的实施对进一步推动奶牛收入保险计划的发展产生了重要影响。但不可否认，受限于美国政府对畜牧价格指数保险（包括 LRP）有限的补贴支持，直接制约了养殖者对畜牧保险产品的需求（汪必旺和王克，2019）。2016～2019 年，LGM - Dairy 保费收入呈现明显的回落，并未显示持续增长的发展态势。尤其是 2019 年，美国新农业法案《2018 年农业提升法案》开始实施，再次对乳业保险政策进行了调整，新增乳业收入保障计划（Dairy Revenue Protection，DRP）②，LGM - Dairy 承保规模出现明显的下降。2019 年承保牛奶重量 807.61 万美担，实现保费收入 214.87 万美元，政府财政支持 79.09 万美元。

---

① 美国取消农业直补，迈向农业保险时代 [EB/OL]．中国农业科学院网站，http: //caas. net. cn/nykjxx/nycj/235049. shtml．

② DRP 属于区域收入保险，旨在为养殖户的优质生鲜乳季度销售收入（包括产量或价格）的降低提供保险保障，具体特点可参考：柴智慧，张旭光. 美国 2018 年农业法案中乳业保险政策的变化及启示 [J]．世界农业，2019（11）：34-40．

另外，从赔付率的发展变化看，美国奶牛收入保险总体上实现了比较合理的赔付率水平，但不同年份间的赔付率差异较大。表9-1显示，2009~2019年，美国奶牛收入保险的总体赔付率为74%，说明从美国奶牛收入保险实施至今，保险公司总体而言并没有出现承保损失，且产生的承保收益也比较有限，奶牛收入保险整体处于精算合理的水平。但是，从表9-1可以看出，奶牛收入保险项目不同年份间的赔付率差别较大，有些年份几乎没有赔付，有些年份的赔付率却可以达到250%。同时，需要说明的是，表9-1的统计数据是所有保险公司数据汇总的结果对于单个保险公司而言，赔付率的变动幅度会更大，也反映出美国保险公司在经营奶牛收入保险时，所面临的超额赔付风险较高。

二、美国奶牛收入保险计划的特点概述

（一）"公私合营"的运营模式

在美国，畜牧业收入保险实行国家和私营、政府和民间相互联系的双轨制保险保障体系，强制与自愿保险相结合，属于政府提供部分补贴的运营模式，在这一模式下，农业保险的具体业务主要由私营保险公司负责，政府只是通过相关机构在管理费用和保费等方面提供补贴，或是提供再保险支持等。这一模式类似"公私合营"，能够充分有效地发挥政府与市场的各自优势。在美国，畜牧业收入保险政策具体由《联邦农作物保险法》进行规定与修改，其他任何部门或代理公司都无权修改或以其他方式改变这一政策，美国农业部管理的风险管理局和联邦农业保险公司（FCIC）行使解释权，并进行相关保险产品设计，其他商业保险公司行使代理权，并由联邦农业保险公司提供再保险。

（二）灵活、动态的保险周期

在美国，奶牛收入保险在每个月的最后一个星期五出售，并且每个月的窗口

出售期很短①，一年销售12次，但是每个奶牛养殖者每月只能购买一次。美国奶牛收入保险的保险期包含11个月，但需要指出的是，在每一个保险期的第一个月，奶牛保险处于无效状态，因为在养殖者进行保险购买的当月，奶牛保险并没有生效，而是在隔一个月以后的下一个月生效，有特别规定的特殊情况除外。例如，养殖者在1月的最后一个星期五购买了奶牛收入保险，则此保险合同提供的保险期包括2月（奶牛保险此月还没有生效）、3月、4月、5月、6月、7月、8月、9月、10月、11月和12月，即在美国，每一份奶牛收入保险合同对应的保险有效期只有10个月。养殖者不同时间的保险购买选择会面临不同时间范围的保险有效期，因此，在美国，养殖者每一年之中有12种类型的保险期可供选择。

由以上介绍可知，每一个奶牛收入保险合同都包含10个月的有效保险期，因此，对于同一养殖者来说，某一月份的牛奶市场销量（Milk Marketing）可能会被不同保险期的奶牛收入保险合同所覆盖，只要这1月的牛奶市场销量没有100%地被以前购买的保险合同所承保。例如，一个养殖者计划对其2012年12月的奶牛养殖收入进行风险保障，其购买保险合同的时间便不能早于2012年1月，因为2012年1月形成的保险合同能够对2012年3~12月的全部或部分牛奶销量进行风险防护，恰好包含12月的奶牛养殖收入；同样，2012年2~10月购买的LGM-Dairy合同，也可以用来确保2012年12月的牛奶销售收入，直到2012年12月的全部牛奶市场销量已经被所有的保险合同所覆盖为止。

（三）弥补养殖收益的保险责任范围

与中国当前大范围实施的奶牛保险制度不同，美国的奶牛保险作为一种收入风险管理工具，主要是对养殖者的最小养殖收益（Income Over Feed Costs，IOFC）进行保障，即在牛奶市场价值出现下跌或奶牛养殖成本（玉米、豆粕等饲料成本）增加时，为奶牛养殖者提供损失补偿。因此，美国奶牛保险的保险责任范围可以理解为是奶牛养殖者的养殖收益，即牛奶销售收入减去饲料投入成本后的收益（IOFC）。需要指出的是，美国奶牛保险并不对奶牛的生理价值进行保障，即

---

① 芝加哥商品交易所期货市场每个月最后一个星期五收盘后，美国农业部风险管理局需要复核该月与收入保险相关的期货市场数据，成功复核后，进行保险销售，因此，每个月实际的保险窗口出售期很短，大概从每个月最后一个周五下午4点开始，到第二天周六晚上8点截止。

保险责任范围并不涉及奶牛的死亡或其他与死亡相关的损失与伤害。

由于美国奶牛保险的保险责任范围是养殖户的奶牛养殖收益，因此，该保险产品会根据养殖户购买保险时提交的保障收益总额（Total Contract Gross Margin Guarantee，TGMG）和最终公布的实际总收益（Total Actual Contract Gross Margin，TAGM）① 之间的差异进行定损理赔。具体赔款（INDEM）可由以下公式决定：

$$INDEM = Max(TGMG - TAGM, 0) \qquad (9-1)$$

由式（9-1）可知，当养殖者最终面临的实际总收益（TAGM）小于购买保险之初养殖户确认的保障收益总额（TGMG）时，保险公司将对二者之间的差额进行补偿，此种情况表明最终实际出现的奶业市场状况并不如养殖者当初购买奶牛收入保险时已经存在的市场状况理想。相反，当 TAGM 大于 TGMG 时，保险不进行赔付，意味着实际出现的市场行情对养殖者更为有利，即实际中或者出现了更高的牛奶收入，或者出现了更低的饲料成本。

同时，美国奶牛收入保险的政策规定，如果由于保险公司的原因导致不能对养殖户的损失进行按期赔付，保险公司会支付相应的利息，但是，如果由于投保人不能有效及时地向保险公司提供有关理赔的个人信息和其他必要材料，保险公司不会支付赔款利息，其中，利率的大小按照美国1978年的《合同纠纷法》，由财政部确定，并于每年的1月1日和7月1日公布在联邦公报上。

（四）多选择的保费补贴比例

美国奶牛收入保险的保费主要根据奶牛养殖者在申请奶牛保险时提交的市场销售计划报告、保险期的预期总收入和免赔额来确定。其中，市场计划销售报告中包含养殖者每月选择的投保牛奶重量和准备屠宰的奶牛的最大数量。奶牛保险申请者提交市场计划销售报告后，保险公司根据申请者的饲养生产能力和联邦农作物保险公司公布的承保能力进行核实与审查，申请者提交的市场计划销售值不能大于保险公司核实后的销售值。

为方便奶牛生产者计算自己所需缴纳的保费，美国农业部风险管理局

---

① 保障收益总额和实际总收益的具体计算过程可见本章下文。

（RMA）官方网站，专门为购买奶牛收入保险的养殖者提供了一个保费计算器①（Premium Calculator）。使用者根据事先设置的用户名和密码登录自己的账户，成功登录后，使用者只需输入承保期内的预期牛奶市场销量，饲料中玉米等价物、大豆等价物的使用量和免赔额即可计算出所需缴纳的保费。对于第一次投保的养殖者，必须在签订保险合同时缴纳全部保费，但在后期续保时，养殖者可以在保险期的最后一天缴纳全部保费，如果没有全额支付保费，则该保险视为无效。

同样，在美国，参加奶牛保险的奶业生产者也可以直接获得来自美国农业部风险管理局提供的保费补贴。美国奶牛保险保费补贴政策开始于2010年12月，但是，与目前中国各省固定不变的保费补贴比例不同，美国奶牛保险设置的保费补贴比例会随着养殖者选择的免赔额②的不同而变化。在美国，养殖者选择的保险免赔率越高，享受的政府保费补贴比例越高，自身所需缴纳的保险费用将越少。如表9-2所示，当参保养殖者选择0美元/美担的免赔率时，其可获得的政府保费补贴比例最低，只有18%。但随着免赔率的逐渐升高，养殖者获得的政府保费补贴比例也越来越大，最大补贴比例可达50%。

表9-2 美国奶牛收入保险的保费补贴比例与免赔率

免赔率（美元/美担）	政府保费补贴比例（%）
0.00	18
0.10	19
0.20	21
0.30	23
0.40	25
0.50	28
0.60	31
0.70	34

---

① 保险合同中保险费的确定是基于保险精算过程，即从长远看，保险赔付支出应等于保险公司获得的保费收入。保费计算器即基于此原理，采用Monte Carlo模拟方法进行保费大小的计算与确定。

② 免赔额是指养殖户在投保时选择的预期总收入中不保的部分，其大小由养殖者选择的免赔率和计划承保牛奶重量决定，具体计算可见本章下文。

续表

免赔率（美元/美担）	政府保费补贴比例（%）
0.80	38
0.90	43
1.00	48
1.10~2.00	50

资料来源：美国农业部风险管理局（RMA）。

同时，表9-2也进一步反映出，美国奶牛收入保险中免赔额的设置主要通过以下两方面影响养殖者保费的支付：第一，参保养殖者选择的免赔额越高，其自身承担的风险越大，保险公司承担的风险越小，因此，根据保费精算原理确定的参保养殖者应缴保费也就越少，这一点充分体现出保险产品的风险保障能力越强，其保险价格越高的特点；第二，免赔额通过影响政府保费补贴比例，进而影响参保养殖者最终实际缴纳的保费大小。较高免赔额的保险产品对应着较低的风险保障水平，而较低的风险保障水平又对应着较高的政府保费补贴，这一点体现了美国政府依据不同的风险保障水平给予不同保费补贴的特点。同时，保费补贴比例随着免赔额的不同而变化，也充分体现美国政府在设计财政补贴比例时，对不同投保者支付能力的考虑。如果参保养殖者支付能力较强，可以选择购买低免赔额、高风险保障的奶牛保险产品，但是其获得的政府保费补贴将相对减少；相反，如果参保者支付能力较弱，可以选择购买高免赔额、低风险保障的奶牛保险产品，但此时却可以得到政府较高比例的保费补贴支持。总之，灵活多样的保费补贴比例可以消除养殖者支付能力和保险风险保障水平等因素对保险需求的影响，有利于提高养殖者的参保积极性，提升财政补贴资金的使用效率。

（五）保险的转让与其他特点

在保险期间，如果投保者转让其所饲养的奶牛，同样也可以转让其享有的奶牛保险权利，但前提是受让人有资格获得作物或牲畜保险。转让发生后，保险公司不再对转让人承担所转让奶牛的保险责任。同时，保险权利的转让行为必须遵循保险公司的形式，按照保险公司的要求，经保险公司批准后方能生效。对于转让奶牛的保费由转让人和受让人分担；如果受让人没有参加奶牛保险，或者转让行为发生在保险期结束的前 30 天内,则转让部分的奶牛保险会终止,但是这部分的保费将不会退还。

同时,如果此保险政策中的相关规定与各个州或地区出台的法规政策冲突,则以该政策规定为准。如果下一销售期发生不可预见的意外或其他非常事件,影响到玉米、大豆、牛奶等商品期货市场的有效运作,或是牛奶期货市场连续跌停、玉米和大豆合约的连续涨停,奶牛收入保险的销售也许会被暂停。

在投保奶牛收入保险期间,如果养殖者提交的相关养殖经营信息中出现虚假、隐瞒、欺诈现象,或是养殖者的某种行为违反了美国的《食品安全法》,则该养殖者在此保险期内就不能再享受这一保险政策,保险公司将会收回养殖者所获得的所有保险赔偿,同时,养殖者需要支付 24.5% 的保费来弥补保险公司提供这项政策服务所产生的成本费用。

三、美国奶牛收入保险风险管理方式及实施原理

奶牛收入保险的风险管理目标是向奶业生产者提供一个保障牛奶销售收入高于饲料投入成本的"收入地板",从而对生产者的最低养殖收入进行风险防护。本节对养殖者如何应用组合期权策略进行养殖收入风险管理的过程进行阐述,了解奶牛收入保险的风险管理方式和实施原理;随后,对保险和期权两种策略的实施特点进行比较分析,指出在美国存在并实施奶牛收入保险计划的必要性。

(一)奶牛收入保险风险管理过程的实现

在美国,奶牛收入保险进行养殖收入风险防范的过程类似金融行业中应用组合期权策略进行风险管理。实质上,美国奶牛收入保险的设计思路主要是源于金融行业中的组合期权策略,即在保险市场中,奶牛养殖者购买奶牛收入保险的过程,类似于同时购买牛奶看跌期权与饲料投入产品看涨期权的过程。

图 9-1 显示了养殖者应用组合期权策略进行奶业收入风险管理的过程。在期权交易市场中,当养殖者购买Ⅲ类牛奶看跌期权以保障每月的牛奶销售收入

时，相当于设置了一个牛奶销售价格的下限保障，这一下限值等于Ⅲ类牛奶看跌期权价值减去购买成本（如期权费及相关佣金）；接下来，养殖者将根据上述牛奶产量估算出玉米（或玉米等价物）和豆粕（或豆粕等价物）① 的饲料用量，并且，分别购买对应用量的玉米和豆粕看涨期权，此过程相当于设置了一个饲料投入成本的上限保障，这一上限值等于期权价值加上购买费用和其他与期权购买相关的费用（如佣金）。

在实际应用过程中，如图 9-1 所示，当牛奶市场价格下跌至奶牛销售下限以下或饲料成本价格上涨至饲料投入成本上限以上时，养殖者可以通过使用牛奶和饲料（玉米和豆粕）组合期权策略有效规避由此造成的养殖收入损失，对养殖者的最低养殖收入进行保障。另外，如果牛奶最终公布的市场价格高于期权执行价格减去期权购买费用后的金额，养殖者会放弃执行期权。虽然，此时的期权合约没有使养殖者获得直接收益，但是养殖者在现实市场交易中获得了更高的牛奶销售收入。同样，当饲料价格低于期权执行价格时，养殖者也不会执行玉米或豆粕的看涨期权，因为在现实养殖过程中，面临较低的饲料价格或饲料成本开销，养殖者放弃饲料看涨期权能获得更大的养殖收入。

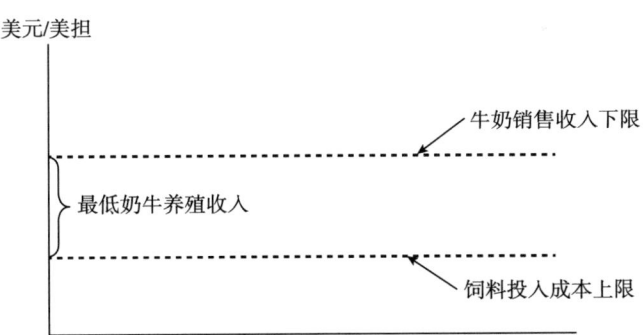

图 9-1　应用组合期权策略进行收入风险管理的分析

---

① 玉米等价物是指将除玉米、豆粕外的其他奶牛饲料按一定能量换算比例（如根据每吨蛋白质含量等）转换成对应用量的玉米而形成的一种玉米类似物。豆粕等价物的解释同理。之所以出现玉米和豆粕等价物这一概念，主要是因为美国芝加哥商品交易所提供的农产品期货中，并不包含奶牛养殖过程中所用到的所有饲料，因此，为量化养殖成本需要将其他饲料做一下转换。

（二）奶牛收入保险与农产品期权之间的区别

在美国，奶牛收入保险的设计与运用和农产品期货市场的联系非常紧密，奶牛收入保险中牛奶销售收入和饲料成本的估算都是基于期货合约的结算价格。可以说，农产品期货市场的价格统计机制，为奶牛收入保险产品的设计与实现提供了最重要的数据支撑与基础。既然在美国存在成熟的牛奶、玉米和大豆的期货市场，即养殖者可以通过应用组合期权策略进行奶业收入风险管理，那么为什么美国政府还要推出奶牛收入保险产品呢？结合 Babcock（2004）对这一问题的讨论，本书发现期权与保险之间虽然存在着很多相似之处，但由于二者的产品特性不同，两种不同的风险分散手段之间也存在着很大区别，LGM 产品呈现出的优势如下：

1. LGM 产品的使用成本较小，养殖者支付能力对保险产品使用的限制小

养殖者如果选择应用组合期权策略进行收入风险管理则需要同时购买牛奶看跌期权与饲料看涨期权，并支付较高的购买费用与佣金费用，而相比于期货或期权组合策略，LGM–dairy 的使用并不需要养殖者真正购买期货或期权产品，芝加哥商品交易所第Ⅲ类牛奶、玉米和豆粕等期权产品只是用来作为确定保险费用和赔款的信息参考。并且，自 2011 年开始，美国政府每年对参加奶牛收入保险计划的养殖者提供大量财政补贴支持，参保养殖者只需要支付部分保费就能享受奶牛保险提供的风险保障。因此，相对于期货期权产品较高的购买费用，奶牛收入保险计划更具价格优势。

2. LGM 产品没有交易量要求，养殖规模对保险使用的限制小

期货合约一般都具有持仓规模的限制，交易量普遍较大，许多养殖者的牛奶生产量达不到这一要求，而奶牛收入保险并无类似要求。在美国农产品期货市场中，大多数期货合约都要求较大规模持仓量。例如，对于第Ⅲ类牛奶期货，有两种类型的期货合约，一种是 2000 美担（1 美担等于 45.36 千克）合约，另一种是 1000 美担合约；对于玉米期货合约，最少持仓量为 5000 蒲式耳（1 蒲式耳玉米等于 25.40 千克），豆粕期货合约为 2000 磅（1 磅等于 0.45 千克）。因此，较大的期货交易量要求，不能有效满足小规模养殖者对组合期权策略的需求，而奶牛收入保险计划能有效避免此类问题。

3. LGM 的操作更为简单，养殖者的金融知识背景对保险使用的限制小

期权组合策略的使用需要养殖者掌握一定期权、期货等金融知识，并且，需要及时、灵活地进行现货市场与期货市场之间的对冲交易，操作过程较为复杂，而奶牛收入保险只需养殖户按合同约定设置投保牛奶重量、缴纳保费，即可有效降低牛奶价格下跌或饲料价格上涨带来的风险损失，并不需要养殖者具备丰富的期权知识，也不需要额外进行其他市场交易，操作过程较为简单。因此，相对于组合期权策略的复杂操作，养殖者更熟悉保险，并且更愿意使用保险手段进行风险规避。

总之，较低的准入门槛、有效的风险防范作用和政府的大力支持是美国奶牛收入保险乃至其他 LGM 产品得以存在，并逐渐变得普遍的重要原因。

四、奶牛保险中保障收益与实际收益的计算与确定

由以上分析可知，美国奶牛保险的重要特点是将养殖户奶牛养殖的经济风险纳入保险的保障范畴，极大地拓宽了保险的服务领域，实现了利用保险手段对原料奶生产的市场风险和价格风险的有效防护。既然市场风险、养殖户收入损失是美国奶牛收入保险的保险责任范围，那么科学、合理地计算并确定每一位奶业生产者的收入损失情况，则是美国奶牛收入保险得以进行的重要前提。

由前文保险责任范围与保险理赔部分的分析可知，保险公司主要应用保障收益减去实际收益确定的值来完成投保奶牛养殖者的理赔。如果二者之差大于 0，投保人会获得赔偿。相反地，如果实际最终收益超过保险保障的收入水平，赔付就不会发生。换言之，如何准确、及时、可信地计算每一位养殖者的保障收益和实际收益可以说是确定参保养殖者收入损失情况的关键，因此，较为详细地阐述与介绍美国奶牛收入保险中确定养殖者保障收益和实际收益的方法及其中应用到的数据，不仅是深入了解美国奶牛收入保险承保、理赔等环节的需要，而且对进一步完善中国奶牛保险政策、创新奶牛保险产品具有重要的借鉴意义。

（一）参保养殖者保险保障收益的计算与确定

根据美国奶牛收入保险的政策规定，养殖户在签订奶牛收入保险合同时，需要根据自身奶牛养殖实际情况确定合理的保障收益总额（Total Gross Margin Guarantee，TGMG）。保障收益总额，即养殖者拟计划通过奶牛收入保险对奶牛养殖进行风险保障的最低收入总额，其大小主要由两部分决定：一是保险期内养殖者的预期奶牛养殖收入（Expected Monthly Gross Margin，EMGM）；二是养殖者选择的免赔额（Deductible，DL）；公式表达如下：

$$TGMG = \sum_{t=1}^{10} EMGM_t - \sum_{t=1}^{10} DL_t \qquad (9-2)$$

式中，t 指月份，因为美国奶牛收入保险的有效期为 10 个月，因此，这里的 $t=1,\cdots,10$；$EMGM_t$ 指养殖者每个月的预期奶牛养殖收入；DL_t 指养殖者每个月选择的免赔额。

那么，如何确定投保养殖者每个月的奶牛养殖预期收入（EMGM）和免赔额（DL）的数值大小？下面分别对二者的计算过程及所应用的数据进行较为详细的阐述与说明。

1. 奶牛养殖预期收入的计算与数据应用

每个月的奶牛养殖预期收入（$EMGM_t$）是指奶牛养殖过程中的预期牛奶销售收入减去预期饲养成本后的净值，该计算过程所应用的数据主要来源于美国芝加哥商品交易所的农产品期货价格数据。公式表达及解释如下：

$$EMGM_t = (EMM_t \times EMP_t - ECE_t \times ECP_t - ESME_t \times ESP_t) \times COVER_t \qquad (9-3)$$

EMM_t 指保险期内 t 月的预期牛奶市场销量。预期牛奶市场销量是保险公司根据申请者（申请购买奶牛保险的养殖者）的饲养生产能力和联邦农作物保险公司公布的承保能力进行核实与审查确定的。申请者提交的预期市场销量不能大于保险公司核实后的销售量，并且在任何情况下，任何一个保险期内的养殖者投保的牛奶总重量，不得超过 240000 美担（1 美担 = 45.36 千克）。如果核实后发现养殖者存在欺诈或其他不符合政策要求的行为，保险公司将不会支付任何赔偿，但是投保者必须支付一定的保费以弥补保险公司的服务成本。

EMP_t 指保险期内 t 月的牛奶期望价格。奶牛收入保险中的牛奶期望价格由

第九章　美国奶牛保险的发展、运作及启示

芝加哥商品交易所第Ⅲ类牛奶①的期货合约价格决定，是购买保险月份的最后一个星期五及其前两天的以 t 月为交割期的牛奶期货日成交价格的简单平均。例如，养殖者 3 月签订奶牛收入保险合同，如果 3 月的最后一个星期五是 31 日，那么保险期内 t 月的牛奶期望价格为 3 月 29 日、30 日和 31 日以 t 月为交割期的远期合约买卖价格的平均。保险期内每个月的牛奶期望价格在保险合同签订之初，养殖者就已经可以在风险管理局网站上查询获得。同时，根据保险合同规定，如果养殖者计划投保其他质量类型（Ⅰ类、Ⅱ类或Ⅳ类）的牛奶，需要根据蛋白质或脂肪的相对含量转换成第Ⅲ类牛奶。

ECE_t 和 $ESME_t$ 分别指养殖者根据上述承保的牛奶产量估算出的每月玉米（或玉米等价物）和豆粕（或豆粕等价物）的饲料用量。这里需要指出的是，养殖者奶牛养殖过程中投入的其他饲料，需要按一定转化率②（Conversion Rates）转换成对应含量的玉米或大豆用量。同样，与计划承保的预期牛奶市场销量类似，投保牛奶的饲料重量也是有限制的。每月每美担牛奶的玉米类饲料用量必须在 0.00364 吨和 0.0381 吨之间。大豆类饲料的用量必须在 0.000805 吨和 0.013 吨之间。如果养殖者不进行选择，保险公司会根据默认值确定其饲料用量，其中，玉米类饲料默认用量为每美担牛奶 0.014 吨（0.5 蒲式耳），大豆类饲料默认用量为每美担牛奶 0.002 吨（4 磅）。下面为了方便理解美国奶牛收入保险中玉米等价物和和豆粕等价物的转换过程，列举示例③进行简单说明：

例：如果奶牛养殖者使用的饲料中包含 140 蒲式耳的燕麦和 0.2 吨肉骨粉，在投保奶牛保险时，养殖者需要将燕麦和肉骨粉转换成对应用量的玉米和大豆的等价物。

（1）燕麦的转换可以通过以下两个步骤实现：

步骤 1：单位换算，即将燕麦的单位蒲式耳转化为吨。

140 蒲式耳的燕麦 ×（32 磅/1 蒲式耳）×（1 吨/2000 英镑）= 2.24 吨

---

① 第Ⅲ类牛奶是指脂肪含量 3.5％、脱脂部分蛋白质含量 3.1％、其他固体含量 5.9％的牛奶。

② 转换比例源于宾夕法尼亚州立大学的乳制品参考手册（1995）。该比例数据可在美国农业部风险管理局提供的奶牛收入保险相关商品交易文件（Commodity Exchange Endorsement for Livestock Gross Margin for Dairy Cattle）中获得。http://www.rma.usda.gov/policies/2011/lgm/11lgmdairycee.pdf.

③ 资料来源：美国农业部风险管理局（RMA）。

步骤2：使用官方公布的转化率转换成玉米和大豆的等价物。

2.24 吨的燕麦 ×0.120 = 0.2688 吨大豆等价物

2.24 吨燕麦 ×0.779 = 1.7450 吨玉米等价物

(2) 肉骨粉的转换可以通过一步完成，因为肉粉的单位已经是吨：

0.2 吨的肉粉 ×1.227 = 0.2454 吨大豆等价物

0.2 吨肉粉 ×(-0.349) = -0.0698 吨玉米等价物

所以，该养殖者使用的 140 蒲式耳的燕麦和 0.2 吨肉骨粉相当于投入了 0.5142（0.2688 + 0.2454）吨的大豆粉和 1.6752（1.7450 - 0.0698）吨的玉米。

需要指出的是，许多蛋白质类的饲料都含有负向的玉米转化率。

ECP_t 和 ESP_t 分别指每月的玉米和大豆的期望价格。玉米和大豆的期望价格与牛奶期望价格的确定方式一样，都是基于芝加哥商品交易所的期货价格，但是与牛奶期货产品不同，玉米和大豆并不是每月都发生期货交割①，如果保险期内涉及的月份无期货合约交割时，玉米和大豆的期望价格为相邻两个有期货交割月份最后星期五及前两天期货价格的加权平均，权重大小根据期货月份和该月的距离远近确定。例如，如果计算 2012 年 1 月的玉米期望价格，则需要根据临近两个月（2011 年 12 月和 2012 年 3 月）的玉米期望价格进行加权平均。公式表示如下：

$$ECP_{Jan12} = \frac{2}{3}ECP_{Dec11} + \frac{1}{3}ECP_{Mar12} \qquad (9-4)$$

$COVER_t$ 指养殖者每个月选择的保障水平（Ccover Values）。美国奶牛收入保险允许养殖者在 0~100% 的范围内选择每月计划投保的牛奶和饲料的保障水平。如果保障水平为 0，说明养殖者在该月没有投保任何重量的牛奶，即该月份奶牛收入保险并不会发挥损失补偿作用。因此，保障水平的设置打破了奶牛收入保险有效期 10 个月的固定限制，养殖者可以充分灵活选择自己比较关注的月份进行投保。例如，养殖者在签订保险合同时，只计划对 4 月、5 月和 7 月的奶牛养殖收入进行风险保障，其他月份不计划投保，虽然保险有效期已经确定为 10 个月，

---

① 与第Ⅲ类牛奶每年 12 个月都有期货合约交易不同，在芝加哥商品交易所，每年只有 5 个（3 月、5 月、7 月、9 月和 12 月）玉米合约交易和 8 个（1 月、3 月、5 月、7 月、8 月、9 月、10 月和 12 月）豆粕期货合约交易。

但是，养殖者可以通过将其他月份的保障水平设置为 0 来实现此计划。保障水平的设置可以让养殖者在签订保险合同时，对每个月的投保情况进行灵活安排，同时，养殖者也可以通过堆叠多个保险合同来实现对之前月份未承保部分进行再次承保，只要该月投保的牛奶生产总量不超过 100%。

2. 免赔额的计算与数据应用

免赔额（Deductible，DL）是指养殖户在投保时选择的预期总收入中不保的部分。类似车险等其他财产类保险，免赔额越大，投保者自己承担的风险越高，因此，购买保险时其所缴纳的保费相对较少。美国奶牛收入保险的免赔额由投保养殖者选定的免赔率（Deductible Rate，DLR）和每月计划投保的预期牛奶产量（EMM_t）决定，公式表达如下：

$$DL_t = DLR \times EMM_t \tag{9-5}$$

式中，免赔率（DLR）最小值为 0 美元/美担（1 美担 = 100 磅），最大值为 2 美元/美担，期间以 0.1 美元/美担的标准变化。EMM_t 的确定与上文介绍的确定方式一致。

（二）参保养殖者最终实际收益的计算与确定

保险期结束后，养殖者最终实现的实际收益总额（Total Actual Gross Margins，TAGM）是判断其能否获得赔付的另一个重要指标。如果最终实现的实际收益总额小于保险合同签订之初养殖者设置的保障收益总额，保险公司将对二者之间的差额部分进行赔偿。

与保障收益总额类似，实际收益总额也是保险期内养殖者各月实际奶牛养殖收入（Actual Monthly Gross Margin，AMGM）的加总，但与保障收益总额计算不同的是，这里实际收益总额的计算不再需要考虑免赔额的影响。公式表达如下：

$$TAMG = \sum_{t=1}^{10} AMGM_t \tag{9-6}$$

式中，$AMGM_t$ 代表保险期内 t 月的奶牛养殖实际收入，其大小是决定养殖者实际总收益的关键。因此，下面主要介绍养殖者每月奶牛养殖实际收入的计算与数据应用。

养殖者各月实现的实际收入是指奶牛养殖过程中的实际毛收入扣除实际饲养

成本后的净值。同样，这里实际值的计算也是基于芝加哥商品交易所期货合约的结算价，但是相比于预期值的计算，这里的结算价是指期货合约到期时的价格。公式表达及解释如下：

$$AMGM_t = (EMM_t \times AMP_t - ECE_t \times ACP_t - ESME_t \times ASP_t) \times COVER_t \quad (9-7)$$

由上述实际收入的表达式可知，实际牛奶市场销量（EMM_t）、实际玉米或玉米等价物（ECE_t）的用量和豆粕或豆粕等价物（$ESME_t$）的用量与式（9-3）中确定预期收入时的所应用的数据及计算方式相同。但是，与预期收入计算不同的是，实际收入计算中反映牛奶、玉米和豆粕价格的数据为期货合约到期时的期货结算价格数据。

AMP_t 指保险期内 t 月的牛奶实际价格。奶牛收入保险中的牛奶实际价格同样由芝加哥商品交易所第Ⅲ类牛奶的期货价格决定。但与预期价格不同，实际价格为期货合约到期时的结算价格，由 t 月最后一个牛奶期货交易日前三个工作日的期货结算价格的简单平均决定。例如，如果保险期内 5 月牛奶期货的最后一个交易日为 31 日（星期一），则 5 月的牛奶实际价格为 5 月 26 日（星期三）、27 日（星期四）和 28 日（星期五）三天的牛奶期货结算价格的平均值。

ACP_t 和 ASP_t 分别指每月的玉米和豆粕的实际价格。玉米和豆粕的实际价格与牛奶实际价格的确定方式一样，都是由最后一个期货交易日①前三个工作日的期货结算价格的平均值决定。但是由于玉米和大豆并不是每月都发生期货交割，所以，当保险期内涉及的月份无期货合约交割时，玉米和大豆的实际价格为相邻两个有期货交割月份的最后一个期货交易日前三个工作日的结算价格的加权平均，权重大小根据期货月份和该月的距离远近确定。

五、美国奶牛保险发展对中国的启示

自 2007 年，中国开始试点实施政府保费补贴的奶牛保险政策，多年来，国

---

① 在美国芝加哥商品交易所，玉米和豆粕期货的最后交易日为每月的 15 日（工作日）或 15 日（非工作日）之前的一个工作日。

内各地区在落实中央政府相关政策的同时,在奶牛保险制度与产品设计上进行了一系列调整与创新。但是,对比美国奶牛保险的发展及运营特点,不难发现中国大部分地区实施的奶牛保险政策尚存在保险责任范围不切实际、产品结构单一、保险公司的产品研发动力不足、政府保费补贴比例差异化不足等问题,这些问题严重制约了中国奶牛保险的纵深发展。因此,结合中国奶牛保险发展实际,在总结梳理美国奶牛保险发展经验的前提下,提出如下几点建议:

(一) 成立政府性质的农业保险产品决策机构,加大奶牛保险产品研发

农业保险的正外部性与社会效应的特点决定了政府需要在农业保险的开展中扮演重要的角色,在对农业保险提供必要财政支持的同时,还应大力支持保险产品的推广与研发。虽然在中国新颁布的《农业保险条例》中,还没有具体规定如何进行农业保险产品的决策与管理。但结合中国奶牛保险的发展实际可以发现保险产品结构单一、保险责任范围不切实际等问题已经严重影响到养殖户参与奶牛保险的积极性,奶牛保险的发展已经进入了瓶颈期。有关奶牛保险产品的研发与创新迫在眉睫。但是由于奶牛保险具有准公共物品的属性,商业保险公司本着利益最大化的原则,大量投入初始成本进行奶牛保险产品创新与研发的动力不足,借鉴美国农业保险的经验,中国应成立一个政府性质的农业保险管理和决策机构,管理保险产品的研发,负责改进和完善原有农业保险险种、试点新农业保险产品并进行产品可行性评估与初步审核。

(二) 优化奶牛保险的保险责任范围,创新保险产品

中国实施的奶牛保险大多是以保障奶牛生理价值为基础的死亡保险,即只有当投保奶牛在保险期间内,发生保险责任范围内的死亡时,保险人才按照保险合同的约定负责赔偿。其中,保险责任范围主要包括重大病害,自然灾害和意外事故所导致的投保奶牛直接死亡,目前推行的保险责任范围所涉及的重大病害大部分属于非常发疾病,而在奶牛养殖过程中经常遇到的疾病问题,如乳房炎、产后病等疾病并不囊括其中。奶牛保险责任范围的苛刻与不切实际,直接影响养殖户参与奶牛保险的积极性,进而影响农业保险政策的可持续发展。而奶牛保险的重要意义在于降低奶牛养殖者的饲养经营风险,国内奶牛养殖者所面临的主要风险

是否只有奶牛死亡风险？如果还有其他重要方面，那么目前实施的奶牛保险政策就不得不根据养殖户的需求进行必要的调整与优化。同时，由美国奶牛保险的发展经验可知，养殖收入保险相对于传统奶牛死亡保险产品，在风险防范作用方面，已经向世人展现出其巨大的发展优势。近年来，中国农产品的价格波动频繁，价格问题严重，现有的保险产品已无法补偿价格下跌给养殖户带来的收益损失。因此，在当前中国农业保险已取得一定规模效应的情况下，农业保险产品的创新势在必行。

（三）实行差异化的保费补贴比例，提升财政补贴资金的使用效率

与中国简单而固定的保费补贴比例不同，美国奶牛保险设置的政府保费补贴比例会随着养殖户选择的免赔额的不同而变化，即不同保障水平的保险产品对应着不同程度的政府保费补贴。在美国，养殖户如果选择高免赔率的保险产品（风险保障水平低的保险产品），将会获得较高比例的政府保费补贴。政府保费补贴比例随着免赔额的不同而调整的动态设计，充分体现了美国奶牛保险制度对不同养殖户的风险状态和支付能力的考虑。如果养殖户的支付能力较强，可以选择购买高风险保障、高价格的奶牛保险产品，此时，政府只需少量保费补贴即可。相反，如果养殖户支付能力较弱，可以选择购买低风险保障、低价格的奶牛保险产品，此时，政府则需要对其进行较高比例的保费补贴支持。总之，差异化的政府保费补贴比例可以消除保险支付能力和保险保障水平等因素对养殖户奶牛保险需求的影响，有利于提高奶牛养殖户的投保积极性，提升政府保费补贴资金的使用效率。

（四）完善农产品期货市场，为奶牛保险产品创新提供技术支撑

奶牛收入保险是对养殖者的收入进行风险保障的一种保险产品，该保险产品的顺利开展与实施需要有及时、准确和公正的奶业市场价格数据作为支撑，因此，牛奶、玉米、大豆等农产品市场价格的准确与及时公布是保障奶牛收入保险顺利开展的重要前提。如上文所述，在美国实施的奶牛收入保险（LGM – Dairy）计划中，牛奶、玉米和大豆的期望价格和实际价格，都是以芝加哥商品交易所的期货合约价格数据为依据计算的，相关农产品市场的期货合约价格在上述美国奶牛收入保险计划的实施中发挥了非常重要的作用。

但是，相比于美国发达的农产品期货市场，当前中国农产品期货市场的发展还不成熟，牛奶等众多农产品的期货市场尚未建立，因此，完善农产品期货市场，发展、建立牛奶等农产品期货，不仅可以充分利用期货市场的套期保值功能进行风险管理，而且对支撑和推动包括奶牛保险在内的中国农业保险政策的发展与创新具有重要意义。

六、本章小结

美国作为世界上运行最成功的农业保险体系之一（夏益国，2013），在保险制度设计、政府保费补贴和保险产品创新等方面积累了丰富的经验。本章主要从美国奶牛收入保险计划的产生与发展、奶牛收入保险的运作特点、实施原理和相关保险指标计算与确定的角度，对美国奶牛收入保险计划进行了深入的剖析与解读。与中国只针对奶牛生理价值损失进行保障的奶牛保险产品不同，美国当前施行的奶牛保险政策成功地将奶牛养殖的市场风险纳入保险的风险防范范畴，对参保养殖户的奶牛养殖收入损失进行保障，即能够解决由于牛奶市场价格或饲养成本波动引发的奶牛养殖收入降低的问题。并且，美国奶牛收入保险计划在确定保障水平方面，允许养殖户选择最能反映其自身实际情况的饲料用量和牛奶生产水平，同时参保养殖户所缴纳的保费和享受的政府保费补贴比例，也会根据其选择的不同免赔额而有所不同。总之，有效的市场风险防范作用、差异化的产品设计和政府的财政支持，极大地促进了美国奶牛收入保险的发展，进而有效地实现了对本国奶牛养殖户全方位的风险保障。

对比美国奶牛保险的发展特点不难发现，中国奶牛保险政策尚存在保险产品结构单一、保险责任范围不切实际、保险公司的产品研发动力不足等问题。为进一步促进中国奶牛保险制度的发展与创新，完善政府保费补贴体系，本章在借鉴美国奶牛保险发展及运营经验的基础上，提出加大政府奶牛保险产品研发支持、创新奶牛保险产品、实行差异化的政府保费补贴比例和完善农产品期货市场等改进性建议。

第十章 研究结论与政策建议

作为中国一项重要的财政惠农举措,奶牛保险政策的目的在于利用保险手段建立疫病和自然灾害的风险防范机制,弥补奶牛养殖户因自然灾害和疫病风险造成的损失,稳定养殖户的收入,提高养殖户的奶牛养殖积极性,保障高质量原料奶的稳定供给。本书聚焦当前稳定实施的奶牛保险政策,基于大量实地调研数据,从奶牛保险政策的实际减损效用和对养殖户奶牛养殖行为影响两方面,评价与检验现行奶牛保险政策的实施效果。同时,借鉴美国奶牛保险政策的运营经验和内蒙古自治区及中国奶牛保险政策实施中存在的问题与不足,提出进一步完善奶牛保险政策体系的对策建议。

一、研究结论

(一)奶牛保险政策在快速发展的同时仍存在诸多问题

中国自 2008 年开始试点实施政府保费补贴的奶牛保险政策,2013 年《农业保险条例》颁布后在全国范围内推广。从试点到全面实施,10 余年来中国奶牛保险政策一直在不断完善与调整。以内蒙古自治区为例,奶牛保险政策在内蒙古自治区取得了较为显著的发展,具体表现:第一,奶牛保险承保规模迅速增长,参保奶牛头数显著增多。截止到 2019 年,内蒙古政策性奶牛保险实现保费收入

6.25亿元，较2008年增长8.77倍，奶牛保险承保规模增速明显。第二，奶牛保险政策的保险责任范围不断扩大。内蒙古自治区奶牛保险在原有奶牛死亡疾病种类的基础上增加了发病率较高的难产死亡、产后败血症、产后瘫痪、创伤性网胃炎和创伤性心包炎，奶牛保险的理赔范围显著扩大。第三，奶牛保险政策的保障水平大幅度提高。内蒙古奶牛保险的保障水平已由全区统一的5000元/头，提高到6000元/头、8000元/头和10000元/头三个档次，奶牛保险保障水平显著提高。第四，政府保费补贴规模不断扩大、补贴比例不断优化。以内蒙古政策性奶牛保险为例，各级政府提供的保费补贴金额不断扩大，2019年政策性奶牛保险保费补贴规模较2008年增长5倍；保费补贴结构不断调整，由中央财政补贴30%、自治区政府补贴50%、参保奶牛养殖者自缴20%，调整为中央财政补贴50%、自治区及各地方盟市、旗县政府共同补贴30%，奶牛养殖者承担20%的保费承担结构。

但当前中国奶牛保险政策在保险产品创新、风险保障能力和保险公司运营能力等方面，尚存在不能完全满足奶牛养殖业发展实际需求等问题。以内蒙古自治区为例，奶牛保险政策在快速发展的过程中也暴露出诸多问题，如政策性奶牛保险的保险责任范围、保险保障水平等与奶牛养殖实际之间仍存在一定差距、部分贫困地区的地方政府财政配套压力较大、保险公司相关资源投入及服务能力提升有待加强等。

（二）养殖户对奶牛保险政策及其减损作用的主观评价较高

本次调研数据显示，养殖户对现行奶牛保险政策及其发挥的减损作用主观评价较高，但不同个人特征、经营特征和风险特征的养殖户所表现出的主观评价具有明显差异性，其中，62.76%的养殖户认为奶牛保险政策降低灾害损失的作用"比较大"或"非常大"，养殖户对现行奶牛保险政策减损作用的主观评价较高，说明当前实施的奶牛保险政策所发挥的减损作用至少已得到养殖户主观层面的认可。但同时，有近40%的养殖户认为只针对奶牛死亡进行赔付的奶牛保险政策，所发挥的减损作用"一般"甚至"比较小"或"非常小"，分析原因可知，"保险责任范围不合理"、"保险赔偿低"、"即使发生奶牛死亡也不能获得保险赔偿"和"奶牛死亡率低，奶牛死亡损失小"是养殖户认为现行奶牛保险政策减损作用小的主要原因。

进一步,通过对影响养殖户奶牛保险政策及其减损作用主观评价的各因素进行实证分析后,发现养殖户是否为管理人员、养殖户有无贷款、奶牛养殖规模、奶牛死亡比例和养殖户对奶牛保险保障水平的认知是影响其奶牛保险减损作用评价的显著因素,其中:①养殖户若为管理人员,会对其奶牛保险政策减损作用的主观评价产生显著正向影响;②养殖户若存在贷款,会降低其对奶牛保险政策减损作用的评价;③养殖户的奶牛养殖规模越大,其对奶牛保险政策减损作用的认可程度越高;④奶牛死亡比例较高或经常发生奶牛死亡的养殖户,对奶牛保险政策减损作用的评价较高;⑤对保险政策保障水平认知程度较高的养殖户,对奶牛保险政策减损作用的主观评价也同样较高。

(三) 奶牛保险政策所发挥的客观减损作用有限

从理论上看,政府保费补贴支持的奶牛保险政策具有降低和分散养殖户奶牛养殖损失的作用,即相对于未参保养殖户,政府保费补贴的奶牛保险政策不仅会降低参保养殖户的期望损失值,同时也会降低养殖损失的分布方差,减小损失的实际值围绕期望值的不确定性波动。

然而,本书基于微观养殖户的调查数据,通过构建"自然试验",应用倍差模型(DID)和倾向得分匹配倍差模型(DDPSM)对奶牛保险政策的实际减损效果进行实证检验,结果发现,奶牛保险政策对养殖户奶牛死亡损失具有负向处理效应,但影响作用并不显著,反映出当前政府财政支持的奶牛保险政策尚难以显著降低参保养殖户的奶牛死亡损失,现行奶牛保险政策所发挥的客观减损作用有限。理论与实证结论之间的冲突反映出当前实施的奶牛保险政策在产品及条款等制度设计方面还存在很多不足。奶牛保险制度设计与奶牛养殖实际之间的不匹配是造成奶牛保险政策实际减损作用不显著的重要原因。以内蒙古政策性奶牛保险为例,其具体表现如下:①当前奶牛养殖死亡率较低,奶牛死亡损失对养殖户的影响较小,只针对"奶牛死亡"进行赔付的保险产品已不能满足养殖户的生产风险防范需求;②奶牛保险涉及的死亡责任范围较小,保险理赔条件设置较为苛刻,现实中,存在参保养殖户所养殖的奶牛即使在保险期间内发生死亡,但由于死亡原因不属于保险责任范围或理赔材料不符合保险约定,其最终也不能顺利获得保险赔偿的情况；③较低的奶牛保险赔付金额，不足以弥补养殖户的奶牛死亡损失，在很大程度上限制了奶牛保险减损效果的发挥。鉴于此，要充分发挥奶牛保险的减损作用，可以从扩大奶牛保险的保险责任范围、提高奶牛保险的风险保障水平、制定科学合理的理赔措施和开发对市场风险进行保障的新产品四个方面对现行奶牛保险政策予以改进与优化。

（四）奶牛保险政策可正向激励养殖户的养殖规模决策行为

行为目标是对行为最好的预见，人们的行为会受其预期目标影响，并形成自我激励（Binswanger，1980）。奶牛养殖户通过参加政策性奶牛保险不仅可以利用保险手段实现对不确定性奶牛养殖风险的转移，提高奶牛养殖的比较优势，降低养殖户的奶牛养殖风险预期，提高养殖户奶牛养殖投资预期收益，而且作为一项国家支持奶牛养殖业发展的惠农政策，奶牛保险政策的实施向养殖者发出了国家重视和鼓励奶牛养殖的信号，增强了养殖者奶牛养殖的信心。正如本次调研数据显示，55.21%的参保养殖户表示"参加奶牛保险后更愿意从事奶牛养殖活动"。因此，从理论上看，奶牛保险政策的开展能够促使养殖户增加对奶牛养殖生产要素的合理投入，激发养殖户从事奶牛养殖的积极性，增大奶牛养殖行为的供给，扩大奶牛养殖规模。

进一步，为准确估计奶牛保险政策对养殖户奶牛养殖规模决策行为的影响，本书基于微观养殖户样本数据，采用普通线性回归模型和工具变量模型实证检验奶牛保险政策的实施是否会对养殖户的奶牛养殖规模决策行为产生促进作用。模型估计结果显示，奶牛保险政策对养殖户奶牛养殖规模的扩大具有显著正向影响。可见，奶牛保险政策的实施能够对养殖户扩大奶牛养殖行为产生显著的正向激励作用，即促进养殖户将更多的资源用于奶牛养殖，扩大奶牛养殖数量，推动奶牛养殖业规模化发展。

（五）奶牛保险政策尚不会对养殖户的风险防控行为形成抑制

养殖户在参加奶牛保险后，考虑保险的经济补偿功能，其风险防控行为可能会发生以下变化：一是保险能够对参保奶牛进行灾后补偿，而由于道德风险因素的存在，随着保险保障水平的提高，养殖户对奶牛养殖的防疫努力程度可能会下降，从而降低风险防控投入；二是保险实行奶牛死亡风险保障模式，养殖户对奶牛养殖风险防控的努力程度会考虑奶牛保险的补偿水平，当保险保障水平不高或达不到其生产风险分散预期时，养殖户一般不会降低疫病风险防控投入。本书基于微观养殖户样本数据，通过 OLS 模型和 TEM 模型两阶段回归方法，对上述问题进行实证检验与分析后，发现现行奶牛保险政策对养殖户风险防控行为的影响并不显著，即养殖户参加奶牛保险后，并不存在消极进行风险防控，降低养殖风险防控物质资本投入的道德风险问题。

深入分析原因后发现，上述结果的形成主要与当前奶牛保险政策特点和奶牛养殖的生产性质有关。具体表现如下：第一，现实中，奶牛养殖对于大多数养殖户来说属于一种可为其持续带来经营性收入的产业，而奶牛就是养殖户创造财富、赖以生存的重要工具。因此，为最大化自己的养殖收入，作为"理性人"的奶牛养殖户会悉心照料其所饲养的奶牛，并设法降低奶牛养殖风险，提高奶牛的产奶数量与质量。而当前只针对"保险合同内约定的奶牛死亡事故"，以"低保障"的原则进行保险赔付的奶牛保险政策，不足以"诱导"奶牛养殖户为获取有限的保险赔付，而降低奶牛饲养努力程度，减少风险防控要素的投入。第二，奶牛保险政策"事前防范"的性质要求能够对养殖户的养殖风险管理起到提醒与督促作用，有助于规范参保养殖户的养殖经营行为，提高参保养殖户的风险防范意识；并且长期内，奶牛保险政策的实施通过对养殖户提出的参保条件限制，将会对奶牛养殖户的养殖风险管理起到一定的示范作用，有助于规范养殖户的风险防范投入。因此，在现行奶牛保险政策下，养殖户参加奶牛保险后不会显著降低其风险防控投入，不存在减少风险防控要素投入的道德风险问题。

二、政策建议

基于上述研究结论，借鉴美国奶牛保险政策的运营经验及内蒙古自治区奶牛保险政策实施中存在的问题与不足，本书提出如下进一步完善奶牛保险政策体系的对策与建议。

（一）加强奶牛保险政策宣传，提高养殖户的保险意识

享受政府保费补贴的奶牛保险是一项专业性很强的保险产品，广大养殖户对各项条款的认识与理解是有限的，因此，需要各级政府和保险经办机构进一步加大对奶牛保险政策的宣传，提高养殖户对奶牛保险产品特性的认知，提升养殖户利用保险手段进行风险分散的意识。

以内蒙古自治区为例，多年来各级政府部门及保险公司在广大农村牧区不断加强奶牛保险政策的宣传与推广，农牧民对该项支农惠农政策的认识已经得到显著改善，农牧民的保险意识在不断增强。例如，由本次实地调研情况可知，养殖户对奶牛保险金额和保险责任范围已经非常了解，即当前内蒙古地区大部分养殖户已清楚知道投保奶牛在发生死亡后能够获得多少赔偿，何种灾害损失下的奶牛死亡可以向保险公司申请保险赔偿。但在实地走访过程中，广大养殖户对奶牛保险政策的政府保费补贴性质、政府保费补贴比例、保险理赔条款和免责条款等内容的认知还存在严重不足，养殖户对奶牛保险政策的认识与理解还有待提高，因此，为进一步提高养殖户对这项支农惠农政策的认识水平和主观满意度，避免养殖户出现"不信任保险"或"过度依赖保险"的极端情况，减少养殖户与保险公司之间矛盾事件的发生，保障奶牛保险政策的顺利开展，各级部门及各家保险公司应继续推进对农村牧区的奶牛保险政策宣传工作，加强养殖户对奶牛保险政策作用的积极理解，提高养殖户的保险意识。

在具体宣传过程中，各级农业保险保费补贴领导小组、各家保险经办机构可以根据当前从事奶牛养殖人员年龄偏大、受教育水平偏低的客观实际，采取养殖户容易理解与接受的方式进行宣传，把"奶牛保险政策给农牧民讲清，把奶牛保险政策好处给农牧民讲明，把政府提供的惠农政策的道理给农牧民讲通"。例如，针对不同饲养模式的奶牛养殖户制作生动活泼的宣传册、宣传单和通俗易懂的保单，通过事先培训的保险协保员或畜牧防疫人员深入千家万户进行宣传资料发放和简单讲解；也可以与自治区、盟市、旗县（市、区）的新闻媒体合作，在百姓比较关注的农业节目或地方其他媒体上进行宣传讲解；或是组织专业人员深入养殖场、养殖小区开展养殖风险管理及奶牛保险知识讲座，具体讲解奶牛保险投保、理赔、防灾减损相关知识等。

（二）加大奶牛保险产品及制度创新，满足奶牛养殖实际需求

奶牛保险在保险责任范围、保险保障水平等方面是否符合奶牛养殖实际、奶牛保险制度设计是否满足投保人的风险规避需求将直接影响奶牛保险政策的实施效果。通过本书上述研究，结合当前内蒙古奶牛保险政策现状，可以发现保险产品结构单一、保险责任范围不切实际、风险防范作用有限等问题已经严重影响奶牛保险政策功能及作用的实现，限制了奶牛保险政策减损效果的发挥，进而对养殖户的奶牛保险参与需求及保险经办机构的供给经营产生了消极影响，制约了奶牛保险政策的纵深发展。因此，有关奶牛保险产品的研发与创新迫在眉睫。

首先，建议从国家农业保险制度设计层面，拓宽奶牛保险的风险防范范畴，调整"保成本"为"保价格"或"保收入"。中国农业保险制度已成为保障国家农业生产的重要支农惠农政策，提供何种类型的保险产品首先是政策问题，即政府想通过农业保险解决什么问题，决定了它支持哪些领域的保险。近年来，受食品安全问题、进口奶粉冲击，国内奶业市场发展不容乐观，牛奶价格波动频繁，现有的奶牛保险产品已无法补偿牛奶价格下跌给养殖户造成的收益损失，因此，应从国家农业保险制度设计的角度，拓宽中国政策性农业保险服务体系，将奶牛养殖的市场风险纳入奶牛保险的风险保障范畴，推出"保价格"或"保收入"的奶牛保险产品①。其次，建议政府财政加大对奶牛保险产品的研发支持。当前，中国奶牛保险政策遵循"政府引导，市场运作"的运营模式，虽然具有"市场化运作"的特点，但各家保险公司投入初始成本进行保险产品创新与研发的动力还严重不足，因此，政府财政应加大对各保险经办机构奶牛保险产品的研发支持，激发商业保险公司进行奶牛保险产品创新的活力。例如，可以在政府财政补贴资金中建立一项奶牛保险产品创新基金，鼓励各保险承办机构开展天气或死亡指数保险、目标价格保险、收入保险等产品创新，从根本上解决奶牛保险减损效果不明显、保险需求低等现实问题，对产品设计新颖、实际推广效果显著、养殖户认可度高的保险产品给予创新基金奖励，并给予该保险公司扩大服务区域

---

① 可喜的是，国内部分地区已经积极推出牛奶价格指数保险，奶牛保险产品及制度的创新已势不可当。

的激励。

（三）推进保险公司服务能力建设，加强保险专业人才培养

奶牛保险工作是一项专业性极强的复杂工程。在奶牛保险政策"市场化运作"过程中，保险经办机构面对的服务对象是千千万万的养殖户，应对的保险标的为具有生命活动特征的奶牛，故在奶牛保险精算、核保、核灾与理赔等方面，需要保险经办机构大量的人员、设备及技术投入作为保障。但是，由当前奶牛保险产品供给的实际情况来看，保险经办公司基层服务能力与其承保规模不适应的问题较为突出，专业化、精细化经营能力和服务能力还很薄弱，保险公司相关配套资源投入还不能有效满足奶牛保险快速发展的需求。因此，为进一步促进奶牛保险工作的高效顺利开展，各保险经办机构应大力推进自身服务能力建设，树立守法合规、理性经营的发展理念，完善基层保险合作组织，加强保险专业人才的培养。

具体地，结合当前内蒙古自治区奶牛保险供给经营中存在的问题，对奶牛保险经办机构提出以下几点改进建议：一是加大基层网点服务能力建设，健全保险公司基层组织体系。奶牛保险政策的重点在农村牧区，奶牛保险政策的持续发展必须扩大农村牧区的保险网点建设。各保险经办机构应加大对旗县、乡镇的网点铺设力度，增加保险服务人员和基础设施投入，尤其是在乡镇，应加快设立"三农"保险服务站的步伐，由服务站负责奶牛保险宣传展业、服务咨询、资料整理、保费收取等工作，以有效解决农村保险服务"最后一公里"难题。二是加强保险专业人才培养，提升保险从业人员服务水平。奶牛保险政策涉及农村经济、保险原理、农业财政补贴、奶牛养殖、疫病防疫、气象等多个学科和行业，简单的保险营销知识已经不能满足奶牛保险的发展需求，因此，应加强对各类奶牛保险参与人员的培养，包括保险代理人、保险经纪人等保险人才的培养与选拔，以及对农业保险服务站工作人员、乡村协保员等进行保险知识培训。同时，充分发挥高等院校、科研单位等在人才培养方面的积极作用，多渠道积极引进奶牛保险技术和管理人才，提升保险从业人员服务水平。三是加大先进技术投入，提高保险运营质量与效率。农业风险的特殊性与复杂性决定了农业保险经营技术的特殊要求。与国外相比，中国农业生产较为分散，无论是投保人还是保险标的

都无法集中管理,并且奶牛保险标的(保险奶牛)具有生命活动的特征,保险奶牛的可保性如何确定、奶牛的死亡原因如何准确判断等问题依然存在,因此,在加大专业人才投入的同时,也应注重引进应用先进技术、设备,开发建立保险标的识别体系,加大疾病诊断、标的健康状况及生命周期鉴定等技术投入,从而有效保障奶牛保险业务的科学、高效开展。

(四) 坚持政府财政补贴,减免县级财政保费补贴资金

财政支持是中国政策性农业保险的主要标志之一(庹国柱和朱俊生,2014),奶牛保险政策的稳定发展离不开政府财政的大力支持。自2014年开始,中国在地方财政至少补贴30%保费的基础上,中央财政对中西部地区奶牛保险政策的保费补贴已提高到50%,对东部地区的保费补贴提高至40%。政府财政补贴支持有效推动了奶牛保险政策的快速发展,以内蒙古为例,2014年内蒙古自治区调整奶牛保险政策,进一步加大奶牛保险财政投入力度,扩大了奶牛保险保费补贴区域,当年实现保费收入24547万元,较上年增长104.58%,承保奶牛头数增加至52万头,较上年增长97.84%。可见,政府保费补贴支持是促进奶牛保险政策迅速发展的重要因素。因此,建议中央及地方政府继续坚持奶牛保险财政补贴支持,加大财政支持力度,优化补贴内容及结构。例如,各级政府可以尝试将现有单纯保费补贴的模式调整为保费补贴、保险机构业务费用补贴及税收补贴、基层政府经办机构工作经费补贴、再保险补贴相结合的综合补贴模式,以进一步提高养殖户、基层政府及保险经办机构的保险参与积极性,促进奶牛保险政策的平稳健康发展。

但中央和地方政府应合理分工,提高财政补贴效率。中国政策性奶牛保险处于多层次财政支持的局面,中央和地方财政的联动补贴机制,虽然有利于发挥各地方政府在奶牛保险政策发展中的作用,减轻中央财政压力,由于奶牛保险的财政支持使得地方财政承受了较大压力,限制了地方政府发展政策性奶牛保险的积极性,尤其是对于经济发展落后、农业或畜牧业产值比重较大的地区,这一问题更加突出。以内蒙古自治区为例,虽然在赤峰市等旗县(区)中,当地政府每年仅需负担5%的奶牛保险保费补贴,但对于一些财政收入紧张的旗县来说已经非常困难。并且根据美国奶牛保险补贴实践可知美国奶牛保险主要是由中央政府

进行财政补贴，下属的州和县都不予以财政补贴。因此，建议从国家层面减少奶牛保险的财政补贴层级，加大中央财政或省（自治区）级财政补贴比例，降低或取消县（市、区）财政保费补贴比例，形成以中央政府为主，地方政府为辅的财政补贴结构。而短期内，如果在中央财政不做调整与改变，县（市、区）财政补贴暂时难以取消的情况下，建议省（自治区）级政府在奶牛保险实施方案中，将盟市、旗县（市、区）财政各自的配套比例予以明确，以有效控制当前盟市财政下移本级财政保费补贴负担的行为，同时可以适当降低财政贫困旗县（市、区）的配套比例，以提高旗县政府开展奶牛保险政策的积极性，激发基层政府因地制宜地发挥其在奶牛保险中的作用。

（五）建立养殖业巨灾风险转移机制，完善再保险体系

奶牛养殖业受自然灾害、疫病以及市场波动等风险的影响很大，发生概率也很高，尤其市场波动风险还具有系统性特点，很难在空间和时间上分散，一旦发生大的风险，保险公司很可能会因巨额赔付而倒闭。因此，承保的保险公司从控制风险的角度考虑就会选择性承保保险标的来规避系统风险，影响其承保积极性，由此也就会造成奶牛保险覆盖面的缺失。奶牛养殖巨灾风险的存在不仅是影响奶牛保险市场发展的重要因素，同时也是奶牛保险市场化经营的重大障碍。因此，无论是从保护奶牛养殖业健康发展、以稳定牛奶供给和农牧户增收的角度，还是从促进政策性奶牛保险发展的角度，都必须高度重视巨灾风险保障体系的建立。

具体操作上，以内蒙古自治区为例，可建立基于再保险制度的养殖业巨灾风险分散机制。在内蒙古自治区，中央政府和地方政府对奶牛保险的财政补贴主要集中在直接保险公司层面，对于农业再保险并没有涉及，只是由各家保险经办公司自行购买农业再保险。大灾风险的赔付主要依靠从保费收入中提取的农业保险大灾风险准备金和政府救济，政府不涉及再保险的购买，然而，此种运作机制下一旦出现连续年度的超赔现象，不仅会增大政府及保险经办机构的财务压力，同时还难以应对行业快速累积的大灾风险。因此，短期内可建立基于再保险制度的养殖业巨灾风险分散机制，如政府为直保公司购买奶牛等养殖业再保险产品或提供再保险产品保费补贴与税收优惠等。

（六）完善多部门协作机制，建设农业保险信息共享平台

政策性农业保险是一项社会化的系统工程，需要多部门的配合与"协同推进"。正如《农业保险条例》中规定："国务院财政、农业、林业、税务、民政、发展改革等有关部门按照各自职责，负责农业保险的推进、管理相关工作"。内蒙古自治区农业保险保费补贴领导小组成员单位①中尚缺少税务、民政、发展改革等部门，并且财政、保险监管、畜牧兽医等政府部门之间，及各级政府部门与保险经办机构之间，联合推动、协同配合的工作机制尚待完善，实际工作中存在奶牛养殖数据获取、自然灾情数据获取、市场价格数据获取、防灾减损工作联动、病死牛无害化处理等工作协调难度大等问题。因此，为促进奶牛保险政策的科学、规范运行，建议自治区政府在明确各部门职责的同时，整合各方面资源，完善多部门合作机制，建立资源共享、信息互通的农业保险信息管理、应用平台，加强政府相关部门之间、政府部门与保险公司之间的信息共享、开发及利用，共同应对奶牛保险政策发展过程中所面临的问题。

对于政策性农业保险信息共享平台的筹建可以参照较成熟的"全国车辆保险信息平台"的模式，将投保人的个人基本情况、生产、受灾情况等信息，保险公司的农业保险承保、理赔等信息，政府部门的财政补贴、保险监管、防灾防损、灾情评估等信息上传至该平台，统筹整合农业生产、灾害预警、保险等各类信息数据，加强各部门之间的信息共享与利用，促进完善协作机制，实现保险与畜牧工作的相互促进、合作共赢。而对于外部用户可以提供农业保险政策及产品介绍查询功能、承保理赔情况查询功能、投保人投诉及意见反馈功能等，提高农户的农业保险参与意识，进一步推动农业保险政策公开、透明、健康发展。总之，农业保险信息体系的建设能够为进一步的保险产品创新、风险区划等工作顺利进行提供有力的数据支撑，有助于实现农业保险科学、精细化发展。同时，及时准确的数据信息，可以有效提高政府部门对相关责任主体的监督管理，便于了解和综合评价农业保险的实施效果，及时发现并解决农业保险发展中出现的各种问题。

---

① 当前，内蒙古自治区政策性农业保险保费补贴工作领导小组成员单位包括财政、农牧业、金融办、保监、气象、统计等部门。

（七）拓展奶牛保险功能，转变单一经济补偿功能为综合功能

根据本书的研究结果可知，由于奶牛保险政策在保险责任范围、保险保障水平等环节设计存在的局限性，当前奶牛保险政策对参保养殖户所发挥的损失补偿作用较小，但我们也发现养殖户在参加奶牛保险后更愿意从事奶牛养殖，奶牛保险政策的实施能够激发养殖户从事奶牛养殖的积极性，增大奶牛养殖行为的供给；并且，伴随奶牛保险在奶牛养殖防灾减灾方面投入的逐年加大、保险理赔与病死牛无害化处理的挂钩，奶牛保险政策在奶牛规模化养殖、疫病防控和减少病死牛流入市场等方面所发挥的作用日益显现，所以，各级政府及保险经办机构在完善奶牛保险制度，提高奶牛保险政策经济补偿功能的同时，也应该注重开发奶牛保险政策的其他功能，拓宽奶牛保险的功能及作用，将奶牛保险政策的单一经济补偿功能转变为支持保护畜牧产业、引导奶牛养殖规模化发展、防灾减灾和提升畜产品食品质量安全的综合功能。例如，政府部门和保险经办机构可以通过加大奶牛保险灾前预防投入、加强灾后病死牛无害化处理与保险联动机制的研发与应用等方式，实现保险、防疫、病死牛无害化处理工作相互衔接、相互促进的良性互动格局，进而有效促进奶牛保险政策疫病防控和保障畜产品安全供给功能的发挥。

附　录

调查问卷

一、奶牛养殖场（户）基本信息

1. 个人信息

性别	年龄	受访人员身份	您上过几年学	饲养奶牛时间
①男 ②女	岁	若为散户，则其是否为户主：①是 ②否 若为管理人员，则其职务为：＿＿＿	年	年

2. 您认为目前饲养奶牛的风险如何？

风险类型	疾病风险	市场风险	意外事故
风险程度			

风险程度评价选项：①非常大　②比较大　③一般　④比较小　⑤非常小

3. 您如何分散奶牛养殖过程中的风险？（可以多选）

①参加奶牛保险　②参加技术培训　③加大使用高品质饲料　④加大疫苗等防疫　⑤应用先进生产或管理设备　⑥根据市场行情调整养殖规模　⑦其他（请注明）_____。

4. 您个人（或奶牛场）是否购买以下保险？

保险类型	2013 年	2014 年
新型农村合作医疗（新农合）	①是，保费为：　　元/人·年 ②否	①是，保费为：　　元/人·年 ②否
新型农村社会养老保险（新农保）或企业职工养老保险	①是，保费为：　　元/人·年 ②否	①是，保费为：　　元/人·年 ②否
财产保险（房屋、设备等）	①是，保费为：　　元/年 ②否	①是，保费为：　　元/年 ②否
商业人身保险	①是，保费为：　　元/人·年 ②否	①是，保费为：　　元/人·年 ②否
车险	①是，保费为：　　元/辆·年 ②否	①是，保费为：　　元/辆·年 ②否
其他（写出保险名称）	①是，保费为：　　②否	①是，保费为：　　②否

5. 养殖场（户）近两年的经营情况

	2013 年	2014 年
养殖场（户）贷款	万元	万元
奶牛是否有耳标	①有，____元/个 ②无	①有，____元/个 ②无
饲养奶牛头数	头	头
其中：1~7 岁奶牛头数	头	头
产奶奶牛头数	头	头
每头产奶奶牛日均产奶量	公斤	公斤
牛奶收购价格	元/公斤	元/公斤
成年奶牛的购买价格	元/头	元/头
成年奶牛日均饲料投入	元/头·天	元/头·天
家庭或养殖场养殖人员数量	人	人
牛奶的直接销售对象	①乳品企业 ②奶站、牧场主 ③其他：	①乳品企业 ②奶站、牧场主 ③其他：
购买方拒收牛奶的次数	____次/年；原因：	____次/年；原因：

6. 养殖场（户）奶牛死亡状况

	2013 年	2014 年
成年奶牛死亡头数		
死亡原因		
死亡奶牛处理方式	①焚化 ②深埋 ③丢弃到垃圾中 ④出售（均价：_____元/头）⑤其他：	①焚化 ②深埋 ③丢弃到垃圾中 ④出售（均价：_____元/头）⑤其他：

7. 养殖场（户）近两年其他收入情况

年份	类型	数量（亩、头、月）	收入（元/亩、元/头、元/月）
2013			
2014			

类型编码：①种植收入；②其他养殖收入；③打工收入；④工资性收入（事业单位）；⑤其他：

8. 下一年您是否计划扩大奶牛养殖规模？①是　②否

9. 下一年您对奶牛养殖收入的预期？①提高　②基本不变　③降低

二、奶牛养殖场（户）奶牛保险政策的认知、购买与评价情况

10. 您是否知道奶牛保险？①知道　②不知道（请跳到第23题）

11. 您是否知道奶牛养殖户购买奶牛保险的费用有来自政府的保费补贴？

①知道（_____%）　②不知道

若知道补贴比例，则请问您对当前奶牛保险中的政府保费补贴的认可程度如何？

①非常高　②比较高　③一般　④比较低　⑤非常低

12. 您是否清楚内蒙古奶牛保险政策的以下条款？①清楚　②不清楚

环节	了解程度	环节	了解程度	环节	了解程度
保险金额		保险责任		理赔条款	
免责条款		查勘定损			

13. 您了解奶牛保险的渠道有哪些？（可以多选）

①电视、广播、报纸等　②网络　③政府与乡村干部的宣传　④亲戚朋友或同行的介绍　⑤保险公司的宣传　⑥其他（请注明）＿＿＿＿＿＿＿＿＿＿。

14. 奶牛养殖户奶牛保险购买情况

	2013 年	2014 年
奶牛保险购买情况	①是 ②否 原因： 购买原因：①政府提供保费补贴 ②弥补损失 ③看到别人参加奶牛保险后得到实惠 ④其他（请注明） 未购买原因：①未开展 ②保险赔偿低 ③保费过高 ④保险责任范围不合理 ⑤手续繁杂 ⑥不相信保险公司 ⑦以前买了没给赔 ⑧其他（请注明）（全为"否"请跳到第23题）	①是 ②否 原因：
购买头数（头）		
购买保额（元）	①4000 ②5000 ③6000	①4000 ②5000 ③6000
缴纳保费（元/头）		
获得赔偿的奶牛数（头）		
赔偿额（元/头）		
保险赔款使用方向	①购买生活消费品，如烟酒食品等 ②购买奶牛、饲料、兽药、疫苗等 ③存起来，再考率 ④其他：	①购买生活消费品，如烟酒食品等 ②购买奶牛、饲料、兽药、疫苗等 ③存起来，再考率 ④其他：
理赔奶牛的死亡原因	①传染病：口蹄疫、布鲁氏菌病、牛结核病、牛焦虫病、炭疽、伪狂犬病、副结核病、牛传染性鼻气管炎、牛出血性败血病、日本血吸虫病 ②常见病：乳房炎、难产、子宫内膜炎（产后病）、肠胃病、病毒性腹泻 ③不明疾病 ④其他：	①传染病：口蹄疫、布鲁氏菌病、牛结核病、牛焦虫病、炭疽、伪狂犬病、副结核病、牛传染性鼻气管炎、牛出血性败血病、日本血吸虫病 ②常见病：乳房炎、难产、子宫内膜炎（产后病）、肠胃病、病毒性腹泻 ③不明疾病 ④其他：

15. 购买奶牛保险后，您是否更愿意养殖奶牛？

①愿意　②没影响

16. 您对奶牛保险政策的满意度如何？

①非常满意　②比较满意　③一般　④不太满意　⑤根本不满意

17. 您对保险公司服务的满意度如何？

①非常满意　②比较满意　③一般　④不太满意　⑤根本不满意

若选择不满意，则请问您对保险公司的哪些服务不满意？

①宣传　②承保　③定损　④理赔　⑤其他（请注明）_____。

18. 目前自治区奶牛保险的保险金额分6000元、8000元和10000元三档，您认为保障水平如何？

①非常高　②比较高　③一般　④比较低　⑤非常低

19. 您认为个人所缴纳的保险费用高低如何？

①非常高　②比较高　③一般　④比较低　⑤非常低

20. 目前自治区奶牛保险的保险责任范围包括重大病害、意外事故、自然灾害和高传染性疫病，您认为是否合理？

①非常合理　②比较合理　③一般合理　④比较不合理　⑤非常不合理

若选择不合理，原因：_____。

21. 您认为目前奶牛保险政策降低灾害损失的作用如何？

①作用非常大　②作用比较大　③一般　④作用比较小　⑤根本没作用

若选择④或⑤，原因：_____。

22. 请问您是否获得过奶牛保险赔款？①是　②否（跳到第23题）

保险赔款	养殖户评价
赔款金额	①非常满意 ②比较满意 ③一般 ④不太满意 ⑤根本不满意
是否及时	①非常及时 ②比较及时 ③一般 ④比较不及时 ⑤非常不及时
是否顺利	①非常顺利 ②比较顺利 ③一般 ④比较不顺利 ⑤非常不顺利

23. 您是否愿意购买牛奶价格指数保险？

①愿意　②不愿意

（牛奶价格指数保险指保险期内，当保险牛奶的实际年平均收购价格低于目标价格时,保险事故发生,保险公司按照实际价格与目标价格的差价乘以投保牛奶重量进行赔偿。其中,目标价格是按照前3年政府部门公布的奶企收购价格平均值,最终在严格测算的基础上与政府协商确定;实际价格是参保年份政府部门公布的奶企收购价格平均值;投保重量由上一年度牛奶产量的历史记录确定。)

三、奶牛养殖者的奶牛饲养措施与面临的主要问题

24. 奶牛饲养措施

饲养措施	2013 年	2014 年
奶牛是否分群饲养	①是 ②否	①是 ②否
是否建有奶牛养殖记录档案	①是 ②否	①是 ②否
饲养人员是否进行定期体检	①是 ②否	①是 ②否
由外地引进的奶牛是否进行检疫	①是 ②否	①是 ②否
是否对奶牛的饮用水进行定期检测	①是 ②否	①是 ②否
是否每天清扫牛舍、牛圈、牛槽	①是 ②否	①是 ②否
是否有专门的畜牧兽医人员	①是 ②否	①是 ②否
奶牛养殖场的疫病检疫主要包括	①结核病 ②布氏杆菌病 ③口蹄疫 ④炭疽菌 ⑤乳房炎 ⑥其他:	①结核病 ②布氏杆菌病 ③口蹄疫 ④炭疽菌 ⑤乳房炎 ⑥其他:
奶牛养殖场的风险防控费用(元/年)	(1) 消毒剂、清洗剂等易耗品费用 (2) 疫苗费用 (3) 兽药费用 (4) 兽医人工费用 (5) 环境治污费用	(1) 消毒剂、清洗剂等易耗品费用 (2) 疫苗费用 (3) 兽药费用 (4) 兽医人工费用 (5) 环境治污费用

25. 您在饲养奶牛过程中面临的主要问题?
①奶价低,不稳定 ②饲草料贵,成本高 ③疾病风险严重 ④资金短缺,贷款难 ⑤疫苗质量差 ⑥其他(请标明):_____。

参考文献

[1] Esuola A, Hoy M, Islam Z, Turvey C G. Evaluating the Effects of Asymmetric Information in a Model of Crop Insurance [J]. Agricultural Finance Review, 2007, 67 (2): 341 -356.

[2] Ahsan S, Ali A, Kurian N. Toward a Theory of Agricultural Insurance [J]. American Journal of Agricultural Economics, 1982, 64 (3): 520 -529.

[3] Ajzen I, Madden J T. Prediction of Goal - related Behavior: Attitudes, Intentions and Perceived Behavioral Control [J]. Journal of Experimental Psychology, 1986 (22): 453 -474.

[4] Akerlof G A. The Market for "Lemons": Quality Uncertainty and the Market Mechanism [J]. Quarterly Journal of Economics, 1970, 84 (3): 488 -500.

[5] Anderson J D, Barnett B J, Coble K H. Impacts of the SURE Standing Disaster Assistance Program on Producer Risk Management and Crop Insurance Programs [J]. Milwaukee, WI: American Agricultural Economics Association Annual Meeting, July 26 -28, 2009: 12 -39.

[6] Angrist J, Kruger A. Instrumental Variables and the Search for Identification: From Supply and Demand to Natural Experiments [J]. Journal of Economic Perspectives, 2011, 15 (4): 69 -85.

[7] Arrow K J. Uncertainty and the Welfare Economics of Medical Care [J]. The American Economic Review, 1963, 53 (5): 941 -973.

[8] Arrow K J. The Theory of Risk Aversion, Essays in the Theory of Risk Bear-

ing, Markham, Chicago, 1971.

［9］ Babcock B A. Time to Revisit Crop Insurance Premium Subsidies? CARD Policy Brief ［M］. Center for Agricultural and Rural Development, Iowa State, 2011.

［10］ Babcock B A. Implications of Extending Crop Insurance to Livestock ［J］. Agricultural Outlook Forum, 2004（2）.

［11］ Babcock B A, Hart C E. A Second Look at Subsidies and Supply ［J］. Iowa Agricultural Review, 2000, 6（3）.

［12］ Babcock B, Hennessy D A. Input Demand under Yield and Revenue Insurance ［J］. American Journal of Agricultural Economics, 1996, 78（4）: 416 – 427.

［13］ Bachev H, Nanseki T. Risk Governance in Bulgarian Dairy Farming ［J］. Congress of European Association of Agricultural Economists, EAAE, 2008.

［14］ Barnett B J. Agricultural Index Insurance Products: Strengths and Limitations ［C］. Presented at Agricultural Out look Forum, USDA, Washington, USA, 2004.

［15］ Berhane G, Dercon S, Hill R V, Tafesse A S. Formal and informal insurance: experimental evidence from Ethiopia ［R］. Selected Paper for International Association of Agricultural Economists Conference, Milan, 9 – 14 August, 2015.

［16］ Goodwin B K. Problem with Market Insurance in Agriculture ［J］. American Journal of Agricultural Economics, 2001, 83（3）: 643 – 649.

［17］ Goodwin B K, Smith V H. The Economies of Crop Insurance and Disaster Aid ［J］. AEI Studies in Agricultural Policy, 1995.

［18］ Becker S O, Ichino A. Estimation of Average Treatment Effects Based on Propensity Scores ［J］. Stata Journal, 2002, 2（4）: 358 – 377.

［19］ Binswanger H P. Attitudes towards Risk: Experimental Measurements in Rural India ［J］. American Journal of Agricultural Economics, 1980（62）: 395 – 407.

［20］ Bosch D J, Johnson J C. An Evaluation of Risk Management Strategies For Dairy Farms ［J］. Journal of Risk & Insurance, 1992, 24（2）.

［21］ Boyd M, Pai J, Forth L. Livestock Mortality Insurance: Development and

Challenges [J]. Agricultural Finance Review, 2013, 73 (2): 233 -244.

[22] Gould B W, Cabrera V E. USDA's Livestock Gross Margin Insurance for Dairy: What is it and How Can it be Used for Risk Management [M]. Marketing and Policy Briefing Paper, Department of Agricultural and Applied Economics, University of Wisconsin - Madison, 2011.

[23] Cabrera V E, Gould B W, Valvekar M. Livestock Gross Margin Insurance for Dairy Cattle: An Analysis of Program Performance and Cost under Alternative Policy Configurations [J]. Journal of Risk & Insurance, 2009.

[24] Cabrera V E, Solis D. Managing the newly created LGM - Dairy insurance under Seasonal Climate Variability [J]. J. Dairy Sci, 2008, 91 (1): 557.

[25] Cai H, Chen Y, Fang H, Zhou L. Microinsurance, Trust and Economic Development: Evidence from a Randomized Natural Field Experiment [J]. NBER Working Paper, Issued in October 2009.

[26] Schaper C, lassen B. Risk Management in Milk Production: A Study in Five European Countries [J]. Food Economics, 2010 (7): 56 -68.

[27] Wolf C A, Widmar N J. Can Insurance Provide the PS Dairy Farm Safetynet? [J]. Agricultural and Food Economics, 2015, 3 (1): 1 -13.

[28] Wolf C A, Black J R, Hadrich J C. Upper Midwest Dairy farm Revenue Variation and Insurance Implications [J]. Journal of Risk & Insurance, 2009, 69 (3): 346 -358.

[29] Cole S, Giné X, Vickery J. How Does Risk Management Influence Production Decisions? Evidence from a Field Experiment [D]. Working Paper, No. 13080, Harvard Business School, 2013.

[30] Shields D A. Risk Management Tools for Dairy Farmers [R]. CRS Report for Congress, June 8, 2011.

[31] Beef F D. Producer Preferences and Purchase Decisions for Livestock price Insurance [J]. Journal of Agricultural and Applied Economics, 2008, 40 (3).

[32] Goodwin B K. Premium Rate Determination in the Federal Crop Insurance Program: What do Averages Have to Say About Risk? [J]. Journal of Agricultural

and Resource Economics, 1994, 19 (2).

[33] Goodwin B K, Vandeveer M L. An Empirical Analysis of Acreage Effects of Participation in the Federal Crop Insurance Progam [J]. American Journal of Agricultural Economics, 2004 (86): 1058 - 1077.

[34] Grannis J, Bruch M. The role of USDA - APHIS in Livestock disease Management Within the USA [M] //Koontz S R, Hoag D L, Thilmany D D, Green J W, Grannis J L. (Eds.), The Economics of Livestock Disease Insurance: Concepts, Issues and International Case Studies, USA: CABI Publishing, 2006.

[35] Hazell P B R. The Appropriate Role of Agricultural Insurance in Developing Countries [J]. Journal of International Development, 1992, 4 (6): 567 - 581.

[36] Horowitz J, Lichtenberg E. Insurance, Moral Hazard, and Chemical Use in Agriculture [J]. American Journal of Agricultural Economics, 1993, 75 (4): 926 - 935.

[37] Horowitz J, Lichtenberg E. Risk - Reducing and Risk - Increasing Effects of Pesticides [J]. Journal of Agricultural Economics, 1994, 45 (1): 82 - 89.

[38] Isabel Camargo Ponce de León. Livestock Insurance in Latin America [R]. Underwriter Agriculture, Swiss Re, 2014.

[39] Mcpeak J G, Doss C R. Are Household Production Decisions Cooperative? Evidence on Pastoral Migration and Milk Sales from Northern Kenya [J]. A men J. Agr. Econ, 2006, 88 (3): 525 - 541.

[40] Burdine K, Mosheim R, Blayney D P, Maynard L J. Livestock Gross Margin - Dairy Insurance: An Assessment of Risk Management and Potential Supply Impacts [J]. Economic Research Service, 2014, 163 (3): 1 - 25.

[41] Sibiko K W, Qaim M. Weather Index Insurance, Agricultural Input Use, and Crop Productivity in Kenya [J]. Global Food Discussion Papers, 2017 (4).

[42] Koirala A, Bhandari P. Livestock Insurance a Tool to Reduce Economical Loss of Farms From Climate Change Related Hazards [J]. Insights Vet Sci, 2018 (2): 5 - 8.

[43] Kraft Darley. 影响农场决策的一切险农作物保险的微观经济问题

[C] //庹国柱,李军,皮立波. 国外农业保险:实践、研究和法规. 西安:陕西人民出版社,1996.

[44] Kimberly Z, Skees J. Managing Yield Risk through a Cooperative [C]. American Agricultural Economics Association 2001 Annual Meeting, 2001.

[45] Leblois A, Quirion P, Alhassane A, Traoré S. Weather – index Drought Insurance: An Ex Ante Evaluation for Millet Growers in Niger [J]. Environmental and Resource Economics, 2014 (4): 527 – 551.

[46] Bozic M, Newton J, Thraen C S, Gould B W. Do Volatility Smiles Matter for Pricing Asian Basket Options? The Case of Livestock Gross Margin Insurance for Dairy Cattle [J]. Working Paper Number 12 – 02, University of Minnesota – Twin Cities, October, 2012.

[47] Mohammed M A, Ortmann G F. Factors Influencing Adoption of Livestock Insurance by Commercial Dairy Farmers in Three Zobatat of Eritrea [J]. Journal of Risk & Insurance, 2005, 44 (2).

[48] Boyd M, Pai J, Porth L. Livestock Mortality Insurance: Development and Challenges [J]. Agricultural Finance Review, 2013, 73 (2): 233 – 244.

[49] Lipton M. The theory of the Optimizing Peasant [J]. Journal of Development Studies, 1968 (4): 3.

[50] Carter M R, Cheng L, Sarris A. Where and How Index Insurance Can Boost the Adoption of Improved Agricultural Technologies [J]. Working Paper, July 2014 University of California, Davis.

[51] Moschiu G C, Hennessy D A. Uncertainty, Risk Aversion, and Risk Management for Agricultural Producers [D]. Staff General Research Papers 5323, Iowa State University, Department of Economics, 2002.

[52] Meuwissen M P M, Hardakera J B, Huirnea R B M, Dijkhuizen A A. Sharing Risks in Agriculture; Principles and Empirical Results [J]. NJAS – Wageningen Journal of Life Sciences, 2001, 49 (4): 343 – 356.

[53] Meuwissen M P M, Huirnea R B M, Hardakera J B. Risk and risk management: an empirical analysis of Dutch livestock farmers. Livestock Production Science

[J]. Livestock Production Science, 2001, 89 (1): 43 -53.

[54] Meuwissen M P M, van Asseldonk M A P M, Skees J R, Huirne R B M. Designing Epidemic Livestock Insurance. In The Economics of Livestock Disease Insurance: Concepts, Issues and International Case Studies [M] //Koontz S R, Hoag D L, Thilmany D D, Green J W, Grannis J L (eds). Wallingford, USA: CABI Publishing, 2006.

[55] Valveka M, Cabrera V E, Gould B W. Identifying Cost - minimizing Strategies for Guaranteeing Target Dairy Income over Feed Cost via Use of the Livestock Gross Margin Dairy Insurance Program [J]. Livestock Production Science, 2010, 93 (7): 3350 -3357.

[56] Ikegami M, Barrett C B. Dynamic Effects of Index Based Livestock Insurance on Household Intertemporal Behavior and Welfare [R]. Africa Growth Forum "Enhancing Agricultural Productivity for Shared Growth in Africa" at Brookings Institute, USA on January 19 -20, 2011.

[57] Nimon R W, Mishra A. Revenue Insurance and Chemical Input Use Rate [J]. Presented at the American Agricultural Economics Association's Annual Meeting, Chicago, August 5 -8, 2001.

[58] Flaten O, Lien G, Koesling M, Ebbesvik M. Comparing Risk Perceptions and Risk Management in Organic and Conventional Dairy Farming: Empirical Results from Norway [J]. Livestock Production Science, 2005, 95 (1): 11 -25.

[59] Mahul O, Stutley C J. Government Support to Agricultural Insurance: Challenges and Options for Developing Countries [R]. World Bank, 2010.

[60] Patrick G F, Baquet A E, Coble K H, Knight T O. Hog Risk Management Survey: Summary and Preliminary Analysis [D]. Department of Agricultural Economies, Purdue University, West Lafayette, Indiana, 2000.

[61] Popkin S L. The Rational Peasant: the Political Economy of Rural Society in Vietnam [M]. Berkley: University of Califorlia Press, 1979.

[62] Quiggin J. Some Observations on Insurance, Bankruptcy and Input Demand [J]. Journal of Economic Behavior and Organization, 1992 (18): 101 -110.

[63] Quiggin J C, Karagiannis G, Stanton J. Crop Insurance and Crop Production: An Empirical Study of Moral Hazard and Adverse Selection [J]. Australian Journal of Agricultural Economics, 1993 (37): 95 – 113.

[64] Lubowski R N, Bucholtz S, Claassen R, Roberts M J, Cooper J C. Anna Gueorguieva and Robert Johansson. Environmental Effects of Agricultural Land – Use Change, The Role of Economics and Policy [R]. Economic Research Report Number 25, United States Department of Agriculture, 2006.

[65] Miao R Q, Feng H, Hennessy D A. Land Use Consequences of Crop Insurance Subsidies [J]. Selected Paper Prepared for Presentation at the Agricultural & Applied Economics Association's 2011 AAEA & NAREA Joint Annual Meeting, Pittsburgh, Pennsylvania, July 24 – 26, 2011.

[66] Harrington S E, Niehaus G R. 风险管理与保险 [M]. 陈秉正, 王珺等译. 北京: 清华大学出版社, 2005.

[67] Popkin S. The Rational Peasant [M]. University of California Press, California, USA, 1979.

[68] Koontz S R, Hoag D L, Thilmany D D. The Economics of Livestock Disease Insurance – Concepts, Issues and International Case Studies [M]. CABI Publishing, USA, 2006.

[69] Sherrick B. Ellinger and Schnitkey, Factors Influencing Farmers' Crop Insurance Decisions [J]. American Journal of Agricultural Economics, 2004, 86 (2): 103 – 114.

[70] Skees J R, Enkh – Amgalan A. Examining the Feasibility of Livestock insurance in Mongolia [J]. Working Paper No. 2886, The World Bank, Washington, DC, September 17, 2002.

[71] Smith V H, Goodwin B K. Crop Insurance, Moral Hazard, and Agricultural Chemical Use [J]. American Journal of Agricultural Economics, 1996 (78): 428 – 438.

[72] Smith V, Baquet A E. The Demand for Multiple Peril Crop Insurance: Evidence from Montana Wheat Farms [J]. American Journal of Agricultural Economics,

1996 (1): 189-201.

[73] Stock J, Wright J, Yogo M. A Survey of Weak Instruments and Weak Identification in Generalized Method of Moments [J]. Journal of Business and Economic Statistics, 2002 (20): 518-529.

[74] Biglari T, Maleksaeidi H, Eskandari F, Jalali M. Livestock Insurance as a Mechanism for Household Resilience of Livestock Herders to Climate Change: Evidence from Iran [J]. Land Use Policy, 2019 (87): 1-9.

[75] Turvey C G. Weather Derivatives for Specific Event Risks in Agriculture [J]. Review Agricultural Economics, 2001, 23 (2): 333-351.

[76] Ngare T. East African Dairy Farms Implement Innovation Livestock Insurance [J]. East Africa Dairy Development, 2013 (3).

[77] Jansson T, Norell B, Rabinowicz E. "Modelling the Impact of Compulsory Foot and Mouth Disease Insurance in the European Union". The Economics of Livestock Disease Insurance - Concepts, Issues and International Case Studies [M]. CABI Publishing, USA, 2006.

[78] Cabrera V E, Gould B W, Valvekar M. Livestock Gross Margin Insurance for Dairy Cattle: An Analysis of Program Performance and Cost under Alternative Policy Configurations [J]. Selected Paper Prepared for Presentation at the Agricultural & Applied Economics Association 2009 AAEA & ACCI Joint Annual Meeting, Milwaukee, Wisconsin, July 26-29, 2009.

[79] Ogurtsov V A, van Asseldonk M A P M, Huirne R B M. Purchase of Catastrophe Insurance by Dutch Dairy and Arable Farmers [J]. Journal of Risk & Insurance, 2009, 31 (1): 143-162.

[80] Wright B D, Hewitt J D. All Risk crop Insurance: Lessons from Theory and Experience, Economics of Agricultural Crop Insurance: Theory and Evidence [C]. edited by D. L. Hueth and W. H. Furtan. Boston, MA: Kluwer Academic Publishers, 1994.

[81] Wooldridge J. Econometric Analysis of Cross-Section and Panel Data [M]. MIT Press, 2002.

[82] Wu J J, Adams R M. Production Risk, Acreage Decisions, and Implications for Revenue Insurance Programs [J]. Canadian Journal of Agricultural Economics, 2001 (49): 19 - 35.

[83] Zhang Y H, Zhu X, Turvey C G. On the Impact of Agricultural Livestock Microinsurance on Death - Loss, Production and Vaccine Use: Observations from a Quasi - Natural Experiment in China [J]. The Geneva Papers, 2016 (41): 225 - 243.

[84] A. 恰亚诺夫. 农民经济组织 [M]. 萧正洪译. 北京: 中央编译出版社, 1996.

[85] 柏正杰. 农业保险补贴的理论支持: 一个政治经济学分析 [J]. 兰州大学学报 (社会科学版), 2012 (4): 151 - 154.

[86] 柴智慧, 赵元凤. 内蒙古政策性奶牛保险现状问题探析 [J]. 中国奶牛, 2012 (22): 37 - 40.

[87] 柴智慧, 赵元凤. 内蒙古政策性奶牛保险市场萎缩的经济学分析 [J]. 中国畜牧杂志, 2013, 49 (6): 1 - 5.

[88] 柴智慧. 农业保险的农户收入效应、信息不对称风险——基于内蒙古的实证研究 [D]. 内蒙古农业大学, 2014.

[89] 柴智慧, 张旭光. 美国2018年农业法案中乳业保险政策的变化及启示 [J]. 世界农业, 2019 (11): 34 - 40.

[90] 陈天霞. 我国奶业生产风险因素分析与防范研究 [D]. 中国农业科学院, 2011.

[91] 陈强. 高级计量经济学及Stata应用 [M]. 北京: 高等教育出版社, 2014.

[92] 陈晓安. 财政补贴后的农业保险对农民增收的效果 [J]. 金融教学与研究, 2013 (4): 75 - 81.

[93] 池泽新. 农户行为的影响因素、基本特点与制度启示 [J]. 农业现代化研究, 2003, 24 (5): 368 - 371.

[94] 邓柏峻, 李仲飞, 张浩. 限购政策对房价的调控有效吗 [J]. 统计研究, 2014, 31 (11): 50 - 57.

[95] 丁少群，姚淑琼．政策性农业保险在中国的发展研究——基于风险管理视角的制度分析［M］．成都：西南财经大学出版社，2012．

[96] 丁少群，赵晨．农业保险逆选择行为的生成机理及规避策略研究［J］．西北农林科技大学学报（社会科学版），2012（6）：55－60．

[97] 杜忍让．畜牧业生产的经营风险与风险规避［J］．陕西农业科学，2010（5）：172－174．

[98] 冯登艳，张安忠，马卫平．新农村建设中的农业保险问题［M］．北京：知识产权出版社，2009．

[99] 冯丽宇．我国牛奶价格指数保险及其财政补贴政策研究［D］．中央财经大学，2018．

[100] 冯文丽．农业保险理论与实践研究［M］．北京：中国农业出版社，2008．

[101] 冯文丽．中国农业保险制度变迁研究［M］．北京：中国金融出版社，2014．

[102] 弗兰克·艾利斯．农民经济学［M］．胡景北译．上海：上海人民出版社，2006．

[103] 高鸿业．西方经济学（微观部分）［M］．北京：中国人民大学出版社，2011．

[104] 龚日朝．保险风险理论模型［M］．北京：中国经济出版社，2011．

[105] 哈尔·R．范里安．微观经济学：现代观点［M］．费方域等译．上海：格致出版社，2009．

[106] 韩志花．内蒙古牧区畜牧业保险调研报告［J］．内蒙古金融研究，2013（5）：84－85．

[107] 侯海平．相互制在黑龙江省农业保险实践中的机遇和选择［J］．当代农村财经，2016（3）：58－61．

[108] 胡二军．农业保险对中国粮食生产的影响——实证分析以苏州市为例［D］．苏州大学，2012．

[109] 黄亚林．政策性农业保险各主体利益协同研究［D］．湖南农业大学，2013．

[110] 黄英君. 中国农业保险发展机制研究：经验借鉴与框架设计 [M]. 北京：中国金融出版社, 2009.

[111] 黄宗智. 华北的小农经济与社会变迁 [M]. 北京：中华书局, 1986.

[112] 洪自同, 郑金贵. 农业机械购置补贴政策对农户粮食生产行为的影响——基于福建的实证分析 [J]. 农业技术经济, 2012 (11): 41-48.

[113] 贾永全, 耿忠诚. 奶牛生产风险的规避 [J]. 黑龙江畜牧兽, 2004 (5): 17-19.

[114] 姜岩, 李扬. 政府补贴、风险管理与农业保险参保行为——基于江苏省农户调查数据的实证分析 [J]. 农业技术经济, 2012 (10): 65-72.

[115] 荆涛. 保险学 [M]. 北京：对外经济贸易大学出版社, 2003.

[116] 李传威, 张瑜, 吕火花. 草原自然灾害对中国奶牛业影响分析 [J]. 自然灾害学报, 2006 (8): 84-87.

[117] 李舒, 赵元凤. 国内不同省区畜牧业保险政策的比较及对内蒙古畜牧业保险的启示. 中国畜牧杂志, 2014 (16): 14-19.

[118] 李婷, 肖海峰. 农户对中国政策性农业保险开展状况的评价——基于吉林、江苏两省农户问卷调查的分析 [J]. 中国农村经济, 2009 (6): 83-89.

[119] 李湘君, 王中华, 林振平. 新型农村合作医疗对农民就医行为及健康的影响——基于不同收入层次的分析 [J]. 世界经济文汇, 2012 (3): 58-75.

[120] 林光华, 汪斯洁. 家禽保险对养殖户疫病防控要素投入的影响研究 [J]. 农业技术经济, 2013 (12): 94-102.

[121] 林坚, 李德洗. 非农就业与粮食生产：替代抑或互补——基于粮食主产区农户视角的分析 [J]. 中国农村经济, 2013 (9): 54-62.

[122] 刘煜. 把握区域优势 兴办奶牛保险 [J]. 中国乳业, 2009 (9): 16-17.

[123] 刘佶鹏. 我国政策性奶牛保险十年发展回顾及思考 [J]. 中国奶牛, 2019 (10): 61-63.

[124] 刘蔚, 孙蓉. 农险财政补贴影响农户行为及种植结构的传导机制——基于保费补贴前后全国面板数据比较分析 [J]. 保险研究, 2016 (7): 11-24.

［125］龙文军．农业风险管理与农业保险［M］．北京：中国农业出版社，2009．

［126］龙文军，夏云．新形势下中国畜牧业保险现状及建议［J］．中国畜牧业，2014（6）：35-37．

［127］罗向明，张伟，丁继锋．收入调节、粮食安全与欠发达地区农业保险补贴安排［J］．农业经济问题，2011（1）：18-23．

［128］马超，顾海，孙徐辉．参合更高档次的医疗保险能促进健康吗？——来自城乡医保统筹自然实验的证据［J］．公共管理学报，2015，12（2）：106-118．

［129］马双，臧文斌，甘犁．新型农村合作医疗保险对农村居民食物消费的影响分析［J］．经济学，2010（10）：249-270．

［130］马小勇，白永秀．中国农户的收入风险应对机制与消费波动：来自陕西的经验证据［J］．经济学（季刊），2009，8（4）：1221-1238．

［131］宁满秀．农业保险与农户生产行为关系研究［D］．南京农业大学，2006．

［132］彭晓博，秦雪征．医疗保险会引发事前道德风险吗？理论分析与经验证据［J］．经济学，2014，14（1）：159-184．

［133］裴光，庹国柱．农业保险统计制度研究［M］．北京：中国财政经济出版社，2009．

［134］乔治·E. 瑞达．风险管理与保险原理（第十版）［M］．刘春江等译．北京：中国人民大学出版社，2010．

［135］舒畅，乔娟．养殖保险政策与病死畜禽无害化处理挂钩的实证研究——基于北京市的问卷数据［J］．保险研究，2016（4）：109-119．

［136］苏学文，魏骏，何建等．奶牛保险的经营风险［J］．中国牧业通讯，2005（18）：32-33．

［137］孙蓉，费友海．风险认知、利益互动与农业保险制度变迁——基于四川试点的实证分析［J］．财贸经济，2009（6）：35-40．

［138］孙祁祥．保险学［M］．北京：北京大学出版社，2009．

［139］孙香玉，钟甫宁．福利损失、收入分配与强制保险——不同农业保险

参与方式的实证研究 [J]. 管理世界, 2009 (5): 80-96.

[140] 单忠纪. 大庆市奶牛生产风险规避的系统研究 [D]. 黑龙江八一农垦大学, 2009.

[141] 唐俊英, 安宪全. 安达市奶牛保险工作做法及其不足 [J]. 中国奶牛, 2008 (5): 57-59.

[142] 汤颖梅, 侯德远, 王怀明, 白云峰. 母猪补贴与母猪保险政策对养殖户决策的影响分析 [J]. 中国畜牧杂志, 2010, 46 (14): 17-22.

[143] 田佳佳. 黑龙江省畜牧业保险发展对策研究 [J]. 科技信息, 2008 (17): 219-232.

[144] 庹国柱. 中国奶业的市场化进程及面临的抉择 [J]. 中国农村经济, 1999 (1): 46-52.

[145] 庹国柱, 朱俊生. 完善中国农业保险制度需要解决的几个重要问题 [J]. 保险研究, 2014 (2): 44-53.

[146] 庹国柱, 王国军. 农业保险: 改革推进与前景展望 [J]. 中国保险, 2015 (1): 24-30.

[147] 庹国柱. 打造农险2.0版本需要突破的瓶颈问题（一）[N]. 中国保险报, 2017-05-09.

[148] 庹国柱, 张峭. 论我国农业保险的政策目标 [J]. 保险研究, 2018 (7): 7-15.

[149] 庹国柱. 我国农业保险政策及其可能走向分析 [J]. 保险研究, 2019 (1): 3-14.

[150] 汪必旺, 王克. 美国牲畜价格指数保险的经验及局限性 [J]. 保险研究, 2019 (5): 117-127.

[151] 王克, 张峭, 肖宇谷等. 农产品价格指数保险的可行性 [J]. 保险研究, 2014 (1): 40-45.

[152] 王克, 张旭光, 张峭. 生猪价格指数保险的国际经验及其启示 [J]. 中国猪业, 2014 (10): 17-21.

[153] 王克. 中国农作物保险效果评估及相关政策改善研究 [D]. 中国农业科学院, 2014.

[154] 王克,何小伟,肖宇谷,张峭.农业保险保障水平的影响因素及提升策略[J].中国农村经济,2018(7):34-45.

[155] 王鹏,林万龙.农户对奶牛保险支付意愿的影响因素分析——以内蒙古为例[J].调研世界,2010(2):21-22.

[156] 王莲英.浅谈畜牧业保险在发展农村经济中的作用[J].养殖技术顾问,2013(10):259.

[157] 魏茂青.福建省农资综合补贴政策实施效果研究[D].福建农林大学,2013.

[158] 伍德里奇.横截面与面板数据的经济计量分析[M].王忠玉译.北京:中国人民大学出版社,2007.

[159] 吴强,张园园,孙世民.基于Logit-ISM模型的奶农全面质量控制行为分析[J].农业技术经济,2017(3):53-63.

[160] 吴宗学,吴祖宏,韦祖勤.奶牛养殖风险分析[J].中国畜牧兽医文摘,2012(10):30-31.

[161] 武翔宇,兰庆高.牲畜保险创新的国际经验及启示[J].改革与战略,2012(5):213-215.

[162] 邬小撑,毛杨仓,占松华,余欣波,张跃华.养猪户使用兽药及抗生素行为研究——基于964个生猪养殖户微观生产行为的问卷调查[J].中国畜牧杂志,2013(14):19-23.

[163] 西奥多·W.舒尔茨.改造传统农业[M].梁小民译.北京:商务印书馆,1987.

[164] 西爱琴,邹宗森,朱广印.农业保险对农户生产决策的影响:一个文献综述[J].华中农业大学学报(社会科学版),2015,119(5):66-71.

[165] 夏益国.美国联邦农作物保险:制度演进与运行机制[J].农业经济问题,2013(6):104-109.

[166] 肖喜东,赵保泽,顾洁.奶牛养殖小区动物防疫条件要求与疫病防控措施[J].中国乳业,2011(12):44-45.

[167] 邢鹂,黄昆.政策性农业保险保费补贴对政府财政支出和农民收入的模拟分析[J].农业技术经济,2007(3):4-9.

[168] 修凤丽. 陕西农户奶牛保险支付意愿研究 [D]. 西北农林科技大学, 2008.

[169] 徐晋涛, 陶然, 徐志刚. 退耕还林: 成本有效性、结构调整效应与经济可持续性——基于西部三省农户调查的实证分析 [J]. 经济学 (季刊), 2004, 4 (1): 139 - 162.

[170] 杨卫军, 郭晨阳. 农业保险的低水平均衡: 交易费用及外部性视角的分析 [J]. 农村经济, 2010 (1): 82 - 85.

[171] 杨雪美, 冯文丽, 高峰, 薄悦. 农户的风险意识、保险认知与政策性农业保险——基于河北试点的实证分析 [J]. 农村经济, 2013 (9): 70 - 74.

[172] 叶明华, 汪荣明, 吴苹. 风险认知、保险意识与农户的风险承担能力——基于苏、皖、川3省1554户农户的问卷调查 [J]. 中国农村观察, 2014 (6): 37 - 48.

[173] 袁纯清. 实施乡村振兴战略, 创新发展农业保险 [J]. 保险理论与实践, 2018 (9): 5 - 14.

[174] 于康震. 探索和推广保险业与畜牧业发展有机融合 [J]. 中国畜牧业, 2014 (10): 26 - 29.

[175] 于康震. 努力开拓奶业全面振兴新局面 [J]. 时事报告 (党委中心组学习), 2018 (6): 99 - 112.

[176] 曾静婕. 奶牛养殖业背后蕴含多少风险 [N]. 中国商报, 2014 - 03 - 25.

[177] 曾玉珍. 政策性农业保险内涵、功能及作用路径的新诠释 [J]. 经济问题, 2011 (4): 96 - 101.

[178] 曾小波, 修凤丽, 贾金荣. 陕西农户奶牛保险支付意愿的实证分析 [J]. 保险研究, 2009 (8): 77 - 83.

[179] 詹姆斯·C. 斯科特. 农民的道义经济学: 东南亚的反叛与生存 [M]. 程立显, 刘建等译. 江苏: 译林出版社, 2013.

[180] 张驰, 张崇尚, 仇焕广, 吕开宇. 农业保险参保行为对农户投入的影响——以有机肥投入为例 [J]. 农业技术经济, 2017 (6): 79 - 87.

[181] 张驰, 吕开宇, 程晓宇. 农业保险会影响农户农药施用吗? ——来自

4省粮农的生产证据 [J]. 中国农业大学学报, 2019 (6): 184-194.

[182] 张晋华, 冯开文, 黄英伟. 农民专业合作社对农户增收绩效的实证研究 [J]. 中国农村经济, 2012 (9): 4-12.

[183] 张林秀. 农户经济学基本理论概述 [J]. 农业技术经济, 1996 (3): 24-30.

[184] 张南, 张旭光, 李赛男. 我国奶牛保险政策特点、功能及面临的挑战 [J]. 黑龙江畜牧兽医, 2018 (12): 46-48.

[185] 张峭, 王川, 王克. 中国畜产品市场价格风险度量与分析 [J]. 经济问题, 2010 (3): 90-94.

[186] 张峭, 汪必旺, 王克. 中国生猪价格保险可行性分析与方案设计要点 [J]. 保险研究, 2015 (1): 54-61.

[187] 张伟, 罗向明, 郭颂平. 农业保险补贴、农民生产激励与农村环境污染 [J]. 南方农村, 2014 (5): 37-44.

[188] 张旭光. 内蒙古现行奶牛保险政策下农户参保行为研究 [D]. 内蒙古农业大学, 2013.

[189] 张旭光, 赵元凤. 农业保险财政补贴效率的评价研究——以内蒙古自治区为例 [J]. 农村经济, 2014 (5): 93-97.

[190] 张旭光. 奶牛保险的减损效果及对养殖户行为的影响——基于内蒙古养殖户的实证分析 [D]. 内蒙古农业大学, 2016.

[191] 张旭光, 赵元凤. 美国奶牛养殖收入保险的操作方式及对中国的启示 [J]. 中国畜牧杂志, 2017 (1): 138-141.

[192] 张旭光, 赵元凤. 奶牛保险对奶牛养殖规模的影响研究 [J]. 保险研究, 2017 (2): 40-49.

[193] 张旭光, 赵元凤. 奶牛保险对养殖户疫病风险防控投入的影响研究 [J]. 保险研究, 2020 (6): 69-80.

[194] 张跃华, 杨菲菲. 牲畜保险、需求与参与率研究——基于浙江省生猪养殖户微观数据的实证研究 [J]. 财贸经济, 2012 (2): 58-65.

[195] 张跃华, 刘纯之, 利菊秀. 生猪保险信息不对称与谎报问题研究——基于农户"不足额投保"问题的案例研究 [J]. 农业技术经济, 2013 (1):

11-24.

[196] 张跃华. 农业保险: 理论实证与经验——基于农户微观数据的分析 [M]. 北京: 中国农业出版社, 2017.

[197] 张跃华, 蔡晴茵, 刘君毅, 张丽君. 农业保险对食品安全与公共卫生的影响——基于生猪保险对农户兽用抗生素使用行为的自然实验 [J]. 浙江保险科研成果选编, 2019: 229-257.

[198] 张永根. 奶牛饲养过程中的物理性投入品对奶牛健康和原料奶质量的风险 [J]. 中国乳业, 2011 (2): 32-35.

[199] 张祖荣, 王国军. 农业保险财政补贴效应研究述评 [J]. 江西财经大学学报, 2016 (4): 66-73.

[200] 赵元凤, 柴智慧. 农户对农业保险赔款作用的评价——基于内蒙古500多户农户的问卷调查 [J]. 中国农村经济, 2012 (4): 66-75.

[201] 赵元凤等. 内蒙古自治区2013年农业保险保费补贴绩效评价 [M]. 北京: 中国农业科学技术出版社, 2014.

[202] 赵元凤, 张旭光. 政策性奶牛保险对农户奶牛养殖死亡损失的影响研究 [J]. 保险研究, 2018 (9): 66-80.

[203] 钟甫宁, 宁满秀, 邢鹂, 苗齐. 农业保险与农用化学品施用关系研究——对新疆玛纳斯河流域农户的经验分析 [J]. 经济学, 2002 (10): 291-308.

[204] 周黎安, 陈烨. 中国农村税费改革的政策效果: 基于双重差分模型的估计 [J]. 经济研究, 2005 (8): 44-53.

[205] 周稳海, 赵桂玲, 尹成远. 农业保险发展对农民收入影响的动态研究——基于面板系统GMM模型的实证检验 [J]. 保险研究, 2014 (5): 21-30.

[206] 朱俊生. 中国天气指数保险试点的运行及其评估——以安徽省水稻干旱和高温热害指数保险为例 [J]. 保险研究, 2011 (3): 19-25.

[207] 宗国富, 周文杰. 农业保险对农户生产行为影响研究 [J]. 保险研究, 2014 (4): 23-30.

后　记

2019年，我国财政部、农业农村部、中国银监会、国家林草局等部委联合下发《加快农业保险高质量发展指导意见》，提出了新时期我国农业保险的发展任务和改革方向。之后，各省区市陆续发布地方农业保险高质量发展实施意见，强调农业保险高质量发展与转型需求。国内理论界与实务界围绕如何促进农业保险高质量发展的理论与实践探讨在逐渐丰富。农业保险"提质增效"的发展与改革，需要紧紧围绕我国农牧业转型升级的实际发展需求"对症下药"。

以奶牛保险为例，当前我国正处于"振兴民族奶业"发展的重要时期，作为风险管理的重要手段，奶牛保险对奶牛养殖业高质量发展的保障作用如何，如何完善奶牛保险的作用，对这些问题的思考是促进奶牛保险高质量发展的关键。

奶牛保险政策，一方面具有传统的风险分散及经济补偿等基本功能；另一方面还会通过其保费补贴、事前防范等制度设计，积极推动保险公司、微观养殖户等多方力量主动参与到奶牛养殖风险预防、配合政府部门开展防灾减损等工作中，从而发挥规范养殖户风险防范行为、促进养殖业标准化进程、提高政府及社会机构灾害预防资源配置效率等衍生功能。尤其伴随奶牛保险政策的不断完善、保险产品及服务的不断创新，奶牛保险政策将逐渐超出"提高奶业抗风险能力"这一目标范围，进而日益在保障奶牛养殖业"提质增效"转型、助力"奶业振兴"、"绿色养殖"等多方面发挥重要作用。

显然，围绕如何促进我国农牧业"提质增效"发展转型，农业保险政策（包括奶牛保险）的研究将面临大量新的情况和新的方向，如奶牛保险政策对奶牛高质量养殖、绿色养殖的影响，牛奶价格指数、养殖收入指数的选择与构建，巨灾风险分散机制设计等。对于农业保险政策的许多具体问题，各方面的认识不尽一致，我们希望本书能够为感兴趣的读者提供一些有益信息，引发些许思考，起到抛砖引玉的作用。

本书的完成和出版得益于各方面的大力支持与帮助。

首都经济贸易大学庹国柱教授、中国农业大学田维明教授、中国农业科学院农业信息研究所的张峭研究员和王克研究员、上海交通大学史清华教授、浙江大学张跃华教授、保险研究杂志社李慧老师、山东农业大学牛浩老师、内蒙古农业大学乔光华教授（院长）、张心灵教授、刘秀梅教授、盖志毅教授、乌云花教授等，他们或从选题、研究结构和逻辑，或从研究方法、学术写作及数据更新等方面为本书的完善提供了直接或间接的指导与帮助，在此一并表示感谢。

另外，书中描述的"所见所闻"，总结的"所思所想"大多基于奶牛养殖场（户）的走访与调查，在此感谢内蒙古自治区财政厅、农牧业厅及地方旗（县）政府、中国银保监会内蒙古监管局、中国人民财产保险内蒙古分公司、中华联合财产保险内蒙古分公司、安华农业保险内蒙古分公司和中国太平洋保险内蒙古分公司，在编者及团队成员进行问卷调查过程中给予的支持与帮助。

本书的完成和出版同时得到了国家自然科学基金（71563037、71863028）和教育部人文社会科学研究项目（20YJC790177）的支持与资助。

当然，文责自负，疏漏之处还敬请读者谅解。

编者

2020 年 8 月